한국철학사상의 이해
안종수

소강

한국철학사상의 이해
개정판

개정판을 내면서

　중국은 최근에 와서 그 동안 봉건주의 사상으로 비판했던 유교를 새롭게 해석하고 공자를 중국 최고의 스승으로 선전하기 시작하였다. 세계 각국에 공자학원을 설립하여 중국문화를 홍보하고, 거대한 공자의 동상을 북경의 천안문 옆에 세우는가 하면 공자를 주인공으로 하는 영화와 드라마를 제작하기도 하였다. 그들은 이렇게 대외적으로는 평화와 사랑을 가르친 공자를 내세워 중국의 새로운 이미지를 강조하고 대내적으로는 모든 중국인이 공자를 중심으로 뭉치게 하려고 애쓰고 있다.
　우리는 지금 어디에 서있는가? 경제적으로는 어느 정도 잘살게 되었지만 여전히 혼란은 계속되고 있다. 남북은 아직도 통일이 되지 못하였고, 사회의 다양한 집단들은 반목과 갈등으로 힘을 모으지 못하고 있다. 종교적인 갈등과 지역적인 대립 또한 무시할 수 없을 정도로 심각하다. 이러한 혼란 속에서 개인들은 뚜렷한 가치관을 가지지 못한 채 부평초처럼 떠돌고 있다. 현재 나타난 이런 문제들은 우리 경제가 아무리 좋아지더라도 해결될 것 같지가 않다. 마찬가지로 과학 기술로도 해결할 수 없을 것 같다.
　그런데 우리 역사를 보면 상황이 어려운 때에도 조상들은 당면한 문제들을 슬기롭게 해결해서 안으로는 민족의 힘을 결집하여 문화를 꽃피우고 밖으로는 강력한 힘을 과시하여 외침을 막았다. 신라시대의 대표적인 고승인 원효와 의상은 불교를 통일을 위한 원융(圓融)의 종교로 만들었고, 민족을 하나로 아우르는 가르침으로 삼아 부지런히 널리 전파하였다. 고려시대에는 의천과 지눌이 나와서 종교적인 갈등을 해결하고 다양한 목소리들을 하나로 모으는 일에 일생을 바쳤다. 조선시대에는 이황과 이이 그리고 정약용 같은 훌륭한 유학자들이 나와서 우리나라의 문화적인 수준을 한 단계 끌어올리기 위해 노력하였다.

우리의 조상들은 미래를 위한 문제의 해답을 지나간 역사 속에 이미 숨겨놓은 것 같다. 그것을 찾아 활용하는 것은 바로 오늘을 사는 우리의 몫이다. 바다 속에 있는 난파선에만 보물이 들어있는 것이 아니다. 한국철학사를 보면 거기에도 값진 보물들이 고스란히 보존되어 있다. 과거의 생각이기 때문에 현대에는 쓸모가 없다고 속단한다면 조상이 준 보물을 쓰레기통에 버리는 사람과 다름이 없다.

이 책을 교재로 사용하기 위하여 출판한 지도 어느덧 8년이 다 되었다. 쉽고 간략하게 쓰려고 생각했기 때문에 빠진 부분도 없지 않지만 다루는 내용에 있어서는 충실하게 설명하려고 노력하였다. 그 동안 학생들과 이 책으로 공부하면서 미진하다고 생각한 부분은 보충하고 잘못된 곳은 바로잡아 이제 개정판을 내게 되었다. 이 책을 통해 학생들이 우리의 철학과 사상을 보다 잘 이해하고 더욱 좋아해 주기를 기대해 본다.

2011년 8월
지은이 씀

머리말

　이 책은 내가 대학교에서 한국철학을 가르치면서 모은 자료를 정리한 것이다. 한국철학을 소개하는 교재가 필요해서 부끄러움을 무릅쓰고 이렇게 책으로 내게 되었다.
　한국철학에 대한 강좌는 대부분의 대학교에 개설되어 있지만 여기에 적합한 교재는 찾기가 쉽지 않다. 부피가 방대하거나 너무 자세하게 한국철학을 소개하면 한두 학기 동안 다 공부를 할 수가 없으니 교재로 쓰기에는 적당하지 않다. 반대로 내용이 너무 쉬우면 대학생의 수준에 맞지 않아서 또 문제가 된다.
　또 어떤 책은 한국철학 전체를 다루지 않고 유교나 불교 가운데 하나만을 집중적으로 다루고 있어서 반쪽 철학사가 된 것도 있다. 한국철학사(韓國哲學史)는 유교의 역사가 되어서도 안 되고 불교의 역사가 되어서도 안 된다.
　이런 문제는 한국 철학계의 폐쇄적인 성격과 관련이 있기도 하다. 불교를 공부하는 사람은 불교만 하고 유교를 연구하는 사람은 유교만 해야 한다는 폐쇄적인 분위기가 있다. 이것은 불교를 연구하는 사람이나 유교를 연구하는 사람이 스스로 철학자가 아니라 종교인의 태도를 취하기 때문에 생기게 된 것 같다. 이와 같은 태도는 한국철학의 발전에도 도움이 안 되고 한국철학의 흐름을 객관적으로 파악하는

데도 도움이 되지 않는다.
　이러한 현실에서 나온 어떤 한국철학사들은 삼국시대의 유교와 조선시대의 불교까지도 함께 다루고 있다. 말하자면 한국불교사와 한국유교사를 합쳐서 한국철학사로 만든 것이다. 한국유학사를 쓸 때는 삼국시대의 유학도 다루어야 하지만 한국철학사를 쓸 때는 그럴 필요가 없다. 마찬가지로 한국불교사를 쓸 때는 조선시대의 불교도 넣어야 하지만 한국철학사를 쓸 때는 조선시대의 불교는 넣을 필요가 없다. 철학사에서 비주류의 철학까지 모두 나열할 수는 없기 때문이다. 각 시대의 대표적인 철학만 다루어도 충분하다.
　그리고 한국철학사에 등장하는 인물이 너무 많은 것도 문제이다. 비슷비슷한 주장을 한 철학자들을 다 다루게 되면 철학사가 지루하게 된다. 철학사를 무슨 공신록(功臣錄) 정도로 생각하는 사람들도 있는 것 같다. 그래서 거기에 될 수 있으면 많은 인물들을 나열하려고 애쓴 철학사들이 있다.
　이것은 기본적으로 철학사를 이해하지 못한 데서 나온 결과이다. 철학사는 사상이나 철학의 발전에 공헌한 특별한 인물들의 철학을 다루어야 한다. 특정한 시대에 조금 유명했다고 해서 그런 사람들의 철학을 모두 철학사에 넣을 수는 없다. 비슷비슷한 주장을 한 수많은 철학자를 대하는 독자들은 먼저 짜증부터 날 것이다.
　또한 한국철학사의 서술에서는 중국철학과의 관계를 염두에 두어야 한다. 중국철학에서 이미 다룬 이론을 한국철학에서 그대로 주장했다면 큰 의미가 없다. 한국철학자로서 무엇인가 독특한 주장을 한 것이 중요하지 중국철학을 잘 이해한 것만으로는 부족하다. 예를 들어 주자(朱子)의 학설에 대해 이황(李滉)과 이이(李珥)의 해석이

다른데, 여기서 누가 주자의 학설을 제대로 이해했는가 하는 점보다는 누가 그것을 한층 더 발전시켰는가 하는 점에 주목할 필요가 있다.

북한에서 남한보다 빨리 한국철학사를 정리하여 큰일을 하였으나 너무 고정된 틀에 맞추어서 철학사를 서술하였기 때문에 역시 결점이 많다. 이런 철학사들은 독자들에게 철학이 지루하고 단순하며 무의미하다는 인상을 줄 수 있다. 그리고 남한의 철학사들은 북한의 철학사를 따라가기에 바빴고, 우리 나름의 독창적인 관점을 만들어내지 못했다. 북한에서 다룬 인물들을 거의 똑같이 다루고 있으니 그것부터가 주관이 없는 태도라고 할 수 있다.

한국철학사에서 또 문제가 되는 점은 서양철학사의 내용을 따라가려는 태도이다. 그래서 한국철학을 다루면서 서양철학과 유사한 부분만을 철학으로 인정하고 그것을 중심으로 철학사를 서술하였다.

이러한 경향은 철학 교육에도 적용이 되어 동양철학을 가르치면서 서양철학과 비슷한 부분만 뽑아 그것을 철학이라고 소개하였다. 그 대표적인 사례로, 조선시대의 철학을 다루면서 리(理)와 기(氣)를 말하는 것이 바로 철학이라고 생각하여 그런 주제를 중심으로 설명하였다. 이것은 동양철학과 서양철학의 근본적인 차이를 고려하지 않아서 생긴 부작용이라 하겠다.

이 책에서는 이러한 잘못을 반복하지 않으려고 노력하였으나 능력의 한계로 여전히 만족스럽지 못하다. 독자들의 넓은 이해와 많은 가르침을 바라 마지않는다.

이 책에서는 무속의 정신이 우리 민족의 의식 속에 깊이 뿌리내리고 있음을 강조하였는데, 이것은 나의 독창적인 생각은 아니고 이미 많은 사람이 주장한 내용이다. 나는 그것을 철학에다가 적용해 보았을 뿐이다. 다른 모든 것과 마찬가지로 무속의 정신도 우리에게 약이 될 수도 있고, 독이 될 수도 있음을 알아야 한다.

  책이 나오기까지 여러 사람의 도움이 있었다. 특히 한국철학을 수강한 학부 학생들과 교육대학원의 학생들, 그들과 공부하고 토론한 내용이 이 책을 내는 데 많은 보탬이 되었다. 더위에 출판을 위해서 애쓴 도서출판 소강의 김병성 사장께도 고마움을 표한다.

2003년 8월
지은이 씀

차 례

개정판을 내면서 / 5
머리말 / 7

서언 ┈┈┈┈┈┈┈┈┈┈┈┈┈┈┈┈┈┈┈┈┈┈┈┈┈┈ 15

1장 단군 신화와 무속 ┈┈┈┈┈┈┈┈┈┈┈┈┈┈┈┈ 23
    1) 단군 신화와 철학사 / 25
    2) 단군 신화와 그 해석 / 27
    3) 단군 신화와 무속 / 38
    4) 현대의 무속 / 43

2장 무속과 화랑도 정신 ┈┈┈┈┈┈┈┈┈┈┈┈┈┈ 53
    1) 신라의 무속 / 55
    2) 용신(龍神)신앙 / 61
    3) 화랑도의 결성 / 66
    4) 화랑도 정신 / 73

3장 불교의 발전 ┈┈┈┈┈┈┈┈┈┈┈┈┈┈┈┈┈┈ 81
    1) 석가의 가르침 / 83
    2) 불교의 전개 / 86
    3) 중국의 불교 수용 / 89
    4) 중국불교의 발전 / 97
        (1) 천태종 / 98
        (2) 화엄종 / 102
        (3) 선종 / 107

4장 원효의 통불교(通佛敎) ┈┈┈┈┈┈┈┈┈┈┈┈ 111
    1) 불교의 전래 / 113
    2) 원효의 생애 / 115
    3) 원효의 사상 / 122
        (1) 일심 사상(一心思想) / 123

    (2) 화쟁 사상(和諍思想) / 129
    (3) 무애 사상(無碍思想) / 134
5장 의상의 화엄종 ·· 137
  1) 의상의 생애 / 139
  2) 화엄일승법계도(華嚴一乘法界圖) / 145
  3) 관음신앙 / 151
  4) 정토(淨土)신앙 / 156
6장 의천의 천태종 ·· 159
  1) 의천의 생애 / 161
  2) 천태종의 전래 / 169
  3) 교종과 선종의 통합 / 173
  4) 불교와 무속 / 178
7장 지눌의 조계종 ·· 185
  1) 지눌의 생애 / 187
  2) 정혜쌍수(定慧雙修) / 194
  3) 돈오점수론(頓悟漸修論) / 200
  4) 간화선(看話禪) / 205
8장 신유학의 발전 ·· 209
  1) 선진유학(先秦儒學) / 211
    (1) 공자 / 212
    (2) 맹자 / 216
    (3) 순자 / 219
  2) 신유학의 발전 / 221
    (1) 장재(張載 : 橫渠) / 223
    (2) 정호(程顥 : 明道)와 정이(程頤 : 伊川) / 227
    (3) 주희(朱熹) / 231
9장 이황의 신유학 ·· 237
  1) 신유학의 수용 / 239
  2) 이황의 생애 / 241
  3) 리동설(理動說) / 243
  4) 사단칠정(四端七情) 논쟁 / 247

5) 정좌법(靜坐法) / 255
　　6) 유교와 무속 / 259
10장 이이의 신유학 ………………………………………… 263
　　1) 이이의 생애 / 265
　　2) 기발리승일도설(氣發理乘一途說) / 267
　　3) 개혁 사상 / 279
11장 정약용의 실학 ………………………………………… 287
　　1) 실학의 흐름 / 289
　　2) 정약용의 생애 / 297
　　3) 여전제(閭田制) / 300
　　4) 환상개혁론(還上改革論) / 305
　　5) 양반 신분의 개혁 / 309
12장 기독교의 전래 ………………………………………… 315
　　1) 천주교의 전래 / 317
　　2) 개신교의 전래 / 325
　　3) 기독교와 한국 근대화 / 328
　　4) 기독교와 무속 / 332
13장 서양철학의 수용 ……………………………………… 339
　　1) 유학자들의 서양철학 연구 / 341
　　2) 진화론의 수용 / 345
　　3) 마르크스-레닌 사상의 수용 / 349
　　4) 유학파(遊學派)들의 서양철학 도입 / 356
　　5) 경성제대 철학과 / 359
　　6) 서양철학과 무속 / 363

일러두기
· 『 』는 서명에, 「 」는 편명에 사용하였다.
· ( )는 그 단어에 상응하는 한자나 외국어 또는 어떤 문구로 대신할 수 있는 글을 사용할 경우에 썼으며, [ ]는 간단한 어귀를 한글이나 외국어, 한자로 바꿔도 될 경우에 사용하였고, < >는 어떤 문구를 삽입하여 읽어도 무방할 경우에 사용하였다.
· " "는 어떤 문구를 직접적으로 인용할 경우에 사용하였거나, 논문 명에도 사용하였다. ' '는 어떤 문구나 단어를 인용 강조할 때 사용하였다.
· 신유가(新儒家)의 철학 용어인 '이'(理)를 '리'(理)로 표기하였다.
· 이 책에서는 한글전용을 원칙으로 하여 표기하였다.

서언

서언(序言)

　우리나라는 지리적으로 중국 대륙의 주변에 위치해 있어서 아주 옛날부터 끊임없이 중국으로부터 크고 작은 영향을 받았다. 그래서 우리가 독자적으로 무엇을 결정하거나 선택하기보다 거대한 중국 대륙에서 불어오는 바람에 의해서 우리의 삶이 결정되어 버린 경우가 더 많았다. 이러한 현상은 모든 분야에서 똑같이 발생하였고 학문과 종교의 영역에서도 예외가 거의 없었다. 우리의 지식인들이 조선시대 말까지도 그들의 생각을 한글이 아니라 한문으로 표현했다는 사실만 보더라도 우리가 얼마나 중국 문화의 영향을 많이 받았는지 알 수 있다.
　우리가 중국 문명과 문화를 받아들였지만 그렇다고 완전히 중국인과 같이 되지는 않았다. 한국 사람은 여전히 한국 사람이고 중국 사람과 다르다. 그렇게 오랫동안 중국의 영향을 받았지만 우리는 여전히 여러 면에서 중국 사람과는 다른 생각과 삶의 모습을 유지하고 있다.
　그렇다면 우리는 사상이나 철학의 분야에 있어서도 그러한 우리만의 고유한 무엇을 가지고 있지 않을까? 혹시 그런 것이 있다면 우리는 그것을 찾아야 하고 또한 발전시켜 나가야 한다. 그런데 한국의 사상사를 보면 신라시대부터 조선시대까지 중국의 사상사와 크게 다른 것이 없다. 불교(佛敎)와 유교(儒敎), 그리고 도교(道敎)를 받아들여서 우리 나름대로 발전시켰다는 내용이 우리 사상사의 줄거리일 뿐이다. 그래서 어떤 사람들은 모든 것이 남의 것이고 우리의 고유한 사상이 없음을 한탄하기도 하였다. 정말 우리는 남의 사상을 수용하기만 하였을까?

우리가 외국에 나가면 며칠 동안은 외국 음식을 잘 먹지만 금방 생각나는 음식이 있는데 그것은 바로 김치와 된장 그리고 고추장이다. 집에서는 김치를 잘 안 먹던 사람도 외국에 나가면 그렇게 김치를 찾는다고 한다. 아무래도 어릴 때부터 먹어 온 음식에 애착을 느끼는 게 사람의 식성인 모양이다.

사상이나 종교 방면에서도 우리의 고유한 음식과 같이 우리를 끌어당기는 무엇이 분명히 있는 것 같다. 우리는 이런 것을 한민족(韓民族)의 역사와 함께 존속(存續)한 무속(巫俗)에서 찾을 수가 있다. 고대부터 무속은 우리 민족과 함께 있었다. 시대가 변해도 무속은 있었고, 왕조가 변해도 무속은 여전히 존재하였다. 심지어 외국에서 다른 종교들이 이 땅에 들어와 새로운 가르침을 전파하여도 무속은 여전히 우리 곁에 있었다.

이것을 보면 우리 민족은 내면세계에 자리잡은 무속사상은 그대로 둔 채 시대에 따라 다양한 고급 사상과 종교로 치장을 했던 것 같다. 이것이 결국 한국의 사상사(思想史)를 이루고 한국의 종교사(宗敎史)를 이루었다. 이러한 방식의 개종(改宗)은 살아남기 위한 타협이지만 또 한편으로는 우리 것에 대한 강한 애정을 보여준다. 어쩌면 이런 것이 이제는 한국인의 고유한 체질이 되어버렸는지도 모른다.

지금까지 사람들은 우리 내면에 있는 이러한 무속적인 성향을 원시적인 것으로 간주하여 보다 세련된 고등 종교와 사상으로 완전히 바꾸어야 한다고 늘 생각했다. 그래서 우리는 불교가 들어왔을 때는 불교를 배우고, 유교가 들어왔을 때는 유교를 배웠으며, 기독교가 들어왔을 때는 기독교를 열심히 배웠다. 말하자면 우리는 끊임없이 문화인이 되려고 노력했고, 세계적인 큰 흐름에 동참하려고 애썼다.

그러나 한민족의 역사를 보면 소위 고등 종교와 사상은 시대에 따라 계속해서 바뀌어 왔지만 우리의 내면에 자리잡은 무속적인 성향은 별로 변하지 않은 것 같다. 우리가 여러 가지 옷을 바꿔 입지만 자신의 몸은 변하지 않듯이 한민족은 다양한 사상과 종교를 배우고 따랐지만 내면의 종교적인 기질까지 변화시키지는 못했다.

지금까지의 역사를 보면 한민족(韓民族)은 여러 번 개종(改宗)을 해야만 하는 처지였다. 먼저 고유한 무속신앙에서 불교로 개종하였고, 불교에서 다시 유교로 개종해야만 했다. 그리고 이제 다시 기독교로 개종하였고 또 개종하고 있는 중이다.

어떻게 한민족은 이렇게 쉽게 자주 개종을 할 수 있었는가? 이것은 바로 그 개종이 완전한 개종이 아니기 때문에 가능한 것 같다. 종교와 사상은 입는 옷처럼 갈아입을 수도 있는 것이고 유대인처럼 영원히 죽어도 바꿀 수 없는 그런 것은 아니라고 생각하였다.

다시 말해 우리 민족은 염색도 잘되고 또한 탈색도 잘되는 것 같다. 그런데 역(逆)으로 생각하면 다른 종교나 사상으로 염색이 잘된다는 것은 그만큼 염색이 잘 안 된다는 말이기도 하다. 어떤 색으로 완벽하게 염색이 되었다면 다른 색으로 다시 염색을 할 수 없어야 한다. 결국 염색이 제대로 안 되어서 다시 다른 색으로 쉽게 염색이 된다고 볼 수 있다.

그러면 이렇게 우리 민족이 다른 종교와 사상에 염색이 잘 안 되는 이유는 어디에 있을까? 이것을 설명해 줄 수 있는 것이 바로 우리 민족이 가지고 있는 무속적인 기질이다. 이미 이 무속적인 믿음으로 철저하게 염색이 되어 있기 때문에 다른 색으로는 그것을 완전하게 지울 수 없는 게 아닐까?

불교와 유교가 그렇게 오랫동안 이 땅에서 그들의 세련된 가르침으로 교화(敎化)하였지만 우리 민족은 여전히 무속적인 기질을 버리지 않고 고스란히 그대로 간직하고 있다. 마찬가지로 기독교가 들어와 무속을 원시적인 미신으로 간주하여 완전히 없애려고 애썼지만 성공하지 못했다. 무속의 엄청난 생명력은 밖에서 불어 닥치는 어떠한 태풍에도 사라지지 않고 계속 유지되고 있다.

이 땅의 무속은 역사적으로 보면 불교와 크게 싸웠고, 유교와 전쟁을 하였으며, 최근에는 기독교와 전쟁을 벌였다. 소위 인류가 만들어 낸 최고의 종교들과 연이어 싸웠지만 무속은 아직도 건재하다. 그들과 싸우면서 오히려 더욱 강한 생명력을 얻게 된 것 같다.

고등종교와 같은 거대한 조직을 가지고 있지 않지만 무속은 나름의 생존 방식이 있었다. 고등 종교와 경쟁하면서 무속은 여러 가지 형태로 모습을 바꾸었다. 예컨대 자신의 모습을 고등 종교로 위장하는 방법이 있다. 무당이 불교식으로 절을 짓고 거기서 활동을 할 수가 있다. 더 철저한 형태는 아예 다른 종교 속으로 들어가서 거기서 살아가는 방식을 택하기도 하였다.

겉으로는 분명히 승려인데 실제로는 무당인 사람이 많다. 승려들은 많아지는데 무속이 없어지지 않는 이유는 다수의 승려가 바로 무당이기 때문이다. 또한 겉은 분명히 유학자인데 마음속이 무속적인 믿음으로 가득 차 있다면 유학이 아무리 교화를 열심히 해도 무속은 사라지지 않을 것이다. 마찬가지로 교회가 나날이 많아지지만 무속이 사라지지 않는 까닭은 겉은 목사(牧師)이지만 속은 무당인 사람이 제법 많기 때문이다. 교회에 가는 교인들도 목사를 무당으로 생각하는 사람이 실제로 많다.

  지금까지는 이러한 우리의 현실을 잘못된 것으로 여겨 부끄럽게 생각하였으나 이제는 오히려 우리의 생각을 바꾸어야 할 때가 된 것 같다. 모든 것을 있는 그대로 인정하자는 말이다. 불교를 믿는다고 우리가 반드시 인도나 중국 사람처럼 그렇게 믿을 필요는 없다. 이것은 우리가 굳이 인도 사람이나 중국 사람이 되려고 노력할 필요가 없는 것이나 마찬가지이다. 유교도 역시 우리 나름대로 하면 되지 꼭 중국식으로 할 필요는 없다. 또한 기독교도 우리 식으로 믿으면 되지 서양 사람처럼 할 필요는 없다. 문제가 되는 것은 오히려 안 되는 것을 억지로 하려는 마음이다.

  이러한 관점에서 한국의 사상사를 보면 그것은 더 이상 일방적으로 받아들이기만 한 그런 역사가 아니다. 그것은 우리 민족이 밖에서 불어오는 거대한 외래 종교의 태풍을 맞아 한편으로는 대항하면서 또 한편으로는 달래어 우리 것으로 만드는 눈물겨운 과정이었다. 그 과정에서 우리 민족은 남의 좋은 점은 발 빠르게 받아들이면서도 자신의 장점은 끝까지 지켜서 후손에게 물려주었다.

1장
단군 신화와 무속

1) 단군 신화와 철학사
2) 단군 신화와 그 해석
3) 단군 신화와 무속
4) 현대의 무속

단군 신화와 무속

1) 단군 신화와 철학사

　한국의 철학사(哲學史)를 말할 때 처음에 단군 신화(檀君神話)가 등장하는 것은 특이한 점이다. 이것은 아마 한국에서 발생하여 체계화된 독창적인 철학이나 종교가 없었기 때문일 것이다. 서양에서는 그리스시대에 이미 서양 정신의 근원이 되는 철학이 나타났고, 중국에서도 춘추전국(春秋戰國)시대에는 공자(孔子)를 비롯하여 수많은 학자가 나타났다.
　거기에 비해 우리나라에서는 그 정도로 역사를 거슬러 올라가면 내세울 만한 내용이 없는 게 사실이다. 그리고 남아 있는 자료도 거의 없다. 무엇보다도 우리는 우리의 문자를 가진 것이 15세기에 와서야 가능하였다. 우리의 철학이 있으려면 기본적으로 우리의 말과 문자가 있어야 한다.
　엄밀하게 말하면 우리가 문자를 가지기 전에 이룩한 업적들은 진정한 우리의 철학이나 사상이라고 말하기도 어렵다. 우리나라의 지식인들이 조선시대 말까지 그들의 생각을 한문으로 표현한 사실을 생각하면 그들의 업적도 순수한 의미의 한국철학이나 사상은 아니라고 할 수 있다. 그렇다면 우리의 철학은 앞으로 한글세대에 의해서 체계화된다고 보아야 한다. 이렇게 되면 우리의 철학사는 너무 초라하고 허무하게 되고 말 것이다.

한국철학사를 또 다르게도 생각해 볼 수 있는데, 그것은 먼저 중국철학사를 인정하고 거기서 출발하는 방법이다. 예를 들면 불교는 인도에서 중국을 거쳐 우리나라에 들어왔다. 한국의 불교를 다룰 때는 항상 인도와 중국에서 어떻게 발전하여서 그것이 한국에 들어왔고, 한국에서는 계속해서 어떤 식으로 발전하였다는 내용을 서술하는 방법이다.

이렇게 되면 한국의 철학사는 인도나 중국의 철학과 서로 밀접하게 연관되어서 발전한 철학사로 쓰여질 것이다. 이 경우에는 한국의 순수한 철학만이 우리의 철학이라는 좁은 관점을 벗어날 수 있다. 그러나 문제는 우리의 철학사가 너무 주체성이 없는 수동적인 것이 되고 만다는 점이다.

또 다른 방법은 문자에 집착하지도 않고 철학의 체계에도 집착하지 않는 철학사의 기술(記述)이다. 문자로 자세하게 기록되지도 않았고 학문적인 체계를 가지고 있지도 않지만 그것이 우리의 의식을 오랫동안 지배했다면, 그것은 그 어떤 철학이나 사상, 종교보다도 더욱 중요한 것이라고 볼 수 있다.

이것을 우리는 무속(巫俗)에서 찾을 수 있는데, 그것의 뿌리로 거슬러 올라가 보면 바로 단군 신화와 만날 수 있다. 단군 신화를 구성한 정신은 그것이 비록 철학적인 체계로 발전하지 못했다 하더라도 우리 민족정신의 바탕을 이루고 지금까지 살아 있다. 그래서 단군 신화는 어느 철학 체계보다도 우리 민족에게는 중요한 역할을 했다고 볼 수 있다.

이러한 것을 우리는 2002년 월드컵 경기에서 생생하게 볼 수 있었다. 월드컵 경기 때 한국인들은 5,000년 동안 이어 온 민족정신을 경험하였고, 신명이 무엇인지를 어느 때보다 확실하게 체험하였다. 월드컵 경기 때 보여준 사람들의 열광은 우리의 무속이 아니고서는 설명할 수가 없었다.

그것은 불교나 유교 혹은 기독교로서는 도저히 설명할 수 없는 특이한 사건이었다. 우리나라 사람 모두가 잠시 신이 들렸다고 말하는 편이 가장 좋은 설명 방법인 것 같다. 이렇게 신이 들리거나 신이 내린 역사를 우리는 단군 신화에서부터 출발하지 않을 수 없다.

2) 단군 신화와 그 해석

『위서』(魏書)에 이르되 지금으로부터 2,000년 전에 단군왕검(檀君王儉)이 있어 도읍을 아사달(阿斯達)에 정하고 나라를 열어 조선(朝鮮)이라 부르니, 그때는 요(堯)임금과 같은 시대라 하였다. 『고기』(古記)에 이르되 옛날에 환인(桓因 : 帝釋을 말함)의 서자(庶子) 환웅(桓雄)이란 이가 있었는데, 자주 천하를 차지할 뜻을 두어 사람이 사는 세상을 탐내고 있었다. 그 아버지가 아들의 뜻을 알고 삼위태백산(三危太伯山)을 내려다보니 인간들을 널리 이롭게 해 줄 만했다. 이에 환인은 천부인(天符印) 3개를 환웅에게 주어 인간 세계를 다스리게 하였다.

환웅은 무리 3,000을 거느리고 태백산(지금의 묘향산) 마루에 있는 신단수(神檀樹) 밑에 내려왔다. 이곳을 신시(神市)라 하고,

이 분을 환웅천왕(桓雄天王)이라고 이른다. 그는 풍백(風伯)·우사(雨師)·운사(雲師)를 거느리고 곡식, 수명(壽命), 질병, 형벌, 선악 등을 주관하고, 모든 인간의 360여 가지 일을 주관하여 세상을 다스리고 교화했다.

이때 범 한 마리와 곰 한 마리가 같은 굴속에서 살고 있었는데 그들은 항상 신웅(神雄), 즉 환웅에게 빌어 사람이 되기를 원했다. 이때 신웅이 신령스러운 쑥 한 줌과 마늘 20개를 주면서 말하기를 "너희들이 이것을 먹고 백일 동안 햇빛을 보지 않으면 곧 사람이 될 것이다"라고 했다.

이에 곰과 범이 이것을 먹으면서 삼칠일 동안 조심했더니 곰은 여자의 몸으로 변했으나 범은 조심을 하지 않아 사람의 몸으로 변하지 못했다. 웅녀(熊女)는 혼인해서 같이 살 사람이 없어서 날마다 단수(壇樹) 밑에서 아기 배기를 축원했다.

환웅이 잠시 거짓 변하여 그와 혼인했더니 이내 잉태해서 아들을 낳았다. 그 아기 이름을 단군왕검이라 하였다. 단군왕검은 당고(唐高)가 즉위한 지 50년인 경인(庚寅)년에 평양성에 도읍하여 비로소 조선이라고 불렀다. 또 도읍을 백악산(白岳山) 아사달(阿斯達)로 옮겼는데, 그곳을 궁홀산(弓忽山) 혹은 금미달(今彌達)이라고도 한다.

그는 1,500년 동안 여기서 나라를 다스렸다. 주(周)나라 호왕(虎王:武王)이 즉위한 기묘(己卯)년에 기자(箕子)를 조선에 봉했다. 이에 단군은 장당경(藏唐京)으로 옮겼다가 뒤에 돌아와서 아사달에 숨어서 산신(山神)이 되니 나이는 1,908세였다고 한다. [『삼국유사』(三國遺事)]

『위서』는 『북위서』(北魏書)라고도 하는데, 후위(後魏)의 역사를 기록한 책이다. 북제(北齊)의 문선제(文先帝)는 551년에 위나라의 역사를 편찬하게 하였고, 위수(魏收)가 이 책을 554년에 완성하여 바쳤다.

이것은 단군왕검에 대한 이야기가 『위서』를 쓸 당시에 이미 어떤 책에 기록되어 있었음을 말해 준다. 『위서』를 편찬하였던 사람들이 그냥 구전되는 내용을 기록하지는 않았을 것이다. 당시에 2,000년 전이라고 하였으니 기원전 1450년경이 된다. 그러나 우리는 단군의 건국 시기를 기원전 2333년으로 잡고 있다. 이것은 요(堯)임금과 동시대라는 기록에 근거해서 계산한 연대이다.

단군왕검이란 말이 무슨 의미인지에 대해서는 여러 가지 주장이 있었다. 류동식(柳東植)은 "단군이란 명칭은 필경 하늘을 뜻하는 알타이어 텡그리(Tengri)의 음(音)을 딴 것이요, 왕검(王儉)의 검은 신령(神靈)을 뜻하는 캄(kam)의 음역(音譯)을 따서 한자로 표기한 것이 아닌가 한다. 다시 말해서 단군왕검은 천신 하느님을 뜻하는 Tengri-kam에서 유래한 명칭으로 보인다. 그러므로 단군이란 단순히 시조의 이름을 나타내는 말이 아니라 하느님의 아들을 뜻하는 것이요, 신인(神人) 또는 무군(巫君)을 뜻하는 말이다. 삼한(三韓)시대의 사제자(司祭者)를 일러 천군(天君)이라 했고, 지금도 호남 지방에서 세습무(世襲巫)를 일러 단골 또는 단굴이라 하는 것은 모두 그 어원을 같이 하고 있는 듯하다"(『한국 무교의 역사와 구조』)라고 설명하였다.

이와 같은 주장을 먼저 한 사람은 최남선(崔南善, 1890~1957)이다. 그는 1920년대에 여러 논문에서 이미 이러한 내용을 발표하였다.

그는 터키와 몽고 등에서 하늘을 Tengri라고 표현한 사례를 제시하였다. 우리말에서 오늘날 머리를 뜻하는 Taigär(대갈)과 당굴이 고대에서는 하늘을 표현한 말이었으며, 이것이 한자로는 天(Tien) 또는 檀(Tan)으로 표기되었다고 주장했다.

또한 그는 왕검을 설명하면서 옛말의 '앋'과 '암'에는 존승(尊勝)과 장상(長上)의 의미가 있고, '가'와 '감'에는 대인(大人), 신(神), 성인(聖人) 등의 의미가 있는데, 이 두 가지 말을 합쳐서 왕 자(字)의 칭호로 쓴 것이 가락과 백제에서 보인다고 하였다.

신채호는 왕검은 임금을 의미한다고 주장했다. 그는 임금이라는 말은 원래 고유명사였는데 나중에는 일반명사가 되었다고 주장했다. 그리고 안호상은 왕검은 신의 뜻이 될 뿐만 아니라 임금이라는 뜻도 포함한다고 보았다. 우리말 검(儉)은 본래 첫째 뜻이 신(神)이고, 이것이 변화된 뜻이 임금이라고 설명했다.

이상의 여러 주장들을 종합해 보면, 제사를 담당하는 제사장의 이름을 단군이라 하고, 임금은 정치적인 지도자를 의미하니 단군왕검은 제정일치(祭政一致)시대의 통치자를 지칭하는 명칭임을 알 수 있다.

아사달에 대해서 일연(一然, 1206~1289)은 『삼국유사』에서 "경(經)에는 무엽산(無葉山)이라 하고, 또는 백악(白岳)이라고도 하는데 백주(白州)에 있었다. 혹은 또 개성(開城) 동쪽에 있다고도 한다. 이는 바로 백악궁(白岳宮)이다"라고 설명하였다.

그리고 이승휴(李承休)의 『제왕운기』(帝王韻記)에서는 "지금의 구월산(九月山)이다. 다른 이름으로는 궁홀(弓忽)이라고 하고, 또 삼위(三危)라고도 하는데 아직도 사당(祠堂)이 있다"라고 하여서 아사달을 구월산이라고 단정하였다.

　권람(權擥, 1416~1465)의 『응제시주』(應制詩註)에도 "지금의 황해도 문화현(文化縣) 구월산이다. 사당이 지금까지 있다"라고 기록되어 있고, 『세종실록지리지』(世宗實錄地理志)에서도 아사달을 문화현의 구월산이라고 하였다.

　조선이라는 나라의 이름에 관해서도 확실하게 알려져 있는 사실은 없다. 어떤 사람은 '땅이 동쪽에 있어 아침 해가 선명하다'[地在東表朝日鮮明]에서 비롯되었다고 하기도 하고, 또한 만주어에서 관할 구역을 나타내는 '주신'(珠申)에서 비롯되었으며, 조선, 숙신(肅愼), 여진(女眞) 등이 모두 같은 어원을 지녔다는 설도 있으며, 단군 신화에 나오는 '아사달'에서 비롯되었다는 설도 있다. 위(魏)나라 사람 장안(張晏)은 습수(濕水), 열수(列水), 산수(汕水)라는 강 이름에 조선이란 명칭의 연원이 있다고 주장하였다.

　그 가운데 가장 그럴 듯한 것은 역시 아사달과 조선이 같은 말이라는 주장이다. 아사달의 아사는 우리의 고대어로 그 의미는 아침, 처음, 새로운, 광명, 동방, 태양 등을 나타낸다. 일본에서는 지금도 아침[朝]을 아사(あさ)라고 하니, 아침과 아사가 같은 어원에서 나온 것으로 볼 수 있다. 또한 우리말에 아시는 애벌을 의미하는데, 이것은 처음으로 한 일을 일컫는다. 여기서도 아사의 흔적을 찾을 수 있다. 또 어린이를 아이라고 하는데, 여기서도 아사의 흔적을 찾을 수 있다.

　아사달의 달은 땅, 대지, 벌판, 산을 의미하는 옛날 말이다. 지금도 양달이나 응달이라는 말에 그 흔적이 남아 있다. 아프가니스탄, 파키스탄, 우즈베키스탄 등에 있는 '탄'이라는 말도 땅을 의미하고 있다. 그렇다면 아사달이라는 말은 아침의 땅이나 아침의 나라를 의미한다는 사실을 알 수 있다.

그리고 조선이란 결국 아사달이라는 순수 우리말의 뜻을 살려 한자로 표현한 이름이라는 것도 추측할 수 있다. 우리나라가 거대한 대륙의 가장 동쪽에 위치하고 있어 가장 먼저 태양이 뜨는 곳이니 아침의 나라라고 부를 만하고 당연히 또 그렇게 불러야 한다.

고조선(古朝鮮)의 건국 시기에 대해『위서』에서는 요(堯)가 즉위한 지 25년인 무진(戊辰)년이라고 하였는데, 일연은 요임금과 같은 시대라고 말했다. 일연은『고기』(古記)를 인용하여 요가 즉위한 지 50년인 경인(庚寅)년이라고 하면서도 주(註)를 달아서 말하기를 "요가 즉위한 원년(元年)은 무진년이다. 그러므로 50년은 정사(丁巳)요, 경인이 아니다. 이것이 사실이 아닌지 의심스럽다"라고 하였다.

중국에서는 요임금이 기원전 2333년에서 기원전 2234년까지 재위한 것으로 되어 있다. 우리나라에서도 단기(檀紀)의 원년을 기원전 2333년으로 하고 있는데, 이것은『삼국유사』에 나오는 요임금과 동시대라는 말에 근거한 것이다.

그리고 이승휴가 지은『제왕운기』동국군왕개국연대(東國君王開國年代)는 제석천(帝釋天)의 손자 단군이 제고(帝高 : 帝堯)와 같은 무진년에 즉위하여 은(殷)나라 무정(武丁) 8년 을미(乙未)년에 아사달산에 들어가 신(神)이 되었는데, 그 동안 나라를 다스린 기간이 1,028년이라 했으며, 그 뒤 164년이 되는 주(周)나라의 호왕(虎王) 원년 기묘(己卯)년에 기자(箕子)가 조선으로 도망을 와서 나라를 세웠다고 기록하고 있다.

주나라 무왕 원년은 기묘년으로 기원전 1122년이니 단군이 신이 된 해는 기원전 1286년이다. 여기에 다시 단군이 나라를 다스린 기간 1,028년을 가산하면 기원전 2313년이 된다. 이것은 제고, 즉 제요가 나라를 세웠다는 기원전 2333년보다 20년이 늦다.

하지만 『세종실록』(世宗實錄) 세종 18년 12월 정해조(丁亥條)에 전 판한성부사(判漢城府事) 류사눌(柳思訥)이 상서한 내용에 "신(臣)이 세년가(世年歌)를 상고해 보건대 단군이 처음에는 평양에 도읍했다가 뒤에는 백악에 도읍 했으며, 은나라 무정 8년 을미년 아사달산에 들어가서 신이 되었는데 그 노래에 이르기를, 1,048년 동안 나라를 다스리고 지금도 사당이 아사달에 있다고 하였습니다"라고 한 내용이 나온다. 여기서와 같이 단군이 나라를 다스린 기간을 1,048년이라고 본다면 단군이 나라를 세운 것은 기원전 2333년이 된다.

일연은 『삼국유사』에서 단군에 대한 기록의 근거를 『고기』라는 책에 두고 있다. 그렇다면 일연은 직접 『고기』를 보았다는 것인데, 그 책은 구체적으로 어떤 것인가? 이것이 바로 단군에 대해 기록한 『단군고기』라고 하지만 이 책의 정체는 모호할 뿐이다. 『제왕운기』에서는 『본기』(本紀)라고 말해서 이것이 바로 『고기』와 같은 책을 가리키는지 의심스럽다.

어쩌면 『고기』라는 말은 특정한 책을 가리키는 게 아니고 그냥 옛날의 기록을 의미하는 것일 수도 있다. 아니면 무당의 입을 통해서 전해진 내용에 이미 『고기』니 『본기』니 하는 말이 들어 있을 수도 있다. 또는 일연이 어떤 책을 보았는데, 거기에 이미 『고기』니 『본기』니 하는 내용이 있었을 수도 있다.

환인(桓因)이란 말에는 일연이 특별히 제석(帝釋)이라고 주를 달았다. 제석이란 불교 용어인데, 하늘의 신을 의미한다. 그러므로 환인은 순수한 우리말 하늘님이나 하느님을 한자어로 옮긴 단어이리라.

그리고 그의 아들을 환웅(桓雄)이라고 불렀는데, 이 말도 역시 하늘이라는 말과 관련이 있는 것 같다. 특별히 웅(雄) 자를 붙인 것을 보면 우리말로 하느님의 아들을 한자어로 표기한 듯하다. 신화를 만든 사람이 하느님을 말하고 그의 아들의 이름까지도 따로 지어서 자세하게 이야기하지는 않았을 것이다. 하느님의 아들이라는 말이 모든 것을 다 설명해 주기 때문이다.

하느님의 아들이 인간 세상에 처음 내려온 곳이 삼위태백산(三危太伯山)이라고 『삼국유사』와 『제왕운기』는 똑같이 기록하고 있는데, 이곳은 어디인가? 일연은 태백산은 지금의 묘향산(妙香山)이라고 설명하였다. 어떤 곳에서는 태백산을 백두산(白頭山)이라고 주장하기도 한다.

태백산을 백두산이라고 하는 사람들은 대체로 우리나라를 한반도의 좁은 땅에 한정시키지 않고 멀리 만주까지 넓혀서 생각해야 한다는 입장에 서있다. 그러나 백두산 주변은 험준한 산악 지역이라서 사람들이 살기에 그렇게 적합하지는 않은 것 같다. 사람들이 살기에 좋은 곳은 아무래도 넓은 평야 지대가 있고 기후도 따뜻해야 한다. 그렇다면 태백산은 평야가 가깝고 비교적 기후도 좋은 곳에 있는 산이어야 한다. 이러한 조건을 보다 잘 충족시키는 곳은 역시 지금의 백두산보다는 일연이 이미 말한 묘향산이다.

환웅은 환인이 준 천부인 3개를 받고 무리 3,000을 거느리고 태백산 마루에 있는 신단수 밑으로 내려온다. 그리고 그곳에다가 신시를 열어서 세상을 다스렸다. 천부인이란 제정일치시대에 주술(呪術)의 도구이자 권위의 상징을 나타내는 물건들을 의미한다.

오늘날에도 무속에서는 무당의 권능을 세습할 때 물려주는 무구(巫

具), 거울, 칼, 방울 등이 있고, 일본에서는 천황(天皇)의 통치권을 상징하는 세 가지의 물건(거울, 칼, 구슬)이 전해져 내려오고 있다. 청동기시대에는 청동으로 된 칼이나 거울을 가지고 있다는 것 자체가 엄청난 권위를 나타내었던 모양이다.

무리 3,000은 하늘에서 내려온 귀신이기 때문에 신단수를 중심으로 신시를 만들었다. 그들은 환웅이 이 세상을 다스리는 데 도움을 줄 신하이다. 하늘에서 지상으로 내려오는 길을 옛날 사람들은 산으로 생각했고, 더 구체적으로는 나무를 타고 온다고 생각하였다.

그래서 무속에서는 커다란 나무 밑에다가 신단(神壇)을 만들고 거기서 굿을 하여 귀신을 불렀다. 이러한 신목(神木)은 신이 내려오는 길일 뿐만 아니라 신이 거기에 머물기도 하는 신성한 나무로 생각해서 사람들은 함부로 다루지 않았다.

지금도 무속에서는 신령이 하강하는 통로 또는 임재(臨在)를 나타내기 위하여 무당의 집에 신간(神竿)을 세운다. 신간을 세우는 풍속은 이미 고대에 시작되었다. 『삼국지』(三國志) 「위지동이전・마한조」(魏志東夷傳馬韓條)에 "큰 나무를 세우고 방울과 북을 걸어 신령을 모신다"[立大木懸鈴鼓事神]라는 기록이 있다.

현재 중부와 그 이북 지방에서는 비교적 짧은 나무 몽둥이를 사용하고, 그 아래 지역에서는 긴 대나무를 세운다. 서울, 경기 지역의 무당이 성주받이를 위하여 청솔가지로 50㎝ 가량 높이의 성줏대를 만들어 쓴다. 평안북도 무당도 비슷한 크기의 성줏대를 사용한다.

하늘에서 무리 3,000을 거느리고 태백산에 내려온 환웅은 거기에다가 신들의 도시를 만들고 세상을 다스리고 교화하기 시작하였다. 바람의 신, 비의 신 그리고 구름의 신들이 세상의 기상을 관장하였다.

자연 현상은 모두 귀신들의 능력에 의해 발생하는 것으로 생각했음을 잘 보여준다. 또한 하느님의 아들 환웅은 곡식과 사람의 수명과 질병, 그 밖의 모든 일을 담당하였다.

나아가서 신들은 인간의 선과 악을 살피고 그들에게 벌을 주거나 상을 주기도 하였다. 사람과 관련된 모든 일을 신들이 담당하였고, 이들이 세상을 다스렸다. 여기까지는 신들이 중심이 되어서 세상을 다스리고 교화하는 신들의 이야기이다. 인간은 신들의 보호를 받고 다스림을 받는 존재이기 때문에 이야기의 주인공으로 아직 등장하지 못하고 있는 상황이다.

그런데 이러한 인간을 부러워하는 존재가 있었으니 바로 곰과 호랑이다. 곰과 호랑이는 인간보다 못한 동물로서 항상 인간이 되기를 원하는 그런 존재이다. 그들은 하느님의 아들인 환웅에게 사람이 좀 되게 해달라고 빌었다.

이때 환웅은 쑥과 마늘을 주면서 그것을 먹으면서 굴속에서 100일 동안 햇빛을 보지 않으면 사람이 된다고 말한다. 곰과 호랑이가 그렇게 하였는데 21일이 되자 곰은 사람으로 변했으나 호랑이는 잘못해서 사람이 되지 못하고 만다.

100일 동안 햇빛을 보지 말아야 한다고 했는데, 21일 만에 사람이 된 것이 조금 이상하다. 쑥과 마늘을 일찍부터 신령스러운 식물로 여겼다는 사실도 이 신화는 잘 말해 준다. 그리고 호랑이가 아닌 곰이 사람이 되었다는 내용에도 혹시 사람들에게 전하려는 무슨 뜻이 있는 건 아닐까? 우리 민족이 호랑이 같은 여성보다는 곰 같은 여성을 선호한다는 암시를 그렇게 표현했을지도 모른다.

21일 만에 곰이 사람으로 변했다는 이야기는 어미닭이 알을 품어서 병아리가 나오기까지의 기간이 대체로 21일 가량인 점과 관련이 있는 듯하다. 건국 신화에는 알이 많이 나오는데, 당시 사람들이 가장 가까운 데서 볼 수 있었던 알은 달걀이었기 때문에 그것에서 암시를 받았을 가능성이 있다.

사람으로 변한 웅녀는 혼인하여 같이 살 사람이 없어서 단수 밑에서 아기를 배게 해 달라고 빌었다. 단수는 곧 당나무이고 사람의 뜻을 하늘에 전하는 곳이며 사람의 뜻을 귀신에게 전하는 곳이다. 곧 기도한 보람이 있어 환웅은 웅녀를 가엽게 생각하게 되고 스스로 남자로 변하여 그 여자와 혼인한다. 웅녀는 바로 임신을 하고 아기를 낳으니 이 사람이 바로 단군왕검이다.

그는 제사장(祭司長)이면서 최고 통치자인 임금이기 때문에 단군왕검이라고 불렀다. 그는 사람이지만 아버지는 하느님의 아들이고, 어머니는 곰이 변해서 된 여인으로 그 출생이 특이한 존재이다. 신화에서 위대한 인물들은 그 출생부터가 특이한 것으로 서술되고 있다. 다른 사람보다 특출한 존재임을 이런 식으로 설명했고, 사람들은 그런 이야기를 듣고서 더욱 그 사람을 존경하였음을 말해 준다.

어떤 사람들은 신화의 앞부분의 내용을 유목민(遊牧民)들의 천신(天神)신앙에 대한 이야기로 보고, 곰이 사람이 되는 내용을 농경문화를 배경으로 하는 지모신(地母神)의 신앙에 대한 이야기로 보기도 한다. 그래서 단군 신화를 유목민 문화와 농경민 문화의 만남과 융합을 서술한 것으로 해석한다.

일연은 『삼국유사』에서 『고기』를 인용하여 단군은 요임금이 즉위한 지 50년인 경인(庚寅)년에 평양성에 도읍을 정하고 비로소 조선이라고 불렀다고 기록하였다. 그러나 건국 연대에 대해서는 불확실하다는 설명을 덧붙이고 있다. 그런데 『위서』에서는 아사달에 도읍을 정했다고 했는데, 『고기』에서는 평양에 도읍을 정했다고 하니 이것도 이상하다.

그러나 그 다음을 보면 먼저 평양에 도읍을 정했다가 나중에 백악산 아사달로 옮겼다고 하니 아사달과 평양은 서로 다른 곳이 틀림없다. 『삼국유사』에는 단군이 아사달로 도읍을 옮긴 다음 1,500년 동안 나라를 다스렸다고 하였다. 하지만 『제왕운기』에서는 1,028년 동안 나라를 다스렸다고 했으며, 『세종실록』에서 류사눌은 단군이 1,048년 동안 나라를 다스렸다고 하여 모두 서로 다르게 말하고 있는 점이 문제가 된다.

3) 단군 신화와 무속

이 신화의 마지막 부문에 단군이 아사달에 숨어서 산신이 되었다는 내용과 나이가 1,908세였다는 이야기가 나온다. 단군이 산신이 되었다는 이야기는 이 설화가 무속과 관련이 있음을 잘 보여준다. 제주도 지방의 무속에서는 굿을 하면서 신의 내력을 노래하는 본풀이라는 형식이 있다. 전해 오는 본풀이의 내용을 보면 단군 신화에 나오는 것과 상당히 유사한 면이 있다.

본풀이는 신의 족보이기 때문에 신의 근본에 대해서 자세하게 밝힌다. 단군 신화는 아사달에 있는 산신의 본풀이라고 할 수 있으므로 단군이 하느님의 손자로서 인간 세상을 다스리다가 마지막에는 산신이 되었다는 내력을 잘 설명하고 있다.

게다가 단군 신화는 특정 지역의 산신 이야기가 아니라 나라를 세운 단군이 산신이 되었다는 내용이다. 그래서 아사달의 산신은 나라신이요, 국조신(國祖神)이기 때문에 아사달의 산신당은 바로 나라당이었음을 말한다.

『조선실록』(朝鮮實錄)에는 태종 때부터 단군과 기자에게 봄과 가을에 제사를 지냈고, 세종 때에는 구월산에 있는 단군인왕당(檀君仁王堂)에서 환인천왕(桓因天王), 환웅천왕(桓雄天王), 단군대왕(檀君大王) 삼성(三聖)을 제사지냈다는 기록이 보인다.

지금까지 여러 가지 연구를 종합해 보면 단군 신화는 무당의 입을 통해서 전해 온 무가(巫歌)이며, 단군도 제정일치시대의 무당이다. 그리고 단군 신화가 말해 주는 것은 우리나라에서 무속의 역사는 매우 오래되었으며, 엄청난 영향력을 행사하였다는 사실이다. 물론 단군 신화는 우리에게 그러한 무속의 일부분을 보여줄 뿐이다.

무속의 범위는 광범해서 이루 다 기술할 수 없을 정도이다.『삼국사기』(三國史記)에는 신라(新羅)에서 지낸 제사로 시조제(始祖祭), 오묘제(五廟祭), 사직제(社稷祭), 팔착제(八榰祭), 농제(農祭), 풍백제(風伯祭), 우사제(雨師祭), 영성제(靈星祭), 산천제(山川祭), 성문제(城門祭), 부정제(部庭祭), 사천상제(四川上祭), 일월제(日月祭), 오성제(五星祭), 기우제(祈雨祭), 압구제(壓丘祭), 피기제(辟氣祭)가 있었다고 기록하고 있다.

여기에 나오는 제사는 개인적인 제사가 아니라 국가적이고 공적인 의식이다. 제사는 왕실의 평안과 복을 비는 행사였을 뿐만 아니라 국가 전체의 안전과 풍요를 비는 행사였다. 제사를 지내는 대상들은 조상신, 하늘의 신, 땅신, 해신, 달신, 별신, 바람신, 비신, 곡식신, 산신, 강신, 성문신(城門神) 등으로 하늘과 땅에는 섬겨야 할 수많은 신들이 있다.

단군 신화에서 환웅이 하늘에서 3,000의 무리를 데리고 왔다 했는데 사실 그들은 모두 인간이 섬겨야 할 귀신들이다. 이들 귀신들이 자연 현상과 인간의 온갖 일을 관장한다고 사람들은 믿었던 것이다.

집안에도 도처에 귀신들이 있어서 사람에게 복(福)을 주기도 하고 화(禍)를 주기도 한다고 믿었다. 집안 신에는 문신(門神), 조왕신(竈王神), 성주신(城主神), 삼신(三神), 철륭신, 칠성신(七星神), 외양간신, 측간신(廁間神), 터주신, 용신(龍神) 등이 있다.

문신은 집안의 문을 담당하는 귀신이고, 조왕신은 부엌을 지키는 귀신이며, 성주신은 집안 전체를 책임지는 귀신이다. 삼신은 자식을 낳게 해 주는 귀신이고, 철륭신은 장독대에 있는 귀신이며, 칠성신은 북두칠성의 신이다. 외양간신은 소나 말을 지키는 귀신이고, 터주신은 집안의 토지신이며, 용신은 물의 신이다. 집안에서 일어나는 모든 일도 이렇게 집안을 담당하고 있는 귀신들과 관련이 있다고 믿었기 때문에 이러한 귀신들을 잘 섬길 필요가 있었다.

집안을 지키는 집안 신이 있으면 당연히 마을을 지키는 신도 있을 것이다. 이것이 바로 동신(洞神)이다. 그리고 그 동신을 모시는 곳을 동신당(洞神堂)이라고 하는데 지방에 따라 그 형태는 다양하다. 동신당의 형태는 큰 고목이나 돌무더기, 볏짚가리, 장승, 솟대, 당집 등으로 이루어져 있다.

동신당의 형태는 지역과 시대에 따라서 조금씩 다르게 이어져 내려온 것 같다. 가장 원시적인 형태는 역시 단군 신화에 나오는 신목의 숭배일 것이다. 아직도 오래된 마을에는 마을 입구에 커다란 당나무가 있고, 마을 사람들은 그 나무를 신성시하고 해마다 정초에는 제사를 지내기도 한다.

동제(洞祭)를 지내는 방식도 지방과 시대에 따라 다르지만 크게 나누면 무당이 주관하는 제사와 무당이 아닌 마을의 대표가 주관하는 제사가 있다. 아마 아주 옛날에는 무당이 동제를 주관하다가 유교가 일반화하면서 마을의 어른이 제사를 주관하는 유교식으로 변했을 것이다.

누가 동제를 주관하든 일정한 절차를 밟아 동신(洞神)에게 제사를 지낸 다음, 온 마을 사람이 모여서 한바탕 축제를 벌인다는 점은 모두 같다. 이것은 우리 민족의 오래된 전통으로 일찍부터 중국에까지 알려져 있었다. 『삼국지』 「위지·동이전」에는 이러한 우리의 전통적인 의식을 이렇게 서술하고 있다.

> 5월에 파종을 마치면 귀신에게 제사를 지냈는데, 군중이 모여 노래하고 춤추며 밤낮을 헤아리지 않았다. 춤출 때는 수십 인이 함께 일어서서 서로 따르면서 땅을 밟고 손발을 올렸다 내렸다 하며 서로 장단을 맞추는 것이 탁무(鐸舞)와 비슷했다. 10월에 농사가 끝나면 또 이렇게 하였으며, 귀신을 믿되 나라마다 각기 한 사람을 뽑아 천신(天神)에게 제사지내는 것을 주관하게 하고 그 이름을 천군이라고 하였다. 또 모든 나라에 각기 별읍(別邑)을 두어 이름을 소도(蘇塗)라 하며, 긴 장대에다 방울과 북을 달아 귀신을 받들었다. 모든 망명인(亡命人)이 이에 이르면 이를 반환시키지 않았다.

여기서 서술하고 있는 행사는 진한(辰韓)의 소도제(蘇塗祭)이다. 진한은 신라의 옛날 땅을 말하고, 소도(蘇塗)는 입목(立木)·간목(竿木)

을 나타내는 솟대 · 솔대에서 온 말로 긴 장대 끝에다가 북이나 방울 혹은 새 모양을 달았다.

　소도가 특별한 지역을 가리키는 말인지 혹은 솟대를 가리키는지에 관해서는 대립되는 견해가 있다. 두 견해를 종합해 보면 특정 지역을 신성한 지역으로 정하고 그곳에 솟대를 세웠던 것 같다. 그러나 소도라는 명칭은 우리말의 솟대나 솔대에서 나온 말이 틀림없는 것 같다. 솟대의 원형은 역시 신이 내려오는 길이며, 거기에 머물기도 할 수 있는 신목이라고 학자들은 본다.

　진한의 사람들은 1년에 두 번 솟대 앞에 모여서 제사를 지낸 다음 즐겁게 노래하고 춤추는 축제를 벌였던 모양이다. 이러한 축제를 통해서 사람들은 공동체 의식을 가지게 되고, 상부상조하는 정신도 키웠을 것이다. 축제는 노동으로 피곤한 심신이 휴식을 취하는 시간이기도 하다.

　나아가서 사람들은 춤을 통해서 일상적인 정신 상태를 벗어나 신과 합일(合一)하는 경지를 경험하기도 하였다. 지금까지도 아주머니들은 관광버스를 타고 가면서 가만히 앉아 있지 못하고 춤을 추곤 한다. 춤을 좋아하는 우리 민족의 전통을 아주 잘 보여주는 예이다.

　신을 섬기고 신의 뜻을 알아서 사람들에게 전하는 역할은 무당이 담당하였다. 국가적인 행사에도 무당이 참석하였고, 마을 단위의 행사도 무당이 주관하는 경우가 많다. 그러나 가장 빈번한 행사는 역시 개인의 필요에 의해서 이루어지는 굿이다. 과거에 무당은 여러 가지 역할을 수행하였다. 단군 신화에 나타나는 무당은 제사장이면서 최고 통치자였다.

　그 뒤 정치를 하는 사람은 더 이상 무당의 역할을 하지 않았고,

무당들은 그들만의 전문적인 역할을 맡게 되었다. 무당은 과거와 미래의 일을 말하고, 질병에 걸린 사람으로부터 귀신을 쫓아 병을 고치고, 각종 굿을 주관하였다. 그러나 실제로 삼국시대 이전에 전문적인 무당이 있었는지 없었는지에 관한 자료가 없기 때문에 추측만 할 수 있을 뿐이다.

과거로 갈수록 사람이 어떻게 할 수 없는 일이 많았기 때문에 더욱 많이 무당에게 의존하였을 것이다. 의료 기술이 전혀 없던 시대에는 사람들의 질병이 가장 무서운 공포의 대상이었다. 질병을 막는 방법도 몰랐고, 그것을 고치는 방법도 몰랐으니 더욱 두렵고 답답하였을 것이다.

그런데 그러한 질병을 일으키는 원인이 바로 귀신들이라고 믿었으니 자연히 귀신을 두려워하게 되었고, 또한 그들의 비위를 맞추려고 노력하게 되었다. 귀신은 자식을 줄 수도 있고, 잘살게 할 수도 있고, 장수(長壽)하게 할 수도 있다고 옛날 사람들은 믿었다.

농사를 짓는 데도 자연의 변화에 모든 것이 달려 있으니 자연의 귀신들에게 잘 부탁하지 않을 수 없다. 비가 적게 와도 안 되고 많이 와도 안 되며, 너무 추워도 안 되고 너무 더워도 안 된다. 또 병충해가 발생하여도 농사를 망치게 되니 언제나 불안할 뿐이다. 이런 것들이 모두 귀신의 능력에 의해서 결정된다고 믿었다면 귀신들을 잘 섬기지 않을 수 없었으리라.

4) 현대의 무속

4, 50년 전만 하더라도 시골의 할머니들은 손자와 손녀가 감기라도 걸리면 병원에 가는 것이 아니라 마당에서 칼을 들고 물을 뿌리며

귀신을 쫓는 의식을 행하곤 하였다. 방안에는 삼신할머니를 모셔서 특정한 시기에는 언제나 빌었으며, 마루에는 용단지를 모시기도 하였다. 그리고 때때로 중요한 일이 있으면 장독대에다가 물을 떠놓고서 비는 것을 당연하게 생각하였다.

이제 이러한 풍습은 다 사라졌지만 사람들의 무의식 속에는 여전히 그러한 정신이 자리잡고 있는 것 같다. 새해 아침이 되면 수많은 사람들이 해맞이를 하기 위하여 동해안을 찾고, 전국의 유명한 산들을 찾는다. 그들은 조금 중요한 때에는 그냥 가만히 있지 못하고 어디를 찾아가서 빌어야만 마음이 홀가분하다.

수천 년 동안 수많은 귀신을 섬겼던 경험이 무의식에까지 영향을 끼쳐서 자기도 모르는 사이에 그런 행동을 하게 되는 것 같다. 지나가다가 성황당을 보면 돌을 던지면서 소원을 빌고, 큰 나무만 보아도 소원을 빌고 싶어지는 것이다.

귀신을 섬기는 한국인들의 습성은 귀신을 섬기는 일에서 끝나지 않는다. 우리 민족은 사람과의 관계에서도 귀신을 섬겼던 방식이 나오게 된다. 대표적인 예가 자기가 부탁해야 하는 사람이나 존경하는 사람에게 물질적으로 무엇을 주어야만 할 것 같은 생각이 자꾸 든다는 점이다.

우리가 귀신을 섬길 때는 항상 우리의 정성을 표시하기 위해서 음식이든 돈이든 바치게 된다. 존경하고 감사하는 마음을 당연히 가질 뿐만 아니라 물질적으로도 그것을 나타내려고 한다. 아마 귀신도 사람과 마찬가지로 먹어야 하고 또한 물질을 좋아한다고 생각했던 모양이다. 그리고 그런 물질을 바쳤을 때 귀신은 좋아하고 복을 내린다고 생각하였다. 그래서 사람의 관계도 정신적인 것에서 끝내지 않고 물질로 성의를 표시해야만 한다는 강박감(强迫感)을 가지게 되었다.

우리가 그렇게 비난하는 부정과 부패도 이러한 우리의 전통과 밀접하게 연관되어 있다. 공적인 일을 결정하는 중요한 때에는 가만히 있어서는 안 되고 무엇인가 성의 표시를 해야 한다는 생각을 하게 된다. 그리고 그런 사람들의 심리를 이용하여 사람들에게서 더 많은 돈을 받아 내려는 사람들도 생겨나게 되었다. 이것이 지나치게 되면 결국 뇌물이 되어서 사회의 문제가 되는 것이다.

단군 신화에서부터 시작되는 무속의 전통은 현대에 와서도 여전히 활발하게 살아 움직이고 있다. 21세기 인터넷시대가 되어도 무속의 생명력은 더욱 왕성해졌다. 무속인들은 이제 인터넷을 이용해서 그들의 영향력을 나날이 확대하고 있는 실정이다.

지금까지 무속인들은 신성한 일을 하는 사람이면서도 우리 사회의 밑바닥에서 살아왔다. 그것은 아마 불교와 유교 같은 고등 종교의 세력에 의해 밀려나게 되어서 그렇게 되었으리라. 그러나 이제 현대 사회는 종교의 자유라는 이름으로 모든 종교에게 공평한 대우를 해 주려고 한다. 이 기회를 맞아 무속은 음지에서 양지로 그 세력을 확장하고 있다.

의학의 진보와 과학기술의 발달로 귀신의 영향권에 있던 일은 실제로 많이 줄어들었지만 그래도 여전히 무속인들이 하는 일은 많다. 이것은 다른 종교의 경우도 마찬가지다. 과학기술이 종교를 대신하지 못하는 것을 보면 미래 사회에 무속이 사라지리라고 속단할 수 없다.

우리가 잘살게 되면서 무속인들도 덩달아 잘살게 되어서 위치가 높아지게 되었다. 이제 그들은 더 이상 천대받는 사람이 아니다. 옛날에 무속인들은 대체로 교육을 받지 못한 사람이 대부분이었지만 이제는 교육을 많이 받은 사람이 무속업에 종사하는 경우가 많다. 이런 변화가 앞으로 무속의 위치를 상승시킬 것이다.

  우리나라의 무속은 이미 스스로의 위치를 높였을 뿐만 아니라 각종 종교와 결합함으로써 새로운 종류의 무속으로 거듭나기도 한다. 이것은 겉으로 보기에는 고등 종교이지만 그 실체는 무속인 경우를 말한다. 우리나라에 이미 수많은 고등 종교가 들어와 있어서 종교 간의 경쟁도 치열하다. 심지어는 같은 종교끼리도 경쟁을 해야 하는 실정이다.

  이런 상황에서 생존경쟁에 살아남기 위해 사람들의 구미(口味)에 맞추다 보니 자연 종교의 본래 모습은 잃어버리고 전혀 엉뚱한 종교가 되는 경우도 있다. 이러한 현상을 무조건 잘못되었다고 말할 수도 없다. 중요한 것은 단군 신화에 나오는 홍익인간(弘益人間)의 정신이다. 다른 사람에게 도움을 주는 존재가 아닌 자기 종교만을 위한 종교가 된다든지 자신의 이익을 위한 종교가 될 때 그것이 문제이다.

  모든 것이 다 그렇듯이 무속도 좋은 약이 될 수도 있고 나쁜 독이 될 수도 있다. 결국 그것이 어떻게 활용되느냐에 달려 있는 것 같다. 무속도 여러 가지 긍정적인 면을 가지고 있다. 이런 장점을 잘 살린다면 우리에게 많은 도움이 될 수 있다.

  예를 들면 무속은 사람들의 마음을 안정시키고 공동체 의식을 키워 주며 애국심을 가지게 하는 긍정적인 면을 가지고 있다. 또한 자연의 모든 것을 소중하게 생각해서 자연을 보호하고 생명들을 아끼는 정신으로 발전할 수 있다. 자기 조상을 존경하는 효도의 정신이 될 수 있고, 자식을 사랑하는 마음을 더욱 키울 수 있다. 또 귀신은 속일 수 없다는 생각은 성실하고 정직한 사람을 만든다.

그러나 귀신에게 의존하려는 생각을 많이 하면 모든 일을 적극적으로 하기보다는 귀신에게 아부하고 의존하려고 할 것이다. 이러한 삶을 사는 사람은 주체성을 상실한 사람이라고 할 수 있다.

원래 귀신을 섬기는 일은 간단하고 검소하였다. 그냥 조그마한 정성을 나타내면 충분하다. 우리는 그런 것을 성황당을 통해서 잘 볼 수 있다. 성황당은 그냥 지나가다가 돌을 하나 주워서 던지면 된다. 그리고 칠성신에게도 물 한 그릇을 떠놓는 정성이면 충분하다. 삼신할머니는 햅쌀 한 바가지면 1년을 간다.

귀신이 인간의 일에 영향을 끼친다고 해서 귀신에게 지나치게 정성을 다하는 모습은 옳지 않다. 그렇게 지나친 정성을 귀신이 좋아하지도 않는다. 귀신을 섬기는 데 있어서의 절제를 우리의 전통 신앙은 잘 보여주고 있다.

이것을 모르게 되면 주객이 전도되어 이상한 방향으로 나아가게 된다. 즉, 귀신이 모든 일을 주관하기 때문에 모든 것을 귀신에게 바쳐야 한다는 식이 되어버리게 된다. 우리나라의 역사에서도 이런 경우가 있었는데, 대부분은 무당들이 귀신을 핑계로 자신들의 이익을 챙기기 위한 속임수였다.

사람들이 귀신을 섬기지만 귀신이 주인공은 아니다. 어디까지나 주인공은 사람이고 귀신은 조연이다. 사람이 조금만 성의를 보이면 귀신은 대단히 만족하는 그런 존재이다. 조상신의 경우도 마찬가지다. 조상신에게 많은 제물을 바친다고 자손이 잘되는 일은 없다. 우리의 무속이 가지고 있는 이러한 검소한 정신은 종교의 바람직한 모습을 분명하게 보여주고 있다.

 우리의 귀신들은 거대한 신전을 요구하지도 않았고 많은 제물을 요구하지도 않았다. 그냥 자연적으로 존재하는 한 그루의 나무가 바로 신당(神堂)이 되고, 돌무더기가 바로 신이 거주하는 곳이 된다.

 그리고 거대한 종교 조직을 만들지도 않았다. 조직을 만들면 생존하는 능력은 커지지만 한 번 만든 조직은 스스로 생명력을 가지면서 그것을 유지하기 위해서 불필요한 일들을 하게 된다. 이렇게 되면 사람들은 귀신을 섬기는 것이 아니라 조직을 섬기고 또 조직을 유지하기 위해서 힘을 다 써야 한다. 이러한 조직은 권력을 가지게 되어 결국 사람들 위에 군림하게 된다.

 우리의 무속이 이러한 조직을 만들지 않은 것은 커다란 의미를 지니고 있다. 조직을 만들지 않았기 때문에 힘을 발휘하지 못해서 소위 고등 종교들이 이 땅에 들어왔을 때 엄청난 시련을 겪기도 했다. 그러나 어떻게 보면 그러한 조직을 갖지 않은 것이 지금 생각하면 오히려 다행스러운 일이었다. 무속이 체계적인 조직을 갖추고 있었다면 밖에서 다른 종교가 들어왔을 때 그들과 싸우느라 많은 피를 흘렸을 것이다.

 무속은 그런 조직이 없었기 때문에 밖에서 들어온 종교와 잘 지낼 수 있었던 것 같다. 그것뿐만 아니라 무속은 조직에 의존하는 것이 아니라 개인들에 의존하기 때문에 조직에 의존함으로써 생겨날 수 있는 자생력 상실의 위험이 적다. 조직에 의존하는 종교는 그 조직이 와해되면 종교도 같이 소멸하고 만다.

 현재 우리나라에 무속인의 수가 어떤 자료에서는 20만이라 하고 또 다른 자료에서는 40만이라고도 한다. 무속인들의 수가 이 정도라면 무교(巫敎)는 기독교와 불교 다음으로 영향력을 가진 종교라고 말해도 틀리지 않는다. 그래서 무속은 사라져 버린 종교가 아니라 오히려 활기차게 살아나고 있는 종교이다.

더욱 주목할 만한 현상은 무속이 과거처럼 소외된 계층에 의해서 유지되는 게 아니라 이제는 배울 만큼 배운 사람들이 그 맥을 이어 가고 있다는 점이다. 이러한 변화는 앞으로 무속의 수준을 높이는 데 긍정적인 작용을 하게 될 것이다. 무속인들은 발 빠르게 시대의 흐름을 따라가고 있다. 어떻게 21세기에 이러한 일이 있을 수 있는지 신기할 따름이다.

이러한 현상의 원인을 우리는 몇 가지로 나누어 생각해 볼 수 있다. 첫째는 한국인이 가지고 있었던 뿌리 깊은 무속의 전통이 그 원인일 수 있다. 원시시대부터 가지고 있었던 무속적인 습성이 무의식에까지 침투하여 그것을 없애기가 쉽지 않을지도 모른다.

둘째는 우리가 현대 사회에 살고 있지만 모든 문제가 다 해결된 것이 아닐 뿐더러 오히려 복잡한 문제들이 더 많이 생겨난 것이 그 원인일 수 있다. 예컨대 미래는 여전히 불확실하고, 가족 사이의 관계도 옛날보다 더 복잡하다. 현대 사회가 지나치게 경쟁을 강조함으로써 불안한 사람들이 늘어났고, 만족할 줄 모르는 풍조가 만연한 현실도 무속에 의존하는 사람들을 늘렸다.

셋째는 기성 종교의 많은 문제가 사람들을 무속 쪽으로 가게 했을 수 있다. 많은 사람이 기성 종교에 의지하지만 거기서 속 시원한 해결책을 받지 못한다. 거기다가 몇몇 종교인의 타락은 사람들을 실망시키기에 충분하다.

종교가 다른 사람들을 위해서 존재하지 않고 종교의 조직이나 그 조직에 종사하는 사람들만을 위하게 될 때 사람들은 더 이상 거기에 머물고 싶지 않을 것이다. 이것은 무속의 경우도 마찬가지이다. 무당이 다른 사람들을 위해서 일하지 않고 자신의 이익을 위해서 일한다면 사람들은 더 이상 찾지 않을 것이다.

단군 신화에서 출발하는 우리 무속의 역사는 이렇게 현재까지 면면히 이어져 내려오고 있다. 이것은 우리가 부정하려고 해도 부정할 수 없는 역사적인 사실이다. 그리고 앞으로도 무속의 미래는 그렇게 어두운 것 같지 않다. 아마 다른 종교들과 어깨를 나란히 하여 계속 그 끈질긴 생명력을 발휘할 것이다. 현대에 와서 무속에 관한 많은 연구가 이루어져서 무속에 대한 학문적인 접근이 시작되었다. 이러한 학문적인 접근은 무속의 위치를 높이는 기회가 될 수 있다.

우리가 잘 알고 있는 고등 종교들도 사실 그 출발점은 무속과 다를 것이 없었다. 그런데 고등 종교들은 조직을 만들고 교리를 확립하고 철학적인 체계를 소유함으로써 엄청난 힘과 영향력을 갖는 종교로 성장하였다. 고등 종교들은 또한 정치와 힘을 합쳐서 그들의 영향력을 확장하였다. 그래서 종교는 국가의 도움을 받았고, 통치자들 또한 종교를 통하여 국민들을 교육시킬 수도 있고, 통치하는 데 도움을 받기도 하였다.

그러나 현대에 오면 특정한 종교에 주는 국가의 도움은 많이 줄었다. 말하자면 정치와 종교는 이제 거의 분리가 되었다. 이러한 분리로 가장 큰 손해를 본 종교는 바로 유교이다. 우리나라에서 유교는 조선 500년 동안 국가의 비호 아래 영광을 누렸지만 조선이 끝나고 나서는 완전히 힘을 상실하고 말았다. 국가의 비호를 너무 많이 받은 유교는 그 자생력을 상실하여 스스로는 하나의 종교로서 살아갈 수 없게 되었다.

특정 종교를 국가에서 보호하지 않는 이러한 상황에서 무속은 상당히 유리한 입장에 설 수 있다. 우선 조직이 없기 때문에 조직을 유지하는 데 소비하는 힘을 절약할 수 있다. 그것뿐만 아니라 무속은 커다란 신전도 필요 없다. 무당 한 사람만 있어도 무속의 기능을 발휘할 수 있다. 그래서 이동이 편리하고 교인들을 관리하는 번거로움도 없다. 경제적인 문제도 쉽게 해결할 수 있다.

2장
무속과 화랑도 정신

1) 신라의 무속
2) 용신(龍神)신앙
3) 화랑도의 결성
4) 화랑도 정신

무속과 화랑도 정신

1) 신라의 무속

우리나라의 역사서에 구체적으로 무당의 활동이 보이는 것은 삼국시대 이후이다. 이것은 우리가 가지고 있는 기록된 역사가 모두 삼국시대 이후의 것이라는 사실과 관련이 있다. 그 이전에도 무당의 활동은 있었겠지만 기록한 자료가 없을 뿐이다. 우선 눈에 띄는 것은 신라의 두 번째 임금인 남해왕(南解王)에 대한 『삼국유사』의 기록이다.

남해거서간(南解居西干)을 차차웅(次次雄)이라고도 한다. 이것은 존장(尊長)에 대한 칭호인데 오직 남해왕만을 차차웅이라고 불렀다. 아버지는 혁거세(赫居世)요, 어머니는 알영부인(閼英夫人)이며, 비(妃)는 운제부인(雲帝夫人)이다. 전한(前漢) 평제(平帝) 원시(元始) 4년 갑자(甲子; 4)에 즉위하여 나라를 다스린 지 21년 만인 지황(地皇) 4년 갑신(甲申; 24)에 죽었다. 이 왕이 삼왕(三皇)의 첫째라고 한다.
삼국사(三國史)를 상고해 보면, "신라에서는 왕을 거서간(居西干)

이라고 불렀다. 이것은 진한의 말로 왕이라는 말이다. 어떤 사람
은 말하기를, 이것은 귀인(貴人)을 부르는 칭호라고 하며, 차차웅
혹은 자충(慈充)이라고도 한다"라고 했다.
 김대문(金大問)은 말하기를 "차차웅이란 무당을 이르는 방언(方
言)이다. 세상 사람들은 무당이 귀신을 섬기고 제사를 숭상하기
때문에 그들을 두려워하고 공경한다. 그래서 드디어 존장되는
사람을 자충이라 한다"라고 했다. 어떤 사람은 이사금(尼師金)이
라고도 하는데, 이것은 잇금[齒理]을 말한다.

 신라의 시조는 혁거세(赫居世)이고, 그의 칭호는 거슬감(居瑟邯)
혹은 거서간(居西干)이다. 제2대 남해왕의 경우도 호칭은 그의 아버지
와 마찬가지로 거서간이었다. 최고 통치자에 대한 당시 신라인들의
호칭이 거서간이었다. 그리고 최고 통치자를 차차웅이나 자충으로
불렀다는 것이 흥미롭다.
 김대문은 차차웅이나 자충이란 바로 무당을 가리키는 당시의 신라
말이라고 설명하였다. 아마 이것은 이미 우리가 단군의 경우에서
본 것처럼 제정일치시대에 무당이 최고 통치자였기 때문에 무당을
가리키는 차차웅이나 자충이란 말이 왕의 의미로 사용되었음을 알
수 있다. 또한 이사금이나 잇금은 지금의 임금에 해당하는 신라
말을 한자로 표기한 것이 틀림없다.
 삼국시대에 모든 나라는 여러 가지의 제사를 지냈는데, 이러한
제사는 그 기원이 무속에 있음은 두말할 필요도 없다. 앞에서 이미
살펴보았듯이 신라는 17종류의 제사를 지냈는데, 그 대표적인 것으
로는 시조제(始祖祭), 농신제(農神祭), 산천제(山川祭) 등이 있다.

고구려에서는 귀신제(鬼神祭), 사직제(社稷祭), 영성제(靈星祭), 천제(天祭), 수신제(襚神祭), 시조제, 왕모신제(王母神祭), 산천제(山川祭) 등을 지냈으며, 백제에서도 천신제(天神祭), 시조제, 천지제(天地祭) 등을 지냈다고 『삼국사기』에 기록되어 있다. 이러한 수많은 제사는 최고 통치자인 임금이 직접 지내는 경우가 많았으니 왕은 곧 무당의 역할을 한 것이나 다름이 없다.

또한 『삼국사기』에는 삼국시대에 이미 직업적인 무당이 있었음을 보여주는 여러 가지 기록이 보인다. 예를 들면 고구려 유리왕(琉璃王) 19년(기원전 1년)에는 다음과 같은 기록이 나온다.

> 8월에 들판에서 천지신명(天地神明)에게 드리는 제사인 교제(郊祭)에 쓸 돼지가 달아났다. 왕은 탁리(託利)와 사비(斯卑)로 하여금 잡도록 하였다. 그들은 장옥(長屋) 늪에 이르러 돼지를 발견하고 칼로 다리의 힘줄을 잘랐다. 왕이 이를 듣고 노하여 말했다. "하늘에 제사지낼 제물에 어찌 상처를 낼 수 있는가?" 왕은 두 사람을 구덩이 속에 던져 죽였다. 9월에 왕이 병들었다. 무당이 말했다. "탁리와 사비의 귀신이 화근이 되었습니다." 그래서 왕이 귀신에게 사죄하였더니 곧 왕의 병이 나았다.

이 글을 보면 당시에 하늘과 땅에 제사를 지냈다는 사실과 왕이 그 제사를 상당히 중요하게 생각했음을 알 수 있다. 그리고 사람이 죽으면 귀신이 되고, 원한이 있는 귀신은 복수를 할 수도 있다고 사람들은 믿었던 모양이다.

귀신에 대한 생각은 옛날이나 지금이나 크게 달라지지 않았다는 사실을 이 이야기는 잘 보여준다. 무당의 말을 믿은 왕은 그 귀신들에게 사람을 시켜 사죄를 하니 정말로 병이 나았다. 귀신의 원한을 풀어 주는 일을 전문적으로 하는 사람이 무당이므로 무당이 그 일을 했을 것이다.

차대왕(次大王, 재위 146~165) 3년의 기록에도 무당이 나온다. 차대왕은 고구려 제7대 왕이고 태조왕의 동생이다. 태조왕이 너무 늙어서 강제로 정권을 빼앗으려고 항상 기회를 노렸다고 한다. 그러다가 마침 태조왕의 양위를 받아 왕의 자리에 올랐다. 즉위 당시 이미 그의 나이가 76세였다.

7월에 왕이 평유원(平儒原)에서 사냥하는데 흰여우가 따라오면서 울었다. 왕이 여우를 쏘았으나 맞추지 못하였다. 왕이 사무(師巫)에게 물으니 그가 대답하기를 "여우는 원래 요사스럽고 상서롭지 못한 짐승인데, 더구나 그 빛깔이 희니 더욱 괴이합니다. 그러나 하늘이 간절한 뜻을 말로 전할 수 없으므로 요괴한 것을 보여주는 것이니, 이는 임금으로 하여금 두려워할 줄 알고 반성할 줄 알게 하여 스스로 새롭게 하도록 하려는 것입니다. 만약 임금이 덕을 닦으면 화를 복으로 바꿀 수 있을 것입니다"라고 하였다. 왕은 그 말을 듣고 "흉하면 흉하다고 하고, 길하면 길하다고 할 것이지, 이미 요사스러운 것이라고 말해 놓고 다시 복이 된다고 하니 이 무슨 거짓말인가?"라고 말하고는 그를 죽였다.

『삼국사기』에서 차대왕은 용감하고 체격이 건장하여 위엄이 있었으나 인자한 마음이 적었다고 기록한 이유를 이 사건 하나만 보아도 잘 알 수가 있다. 차대왕은 정치를 제대로 하지 않고 백성들을 많이 괴롭혔다고 한다. 그래서 연나부(椽那部)의 조의(皁衣) 명림답부(明臨答夫)라는 신하에게 피살되고 말았다.

동천왕(東川王, 재위 227~248) 8년(서기 234)의 기록에도 무당이 등장한다. 동천왕은 고구려 제11대 왕으로 산상왕의 아들이고 어머니는 산상왕의 소비(小妃)이다.

> 9월에 태후 우(于) 씨가 죽었다. 태후가 죽을 때 다음과 같이 유언하였다. "내가 행실이 좋지 않았으니 무슨 면목으로 지하에서 국양왕(國襄王 : 故國川王, 재위 179~197)을 보겠는가? 만약 여러 신하가 계곡이나 구덩이에 나의 시신을 차마 버리지 못하겠거든 나를 산상왕릉(山上王陵) 옆에 묻어 달라." 태후의 유언대로 장사하였다. 무당이 말했다. "국양왕이 나에게 내려와서 '어제 우 씨가 산상왕에게 가는 것을 보고는 분함을 참을 수 없어서 마침내 우 씨와 다투었다. 내가 돌아와 생각하니 낯이 아무리 두껍다 하여도 차마 백성들을 대할 수 없구나. 네가 조정에 알려서 나의 무덤을 가리는 시설을 하게 하라'고 말씀하셨습니다." 그래서 국양왕의 능 앞에 일곱 겹으로 소나무를 심었다.

고구려의 태후 우 씨는 그 인생이 기구한 사람이었다. 그 여자는 원래 고국천왕(故國川王)의 왕비였다. 그런데 우 씨는 자식을 낳지 못하였다. 고국천왕이 죽자 아우 연우(延優)가 왕위를 계승하였는데, 그가 바로 산상왕(山上王, 재위 197~227)이다. 우 씨는 연우가 왕이 되는 데 도움을 준 일을 계기로 다시 왕후가 되었다. 그러나 산상왕은 다른 여자를 얻어 왕자를 낳았는데, 그가 바로 동천왕이 된 교체(郊彘)이다.

『삼국사기』를 보면 우 씨는 행실이 그렇게 좋은 여자가 아니었던 것 같다. 동천왕의 어머니가 왕의 아이를 가졌을 때도 그 여자를 죽이려고 여러 가지 수단을 쓰기도 하였다. 국양왕은 바로 고국천왕이니 우 씨는 죽을 때 그의 옆에 묻히기보다는 산상왕 옆에 묻히기를 원했다.

고국천왕은 무당을 통해서 우 씨에 대한 원망을 말하고 백성들에게 면목이 없다면서 무덤 앞에 나무를 심어 벽을 만들어 달라고 부탁하였다. 귀신이 다른 사람에게 직접 말하는 것이 아니라 무당에게만 그 뜻을 전했다고 하니 이미 당시에도 신의 뜻을 전하는 역할을 무당이 담당하였음을 알 수 있다.

『삼국사기』「백제 본기」(百濟本紀)를 보면 "백제의 온조왕(溫祚王, 재위 기원전 18~서기 28) 25년 2월에 왕국의 우물이 갑자기 넘쳤다. 한성(漢城)의 민가에서 말이 소를 낳았다. 머리는 하나였으며 몸은 둘이었다. 일관(日官)이 말했다. '우물이 엄청나게 넘친 것은 대왕께서 이웃 나라를 합병할 징조입니다.' 왕이 이 말을 듣고 기뻐하였다. 그리고는 마침내 진한과 마한을 합병할 생각을 하게 되었다"라고 기록되어 있다.

일관의 역할은 분명하지가 않은데, 아마 천문(天文)을 살피고 길흉을 점치는 일이 주된 업무였던 것 같다. 이들은 국가에 소속된 공식적인 무당이었을 가능성이 높다.

2) 용신(龍神)신앙

삼국시대에는 또한 무속의 일종이라고 할 수 있는 용신 숭배가 성행하고 있었음을 보여주는 기록이 『삼국사기』와 『삼국유사』에 많이 보인다.

『삼국사기』「백제 본기」에는 기루왕(己婁王, 재위 77~128) 21년에 용 두 마리가 한강에 나타났다고 했고, 고이왕(古爾王, 재위 234~286) 5년에도 왕궁의 문기둥에 벼락이 치자 누런 용이 그 문에서 날아갔다고 하였다. 「고구려 본기」(高句麗本紀)에는 동명성왕(東明聖王, 재위 기원전 58~기원전 19) 3년 봄에 황룡이 골령(鶻嶺)에 나타났다고 기록되어 있다.

신라의 4대 왕인 탈해왕(脫解王, 재위 57~80)의 설화를 보면, 그는 원래 용성국(龍城國)에서 태어났으나 노비들과 함께 배에 실려 신라의 아진포(阿珍浦)에 이르게 되었고, 고기 잡는 할머니가 그들을 발견하였다. 그 할머니가 그들을 집으로 데리고 오자 아이는 이렇게 말했다고 한다.

> 나는 원래 용성국 사람이오. 우리나라에는 원래 28용왕(龍王)이 있어서 그들은 모두 사람의 태(胎)에서 났으며 나이 5, 6세 때부터 왕위에 올라 만민을 가르쳐 성명(性命)을 바르게 했소. 팔품(八品)의 성골(姓骨)이 있는데 그들은 고르는 일이 없이 모두 왕위에 올랐소. 그때 부왕(父王) 함달파(含達婆)가 적녀국(積女國)의 왕녀를 맞아 왕비로 삼았소. 오래되어도 아들이 없어 기도를 드려 아들 낳기를 구하여 7년 만에 커다란 알 한 개를 낳았소. 이에 대왕은 모든 신하를 모아 묻기를, "사람으로서 알을 낳았으

니 고금에 없는 일이다. 이것은 아마 좋은 일은 아닐 것이다" 하고, 궤를 만들어 나를 그 속에 넣고 칠보와 노비들을 함께 배 안에 실은 뒤 바다에 띄우면서 빌기를, "아무쪼록 인연이 있는 곳에 닿아 나라를 세우고 한 집을 이루도록 해 주시오" 했소. 빌기를 마치자 갑자기 붉은 용이 나타나더니 배를 호위해서 지금 여기에 도착한 것이오. (『삼국유사』)

용신은 원래 물과 관계가 있는 신이다. 그리고 물과 밀접하게 관련이 있는 사람들은 농사를 짓는 농민과 어업에 종사하는 어민이 있다. 비를 내리게 하는 신이 용신이라고 생각했기 때문에 농사를 짓는 사람들은 용신을 중요하게 생각했다. 물에서 고기를 잡는 일도 용신과 관련이 많다. 바다가 고요해야 안전하게 어업에 종사할 수 있고, 또 많은 고기를 잡는 것도 용신의 힘이라고 믿었다.
또한 물을 지키는 신도 용신이라고 생각했다. 그래서 옛날 사람들은 큰못의 물을 함부로 쓰지 않았고, 물을 다 빼서 못이 마르게 하지도 않았다. 이렇게 하지 않으면 용의 성질을 건드리게 되어 재앙이 생길 수도 있기 때문이다.
탈해왕의 설화는 그가 용신을 섬기는 지방의 출신이라는 사실을 잘 말해 준다. 그는 부모가 누구인지도 모르는 사람인데, 고기 잡는 할머니가 바닷가에서 주워서 길러 주었다. 용신에 대한 설화는 그를 주워서 기른 할머니가 바닷가에 사는 사람이었기 때문에 만들어 낸 이야기일 것이다. 그는 능력을 인정받아 신라의 2대 왕인 남해왕의 사위가 되고 나중에는 왕까지 된 인물이니 보통 사람은 아닌 것 같다.

『삼국유사』에 보면 그의 신기한 능력에 관한 기록이 있다. 어느 날 탈해는 토함산(吐含山)에 올라갔다가 내려오는 길에 시종에게 물을 떠오게 했다. 시종은 물을 떠 가지고 오다가 중도에서 먼저 마시고는 탈해에게 주려고 했다. 그러나 물그릇 한 쪽이 입에 붙어서 떨어지지 않았다. 탈해가 꾸짖자 시종은 "다음부터는 가까운 곳이거나 먼 곳이거나 감히 먼저 마시지 않겠습니다"라고 맹세하였다. 그러자 물그릇이 입에서 떨어졌다.

이로부터 시종은 두려워하고 복종하여 감히 속이지 못했다고 한다. 이 이야기는 누가 지어내었을 가능성이 많지만 이러한 신통한 능력을 사람이 가질 수 있다고 일반인들이 믿었다는 사실은 분명하다. 그는 이러한 신통력을 이용하여 무력을 사용하지 않고 아주 순조롭게 왕위까지 올랐다.

그런데 『삼국유사』에는 탈해왕이 죽어서 동악신(東岳神)이 되었다고 기록하고 있으니 용신신앙과 산신신앙이 혼합되어 존재했음을 잘 보여주고 있다. 신라를 통일한 문무왕(文武王, 재위 661~681)이 죽어서 동해(東海)의 용이 되었다는 전설은 신라인들의 용신신앙을 보여주고 있다. 『삼국유사』에는 이렇게 기록되어 있다.

> 대왕이 나라를 다스린 지 21년 만인 영륭(永隆) 2년 신미(辛未; 681)에 죽으니 유언에 따라서 동해의 큰 바위 위에 장사지냈다. 왕은 평소에 항상 지의법사(智義法師)에게 말했다. "나는 죽은 뒤에 나라를 지키는 큰 용이 되어 불법(佛法)을 숭상해서 나라를 수호하려 하오." 이에 법사는 말했다. "용은 짐승의 응보(應報)인데 어찌 용이 되신단 말입니까?" 왕이 말했다. "나는 세상의

영화를 싫어한 지가 오래되오. 만일 추한 응보로 내가 짐승이
된다면 이야말로 내 뜻에 맞는 것이오."

『삼국사기』에도 "7월 1일 왕이 죽었다. 시호(諡號)를 문무라 하고
여러 신하가 유언에 따라 동해 어귀 큰 바위에 장사지냈다. 속설에
전하기를 왕이 용으로 변하였다고 한다. 그에 따라 그 바위를 대왕석
이라고 불렀다"라는 기록이 있다.

문무왕의 무덤이 있다는 대왕암은 아직까지 그대로 동해 바다에
있다. 죽어서까지 동해의 용이 되어 나라를 지키겠다는 문무왕의
훌륭한 정신은 본받을 만하다. 이러한 집념을 가진 왕이었기 때문에
그는 삼국통일을 이룰 수 있었다.

용신신앙을 대표하는 또 하나의 전설로는 처용(處容)에 관한 이야
기가 있다. 『삼국유사』에는 처용에 관한 전설이 자세하게 나오고
있다.

> 신라의 제49대 헌강대왕(憲康大王, 재위 886~887) 때에는 서울
> 에서 지방에 이르기까지 집과 담이 연이어져 있고 초가(草家)는
> 하나도 없었다. 음악과 노래가 길에서 끊이지 않았고, 바람과
> 비는 사철 순조로웠다.
> 어느 날 대왕이 개운포(開雲浦)에서 놀다가 집으로 돌아가려고
> 낮에 물가에서 쉬고 있는데 갑자기 구름과 안개가 자욱해서
> 길을 잃었다. 왕이 괴상히 여겨 좌우 신하에게 물으니 일관(日官)
> 이 말했다. "이것은 동해의 용이 조화를 부린 것이니 좋은 일을
> 해서 풀어야 할 것입니다." 그래서 왕은 일을 맡은 관원에게
> 명하여 근처에 절을 짓게 하였다. 왕이 명령을 하자 구름과 안개가

걷혔으므로 그곳을 개운포라 했다.
동해의 용은 기뻐해서 아들 일곱을 데리고 왕의 앞에 나타나 덕을 찬양하여 춤을 추고 음악을 연주하였다. 그 가운데 한 아들이 왕을 따라 서울로 들어가서 왕의 정치를 도우니 그의 이름을 처용이라 했다.
왕은 아름다운 여자를 처용의 아내로 삼아 머물러 있도록 하고, 급간(級干)이라는 관직까지 주었다. 처용의 아내가 무척 아름다웠기 때문에 역신(疫神)이 흠모하여 사람으로 변하여 밤에 그 집에 가서 남몰래 동침했다. 처용이 밖에서 자기 집에 돌아와 두 사람이 누워 있는 것을 보자 이에 노래를 부르고 춤을 추면서 물러 나왔다. 그 노래는 이렇다.

> 동경(東京) 밝은 달에 밤새도록 노닐다가
> 들어와 자리를 보니 다리가 넷이구나.
> 둘은 내 것이지만 둘은 누구의 것인가.
> 본디 내 것이지만 빼앗긴 것을 어찌 하리.

그러자 역신은 본래의 모습을 나타내어 처용의 앞에 꿇어앉아 말했다. "내가 공(公)의 아내를 사모하여 이제 잘못을 저질렀으나 공은 노여워하지 않으니 감동하여 아름답게 여기는 바입니다. 맹세코 이제부터는 공의 모습을 그린 그림만 보아도 그 문안에 들어가지 않겠습니다."
이 일로 말미암아 나라 사람들은 문에 처용의 형상을 그려 붙여서 사귀(邪鬼)를 물리치고 경사스러운 일을 맞아들이게 되었다.

처용에 대한 전설은 여러 가지 사실을 우리에게 알려주고 있다. 신라의 헌강왕 시절에는 사람들의 삶이 아주 넉넉하였고, 또한 지나칠 정도로 풍류를 즐겼던 것 같다. 그리고 남녀 사이의 풍기도 대체로 문란했음을 처용의 전설은 보여주고 있다.

용신신앙은 여전히 있었지만 이 당시의 용신신앙은 개인의 질병이나 복을 위한 것이었고, 국가의 안녕을 위한 것은 이미 아니었다. 불교의 일반화와 더불어 용신신앙은 불교와 융합했다는 사실도 알 수 있다.

3) 화랑도의 결성

『삼국사기』와 『삼국유사』를 보면 삼국시대에는 무속이 일반적인 종교의 역할을 하였음을 알 수 있다. 이러한 사람들의 무속 정신을 잘 살려서 삼국통일의 기틀을 마련한 것은 역시 신라의 화랑도(花郞徒)라는 제도이다. 신라는 사람들이 가지고 있던 이러한 무속 정신을 아주 적절하게 이용했다.

화랑제도는 진흥왕(眞興王, 재위 540~576) 37년(576)에 처음으로 만들어졌다. 진흥왕은 신라 제24대 왕으로 법흥왕의 동생인 입종갈문왕(立宗葛文王)의 아들로 7세 때 즉위하였고, 대대적인 정복사업을 통해 신라의 영토를 최대로 확장시켰다. 『삼국사기』는 화랑도의 결성에 대해서 다음과 같이 기록하고 있다.

> 37년 봄에 처음으로 원화제도(源花制度)를 두었다. 초기에 임금과 신하들이 인재를 알아낼 수가 없는 것을 문제로 여겼다. 이에 따라 친구들끼리 여럿이 모여 서로 어울리도록 하고, 그들의

행동거지를 살펴본 뒤에 적절한 자를 천거하여 임용하기로 하였다.
이리하여 마침내 남모(南毛)와 준정(俊貞)이라는 미녀 두 사람을 선발하고 그들을 중심으로 300여 명의 무리를 모았다. 그런데 두 여자가 미모를 다투어 서로 질투하였다. 어느 날 준정이 남모를 자기 집으로 유인해서 술을 강권하여 취하도록 한 뒤에 그 여자를 끌어내어 강물에 던져 죽였다. 준정은 사형에 처해지고 모인 무리는 화목치 못하여 해산하였다.
그 뒤 다시 얼굴이 잘생긴 남자를 뽑아 곱게 단장하여 화랑이라는 명칭으로 부르게 하고, 그를 떠받들게 하였다. 그러자 무리가 구름처럼 모여들었다. 그들은 더러는 도의(道義)를 서로 연마하고, 더러는 노래와 음악을 서로 즐기면서 산수(山水)를 찾아 유람하였다. 먼 곳이라도 그들의 발길이 닿지 않는 곳이 없었다. 이러한 과정을 통하여 인품의 옳고 그름을 알게 되었으니, 그중에서 선량한 인물을 택하여 조정에 추천하였다. 김대문의 『화랑세기』(花郎世記)에는 "어진 재상과 충성스러운 신하가 이에서 나왔고 훌륭한 장수와 용감한 병사가 이에서 생겼다"라고 기록되어 있다.
최치원(崔致遠, 857~?)의 난랑비(鸞郎碑) 서문에는 "우리나라에는 현묘(玄妙)한 도가 있으니 이를 풍류(風流)라고 하였다. 이 교를 창설한 내력은 선사(仙史)에 자세히 밝혀져 있는데, 실제적으로는 유불선(儒佛仙)의 세 가지 가르침을 포괄하여 중생을 교화하자는 것이다. 이를테면 집에서는 효도하고 집 밖에 나가서 나라에 충성하는 것은 공자(孔子)의 뜻이요, 무위(無爲)의 일에 처하여 말없는 가르침을 실천하는 것은 노자(老子)의 뜻이요,

모든 악행을 하지 않고 모든 선행을 실천하는 것은 석가(釋迦)의 가르침과 같은 것이다"라고 말하고 있다.
당(唐)나라 영호징(令狐澄)의 『신라국기』(新羅國記)에는 "귀인의 자제 중에서 훌륭한 자를 선발하여 곱게 꾸민 다음, 이름을 화랑이라 하여 백성들이 모두 떠받들어 섬겼다"라고 하였다.

『삼국사기』는 인재를 선발하기 위해서 원화라는 단체를 만들었다고 하였다. 그 단체의 우두머리를 두 여자로 했다는 내용이 특이하다. 이 당시만 하더라도 여자와 남자를 그렇게 구별하지 않았던 모양이다.
여자를 우두머리로 삼은 원화제도가 무속의 전통과 관련이 있을지도 모른다. 무당에는 여자가 많기 때문이다. 그런데 두 지도자 남모와 준정이 서로 질투하여 싸우는 바람에 원화제도는 실패하고 말았다. 『삼국사기』의 이러한 이야기는 남자가 여자를 깎아 내리기 위해서 일부러 만든 것 같지는 않다. 일반적으로 여자가 남자보다 질투심이 많으니, 이 기록이 사실일 것이다.
남자를 지도자로 삼은 제도가 새로 생겼으니 그것이 바로 화랑(花郞)제도이다. 지도자를 화랑(花郞)이라 불렀고, 그를 따르는 젊은이들을 낭도(郞徒)라 하였다. 신라에는 이런 단체들이 여러 개 있었고 전체 인원은 수천 명에 이르렀다고 전한다. 남자를 곱게 단장하였다는 대목이 가장 눈에 띄는 부분이다. 이러한 풍습은 무속에서도 볼 수 있다. 이것은 화랑제도가 무속과 관련이 있음을 보여주는 좋은 증거가 될 수 있다.
여기에 대해 류동식은 "『삼국사기』에 따르면 아름다운 남자들을 뽑아서 이를 곱게 단장하고 화랑이라 이름하여 받들었다고 했다.

일종의 여성화 현상이다. 이것은 후대에 와서도 남무(男巫)들이 여장(女裝)을 하는 풍습으로 계승되어 갔다. 결국 이것은 남녀 양성구유(兩性具有) 현상이다. 양성을 구유하려는 것은 하늘(남성)과 땅(여성)의 융합 또는 신과 인간의 합일을 꿈꾸는 것이요, 전체성을 회복하려는 의례적(儀禮的) 노력이다. 양성구유의 상태가 바로 신인 융합의 엑스터시 현상이요, 무교(巫敎)의 이상(理想)이다"(『한국 무교의 역사와 구조』)라고 설명하였다.

옛날이나 지금이나 사람들은 잘생긴 남자와 여자를 좋아하는 모양이다. 잘생긴 사람이 또한 여러 가지 재주까지 겸비했다면 금상첨화라고 할 수 있다. 이런 미남을 단체의 지도자로 세운다면 자연스럽게 단합도 잘될 것이다. 화장은 무속적인 의미도 가졌겠지만 미모를 더욱 돋보이게 하기 위한 보조적인 수단일 수도 있다. 그리고 화장은 권력을 가진 사람의 권위를 높여주는 기능을 했을 가능성도 있다.

그리고 이들의 수련 방법도 독특하다. 화랑(花郞)과 그 무리들은 때로는 도의를 서로 연마하고, 때로는 노래와 음악을 즐기면서 산수를 찾아 유람하였다고 했다. 화랑도가 어떤 수련을 했는지 어떤 교육을 받았는지에 대해서는 자세하게 알려져 있지 않고 그들이 여러 곳을 다니면서 풍류를 즐겼다는 기록만 남아 있는 게 아쉽다. 이들이 전쟁터에 나가서 많은 공을 세운 걸 보면 무술 연마를 많이 하였을 것 같다. 그런데 왜 노래와 춤을 즐겼고 좋은 산수를 많이 찾아다녔다는 사실을 강조했을까?

이것을 류동식은 "고대인들에게 가무(歌舞)는 단순한 유희나 오락의 행위가 아니었다. 노래와 춤은 종교적 의미를 가진 행위였다. 이것은 고대의 제천 의례였던 영고(迎鼓), 동맹(東盟), 무천(舞天),

소도제(蘇塗祭) 등이 노래와 춤으로써 진행되었다는 사실에서 단적으로 설명되고 있다"라고 해석하였다. 화랑도(花郞徒)가 노래와 춤을 즐기고 좋은 산수를 찾아다닌 것은 놀기 위해서가 아니라 종교적인 의미가 더 크다는 설명이다.

『삼국유사』에는 노래와 춤으로 귀신을 물리치고 이상한 자연 현상을 중지시킨 일들이 기록되어 있다. 경덕왕(景德王) 19년 경자(庚子; 760) 4월 초하루에 해가 둘이 나란히 나타나서 열흘 동안이나 없어지지 않는 일이 일어났다. 이때에 월명사(月明師)가 향가(鄕歌)를 지어서 바치자 곧 해의 변괴가 사라졌다. 그리고 월명은 피리를 잘 불었는데, 어느 날 달밤에 피리를 불면서 문앞 큰길을 지나가니 달이 그를 위해서 움직이지 않고 서있었다고 한다.

성덕왕(聖德王) 때 순정공(純貞公)이 강릉 태수로 부임하는 도중에 그의 부인인 수로(水路)가 용에게 잡혀 바다 속으로 들어가는 일이 벌어졌다. 이때 한 노인이 나타나 말하기를 "옛사람의 말에, 여러 사람의 말은 쇠도 녹인다 했으니 이제 바다 속의 용인들 어찌 여러 사람의 입을 두려워하지 않겠습니까? 마땅히 이 근처의 백성들을 모아 노래를 지어 부르면서 지팡이로 해변을 두드리면 부인을 만나볼 수 있을 것입니다"라고 했다.

순정공이 그대로 하였더니 용이 부인을 데리고 나왔다. 여러 사람이 모여 큰소리로 노래하고 춤을 추면 귀신에게도 그 뜻이 전해질 수 있다는 믿음을 이 전설은 잘 보여준다.

그리고 노래와 춤은 사람들 스스로를 감동시키고 황홀경에 빠지게 하며 신인합일(神人合一)의 경지에 이르게 하는 효과를 가지고 있다. 오늘날에도 무당은 춤을 추고 노래를 해서 귀신을 부르고 있으니 그 역사는 오래되었다.

　화랑도의 춤과 노래도 이와 같이 오락적인 성격을 넘어서서 귀신의 뜻을 움직이게 하고 스스로 신인합일의 경지에 도달하는 연습이었던 것 같다. 이러한 신인합일의 경지가 애국심과 결합할 때, 그것은 목숨도 아끼지 않는 용기로 승화될 수 있을 것이다. 이것이야말로 단순히 싸우는 기술을 가르치는 교육과는 비교도 할 수 없는 좋은 교육이다.

　그래서 김대문은 『화랑세기』에서 "어진 재상과 충성스러운 신하가 여기서 나왔고, 훌륭한 장수와 용감한 병사가 여기서 생겼다"라고 말했던 것이다. 화랑도의 교육은 바로 신인합일의 경지를 애국심과 결합시킴으로써 삼국통일을 주도한 많은 인재들을 양성할 수 있었다. 신인합일의 경지를 만들어 주는 수단이 바로 무속적인 춤과 노래이다.

　이것을 최치원(崔致遠, 857~?)은 난랑비(鸞郎碑) 서문에서 잘 정리하고 있다. 그는 "우리나라에 현묘한 도가 있으니 이를 풍류(風流)라 한다"고 말했다. 이 풍류가 구체적으로 무엇인가에 대해서는 여러 가지 의견이 많다. 최남선은 풍류라는 한자어는 우리말 '부루'를 나타낸 것이라고 주장하였다. 부루라는 우리말은 밝다는 말과 같은 어원에서 나온 것으로 보았다. 그래서 그는 우리 민족의 고유한 신앙을 부루교라고 불렀다.

　풍류를 그냥 노래와 춤으로 해석하는 학자들도 있다. 화랑도들이 노래와 춤을 많이 즐겼기 때문에 그것을 풍류라고 했다는 말이다. 그 춤과 노래는 귀신에게 사람들의 뜻을 전하고 나쁜 귀신을 물리칠 수도 있는 중요한 수단이기도 하다.

　풍류라는 말이 어디서 왔든지 그것은 우리 민족의 고유한 신앙인 무속을 가리키고 있다. 그리고 그 풍류는 유불도(儒佛道)의 중요한 가르침을 모두 포괄하고 있다고 했으니 우리의 전통적인 무속의 정신을 분명하게 보여주고 있다.

최치원은 선사(仙史)에 그 내력이 자세히 기록되어 있다고 했으나 그 책이 어떤 책인지는 알 수 없다. 최치원이 말한 선(仙)이 도교에서 말하는 신선은 아닐 것이다.『삼국사기』의「고구려 본기」동천왕 21년에는 "평양이라는 곳은 본래 선인(仙人) 왕검이 살던 곳이다"라는 구절이 나온다.

『삼국유사』에는 "왕은 또 나라를 일으키려면 반드시 풍월도(風月道)를 먼저 만들어야 한다고 생각하고 다시 명령을 내려 양가(良家)의 남자 가운데 덕행이 있는 자를 뽑아 이름을 고쳐 화랑이라 하고, 비로소 설원랑(薛原郎)을 받들어 국선(國仙)을 삼으니, 이것이 화랑국선(花郞國仙)의 시초이다"라고 말하고 있다. 여기에 나오는 왕은 신라 24대 진흥왕이고, 이 내용은『삼국유사』의 탑상 제4(塔像第四)에 있는 "미륵선화 미시랑과 진자사" 항목에 나온다. 화랑제도의 초기에는 화랑을 국선이라 부르기도 했다.

신채호(申采浩, 1880~1936)는 삼국시대에 수두교라는 종교 단체가 있었고, 그 교도들을 선배라고 하였으며, 이것을 이두(吏讀)로 선인(仙人) 혹은 선인(先人)으로 기록하였다고 주장하였다. 이 선배들을 잘 활용한 것이 바로 고구려의 선배제도인데 그들은 무사였고, 검은 비단옷을 입고 다녀서 조의선인(皁衣仙人)이라 일컬었다고 하였다. 또한 이 선배제도를 다시 모방한 것이 신라의 화랑제도라고 설명하고 있다.

신채호가 한 주장의 진위(眞僞)를 확인하는 일은 어렵지만 그가 말하는 수두교가 무속의 전통을 가리키고 있음은 분명하다. 그렇다면 고구려의 선배제도와 신라의 화랑제도는 우리 민족이 오랫동안 이어 온 무속의 전통을 다시 살린 제도라고 할 수 있다. 다시 말해 무속의 전통과 무사 계급이 융합한 것이 바로 고구려의 선배제도이고, 신라의 화랑제도이다. 이러한 무속의 전통은 오늘날에도 무당들이 칼이나 창을 신령스러운 무구로 사용하는 데서 찾아볼 수 있다.

4) 화랑도 정신

화랑도 정신을 성립시키는 데는 불교의 역할도 컸다. 『삼국사기』에는 원광법사(圓光法師)가 화랑 귀산(貴山)과 그의 친구 추항(箒項)에게 화랑정신의 기본인 세속오계(世俗五戒)를 전수하는 이야기가 기록되어 있다.

귀산은 신라 사량부(沙梁部) 사람으로 아버지는 아간(阿干) 무은(武殷)이다. 귀산은 어렸을 때부터 같은 마을의 추항을 친구로 사귀면서, "우리가 사군자(士君子)와 교유하려면 먼저 마음을 바르게 하고, 몸을 잘 닦지 않으면 반드시 치욕을 면하지 못한다. 그러니 현자를 찾아가서 올바른 도리를 들어야 하지 않겠는가" 하고 상의하였다.

이때 원광법사가 수(隋)나라에서 유학하다가 돌아와 가실사(加悉寺)에 머물며 사람들의 존경을 받고 있었으므로 귀산과 추항은 그를 찾아가기로 결정했다. 원광법사를 찾아간 그들은 공손한 태도로 "속세의 우리는 어리석어 아무것도 아는 것이 없으니, 바라건대 한 말씀을 가르쳐 주신다면 죽을 때까지 계명(誡命)으로 삼겠습니다" 라고 말하였다.

그래서 원광법사는 그들에게 세속오계를 가르쳐 주었다. 첫째

임금을 섬김에 충성으로써 하고, 둘째 어버이를 섬김에 효도로써 하고, 셋째 벗을 사귐에 신의로써 하고, 넷째 싸우는 마당에 임하면 물러남이 없게 하고, 다섯째 산 것을 죽임에 가림이 있어야 한다. 원광법사에게서 세속오계를 전수 받은 귀산과 추항은 그것을 생활 신조로 삼고 살았다.

602년 백제군이 아막성(阿莫城)을 침범하였을 때 귀산과 추항은 전투에 참가하였다. 이들은 이 전투에서 적군을 물리치는 과정에 부상을 입고 돌아오다가 죽었다. 이들이 죽고 나서 세속오계는 화랑도의 실천 강목이 되었다.

삼국통일을 이룬 주역인 김유신(金庾信, 595~673)에 관한 설화는 무속적인 내용을 포함하고 있어서 화랑과 무속의 관계를 살피는데 중요한 자료를 제공한다. 그는 15세에 화랑이 되었고, 17세 때에는 고구려와 백제가 신라를 침입하는 것을 보고 적을 무찌를 방법을 찾기 위하여 혼자서 중악(中嶽)의 석굴로 들어갔다.

그 굴속에서 유신은 하늘에 빌기를 "적국은 무도(無道)하게도 승냥이와 범같이 우리나라의 강토를 침략하여 소란하게 해서 거의 해마다 평안할 날이 없습니다. 저는 한낱 미천한 신하로 재량과 힘은 없사오나 오직 화란(禍亂)을 없앨 뜻을 품고 있사오니, 하늘은 이를 살피시어 저의 손에 힘을 빌려주소서"라고 하였다. 4일 만에 갑자기 한 노인이 갈의(褐衣)를 입고 나타났다. 유신은 방술(方術)을 가르쳐 주기를 간절히 부탁하였고 마침내 비법을 배우게 되었다.

진평왕(眞平王) 건복(建福) 29년(612)에 이웃 나라들이 번번이 침략해서 유신은 드디어 장한 마음이 끓어올라 혼자서 보검을 가지고 열박산(咽薄山)의 깊은 산골짜기로 들어가 향불을 피우고 먼저 중악에서 축원한 것과 같이 하늘에 맹세하는 기도를 시작했다. 그러자 하늘에서 영광(靈光)이 내려 그의 보검에 실리고, 3일째 되던 날 밤에는 허성(虛星)과 각성(角星)의 두 별이 아득히 빛나며 보검에 드리우니 칼이 스스로 움직이는 것 같았다고『삼국사기』는 기록하고 있다.

김유신이 산속에 혼자 들어가 하늘에 기도하는 사이에 갑자기 산신(山神)이 나타나 비법을 가르쳐 주었다는 이야기는 무속적인 설화이다. 그리고 산에 들어가 하늘에 기도하니 칼에 별의 신령스러운 빛이 내려오는 현상도 무속에서나 있을 수 있는 일이다. 김유신은 화랑들 가운데서도 대표적인 화랑인데, 그에 관한 설화에 이렇듯 무속이 들어가 있으니 다른 사람들의 경우도 이와 비슷할 것이다.

화랑도의 남다른 충성심과 뛰어난 용기는 그들의 무속적인 신앙심과 어떤 연관성이 있을 것이다. 우리는 굿을 할 때 무당이 망설임 없이 작두에 올라서는 모습을 보면서 놀라게 되는데 이러한 행동이 전쟁터에서 나타난다면 어떨까? 실제로 화랑도들이 죽음을 두려워하지 않고 전투에 임했기 때문에 삼국통일을 이룰 수 있었다. 백제의 계백(階伯) 장군과 싸운 화랑 관창(官昌)의 이야기는 유명하다.

관창은 품일(品日) 장군의 아들로 무열왕(武烈王)과 함께 황산들에서 백제군과 싸우게 되었다. 이때 그의 아버지는 관창에게 "너는 비록 나이가 어리나 의지와 기개가 있으므로, 오늘이야말로 공명을 세우고 부귀를 얻어 가질 때이다. 가히 용맹이 없어서 되겠느냐"라고 말했다. 관창은 잘 알겠다고 대답하고 바로 말을 타고 창을 휘두르며 적진으로 돌진해서 적군 몇 명을 죽였다.

그러나 적군은 수가 많고 신라군은 적었으므로 적에게 사로잡혀

백제 원수 계백 앞에 끌려갔다. 계백은 그의 투구를 벗겨 보고서 그가 소년이고, 또한 그 용맹스러운 행동을 사랑하여, 차마 그에게 해를 가하지 못하고 도리어 감탄하기를 "신라에는 기이한 용사들도 많다. 소년이 오히려 이와 같은데 하물며 장사(將士)들이야 더 말해 무엇하겠는가?" 하고는 곧 그를 살려 돌려보냈다.

관창은 돌아와서 말하기를 "내 적진 속으로 뛰어들었으나 능히 적의 장수를 죽이고 깃발을 빼앗아 오지 못한 것을 깊이 후회한다. 다시 들어가면 반드시 성공할 것이다" 하고는 손으로 물을 움켜 마시고는 다시 적진으로 돌격하여 힘껏 싸웠다. 그러나 계백은 다시 그를 사로잡았고, 어쩔 수 없이 이번에는 목을 베어 말안장에 매달아 돌려보냈다. 이때 품일은 그의 아들 관창의 머리를 들고 소매로 피를 씻으면서 말하기를 "내 아들의 얼굴 모습은 꼭 산 것 같구나. 나라를 위하여 죽을 수 있었으니 후회할 것은 없다"라고 하였다.

진덕여왕(眞德女王) 원년(元年, 647)에 김유신 장군은 백제군과 전투를 하였으나 고전을 면치 못하여 승리의 가능성이 없었다. 이때 김유신은 비령자(丕寧子)가 적진에 뛰어들어갈 뜻이 있음을 짐작하고 그를 불러서 말하기를 "추운 겨울이 된 연후에야 소나무와 잣나무의 푸름을 안다고 하는데, 마침 오늘의 정세는 위급하기로 그대가 아니고는 누가 감히 기운을 내서 모든 군사의 사기를 북돋울 수 있으랴" 하고 술을 권하면서 은근히 그의 뜻을 나타냈다.

비령자는 절을 하며 말하기를 "지금 많은 군사 가운데서 그러한 중대한 일을 저에게 부탁하시니, 이는 저를 믿는 것으로 알겠습니다. 하오니 마땅히 죽음으로써 그 뜻에 보답하겠나이다" 하고 곧 적진으로 떠나갈 때, 그는 종 합절(閤節)에게 이르기를 "나는 오늘 위로는 국가를 위하고, 아래로는 친구를 위하여 죽을 것이다. 내 아들 거진(擧眞)이는 비록 나이는 어리지만 장한 뜻이 있으므로 나와 함께 죽으려 할 것이다. 만약 부자(父子)가 한꺼번에 죽을 것 같으면 집사람들은 장차 누구에게 의지하겠는가? 너는 거진이와 함께 나의 유해를 거두어 돌아가서 그 어미의 마음을 위로해라" 하고는 말이 끝나자마자 창을 휘두르며 말을 달려 적진으로 가서 용감히 분투하다가 전사했다.

이때 그의 아들 거진은 이것을 바라보고 있다가 즉시 적진으로 뛰어가려 하는데, 합절이 굳이 만류하면서 말하기를 "주인님의 말씀이 소인 합절로 하여금 도련님과 함께 집으로 돌아가서 어머니를 위로하라고 하셨는데, 지금 아들로서 아버지의 명령을 저버리고 어머니의 사랑을 버린다면 어찌 효도라 이르오리까" 하고는 말고삐를 놓지 않았다.

그러나 거진은 "아버지의 전사함을 보고서도 구차하게 살아 있는 것을 어찌 효자라고 하겠느냐?" 하면서 곧 칼을 들어 합절의 한 팔을 치고서는 적진으로 달려들어가 용감히 싸우다가 또한 전사하니 합절은 "하늘이 무너졌으니 난들 죽지 않고 무엇하겠느냐" 하더니, 역시 적진으로 뛰어들어가 싸우다가 전사하고 말았다.

이러한 신라 군인들의 모습은 보통 사람들의 상상을 초월한다. 무엇이 이들로 하여금 이렇게 용감한 행동을 하게 했던 것일까? 그들의 행동은 마치 신들린 사람의 행동과 같다. 어떻게 생각하면 완전히 정신 나간 사람의 행동 같기도 하다. 우리는 신라 군인들의 용감함 속에서 무속의 신내림과 애국심의 결합을 찾을 수 있다.

신라에는 목숨을 아끼지 않은 많은 화랑(花郞)과 낭도들이 있었기 때문에 가장 불리한 위치에 있었으면서도 삼국통일을 이룰 수 있었다.

삼국통일이 뭐 그리 대단한 일인가라고 생각하는 사람들이 있다. 고구려가 통일을 했다면 우리의 땅이 더 넓었을 것이라고 말하는 사람들도 있다. 그들의 말도 틀리지는 않다.

우리가 화랑도에게 배울 점은 그들의 무서운 집념인 것 같다. 적과 싸워서는 반드시 이기고 나아가서 삼국통일도 이루고 말겠다는 굳은 집념은 결국 이루어졌다. 그리고 그들은 그것을 위해서 개인의 목숨을 아끼지 않았다. 마치 벌들이 그들의 집을 지키기 위하여 목숨을 아끼지 않는 행동과 같다. 이러한 정신이 없다면 적과 싸워서 이기리라는 보장도 없다. 자신의 생명이 소중하다는 것은 누구나 다 알고 있다. 그래서 그 목숨을 남을 위하여 그리고 나라를 위하여 또한 자손들을 위하여 바치겠다는 생각은 참으로 위대하고 고귀하다.

한동안 우리나라에서는 화랑도 정신을 상당히 강조한 때가 있었다. 그런데 이제는 시대가 바뀌어서 화랑도 정신을 별로 강조하는 것 같지 않다. 이것은 우리가 이제 어느 정도 잘살아서 자신감이 많이 생겼기 때문이리라. 감히 우리를 누가 어찌 하겠는가 하는 자만심도 그러한 분위기를 부추겼다. 국가를 위해서 목숨을 바친 사람들에 대해서도 이제 옛날만큼 존경심을 표하지 않는 시대가 되었다.

신라시대도 삼국을 통일할 때까지는 화랑도 정신이 살아 있었다. 그러나 통일을 이루고 나서 긴장감이 풀어지면서 그러한 불굴의 용기는 사라져 버리고 말았다. 신라의 귀족들이 권력 투쟁에 몰두하고 있을 때 화랑도 정신은 희미해지고, 백성들은 각자 자신의 행복 추구에 바빴다. 충성심과 결합하였던 무속의 정신은 이제 개인적인 행복 추구와 결합하여서 사람들의 비위를 맞추게 되었다.

무속은 실제로 개인의 행복을 추구하려는 경향이 강하지만 그것이

지나치면 남을 배려하는 마음은 사라지고 오로지 자신의 행복과 가족의 안전만을 생각하는 이기적인 가족주의에 빠지게 된다. 이러한 풍조는 결국 사회를 먼저 생각하기보다는 자신의 이익을 앞세우게 되어 약한 사회를 만들고 만다. 자신만 잘 먹고 잘살면 그만이라는 생각이 일반화되면 그 사회는 오래 유지될 수가 없다. 이것을 우리는 신라의 역사를 통해서 분명하게 볼 수 있다.

3장

불교의 발전

1) 석가의 가르침
2) 불교의 전개
3) 중국의 불교 수용
4) 중국불교의 발전

불교의 발전

1) 석가의 가르침

　불교의 창시자는 기원전 563년 북인도 히말라야 기슭에 있는 카필라바투에서 샤카족의 왕족으로 태어난 고타마 싯다르타이다. 고타마 싯다르타는 당시의 사상을 비판하고 자신의 주장을 펼치게 된다. 우선 그는 지나친 고행과 무절제한 쾌락의 추구가 우리를 고통으로부터 해방시켜 줄 수 없음을 깨닫고 중도(中道)를 따라야 함을 강조하였다. 그리고 형이상학(形而上學)적인 논쟁도 마찬가지로 우리의 고통을 해결하는 데 아무런 도움이 되지 못한다고 보았다.

　그러면 고타마 싯다르타의 가르침은 무엇인가? 그는 먼저 존재하는 모든 것의 실체성을 부정하는 연기설(緣起說)을 주장하였다. 연기란 "말미암아 일어난다"라는 의미로, 이 세상의 모든 것은 반드시 그럴 만한 조건이 있어서 생긴다는 이론이다. "이것이 있으므로 저것이 있고, 이것이 생기므로 저것이 생긴다. 이것이 없으므로 저것이 없고, 이것이 없어지므로 저것이 없어진다"라고 한 『아함경』(阿含經)의 말이 연기를 잘 설명하고 있다. 예를 들어 태어남이 있기에 죽음이 있는 것처럼, 존재하는 모든 것은 이것이 있기에 저것이 있고, 이것이 없어지면 저것도 없어진다는 가르침이다.

불교에서는 이러한 연기설을 열두 단계로 나누어서 12연기로 설명하고 있다. 이 12연기설은 개별 자아(自我)를 중심으로 설명하고 있지만 생명 현상 전체에 대한 설명이라고 볼 수 있다. 불교는 본래 따로 객관 세계의 개념을 만들지 않았으므로 세계의 해석 역시 이 이론 가운데 포함되어 있다고 할 수 있다. 12연기의 구체적인 내용은 다음과 같다.

우리 인간은 근본적으로 실상을 알지 못하기[無明] 때문에 맹목적인 의지 활동이 생겨나고[行], 여러 가지 의지 활동이 있음으로써 의식이 생겨나며[識], 의식적인 지각이 있기 때문에 정신과 육체의 현상이 생겨난다[名色]. 정신과 육체의 현상에 힘입어 여섯 가지 감각이 형성되고[六入], 여섯 가지 감각이 있음으로써 밖의 대상과 접촉함이 있게 된다[觸]. 외부의 대상과 접촉함으로써 여러 가지 느낌을 받아들이게 된다[受]. 여러 가지 느낌을 받아들임으로 말미암아 여러 가지 탐욕과 갈망이 생겨난다[愛]. 갈망 다음에 오는 것은 바로 집착이다[取]. 집착 때문에 개별 주체 또는 영혼이 생겨난다[有]. 개별 주체 또는 영혼이 있음으로써 생명이 있게 되고[生], 생명이 있음으로써 늙음과 죽음이 생기게 된다[老死].

이러한 연기설과 더불어 또 하나 석가의 중요한 가르침은 삼법인설(三法印說)이다. 제행무상(諸行無常), 제법무아(諸法無我), 일체개고(一切皆苦)가 바로 그것이다.

제행무상이란 우리의 의욕 활동뿐만 아니라 존재하는 모든 것이 영구불변 하지 못하고 항상 변화한다는 가르침이다. 제법무아는 존재하는 모든 것은 고정되어 있지 않으며 항상 새롭게 바뀌기 때문에 실체라고 말할 수 있는 것이 없다는 뜻이다. 일체개고란 우리의 삶이 고통스러울 뿐이라는 의미이다. 삶을 고통으로 파악한 인생관은 석가의 독창적인 생각이 아니라 기존의 인도 전통 사상들이 가지고 있던 인생관과 같다.

석가의 가르침에는 연기설과 삼법인 이외에 사성제(四聖諦)가 있다. 사성제란 네 가지 거룩한 진리(眞理)라는 의미이며, 불교의 경전에 따르면 석가가 깨달은 뒤에 제자들에게 최초로 설법한 내용이라고 한다. 사성제의 구체적인 내용은 고성제(苦聖諦), 집성제(集聖諦), 멸성제(滅聖諦), 도성제(道聖諦)이다.

고성제란 이미 삼법인에서 보았듯이 인생이란 괴로운 것이라는 가르침이다. 불교에서는 이 인생의 괴로움을 다시 여덟 가지로 나누어서 설명하고 있다. 태어나는 괴로움, 늙는 괴로움, 병드는 괴로움, 죽는 괴로움, 미운 사람을 만나는 괴로움, 사랑하는 사람과 헤어지는 괴로움, 구하는 것을 얻지 못하는 괴로움, 인간의 생존을 구성하는 다섯 가지 요소[五蘊, 즉 色·受·想·行·識]의 괴로움 등이 바로 그것이다.

집성제란 그 고통의 원인을 말하는데, 괴로움이 쌓이는 원인은 내가 애타게 바라는[渴愛] 대로 일이 이루어지지 않기 때문이다. 가질 수 없는 것을 가지려 하거나 피할 수 없는 것을 피하려 한다. 이런 경향성은 마음속에서 심한 갈망을 일으킨다. 우리는 이 갈망에 속박되어 자유롭지 못한 생활을 하게 된다. 이 갈망은 세상을 참모습 그대로 보지 못하는 데서 생겨나는데, 이를 무명(無明)이라 한다. 이 무명에서 맹목적인 행동이 나오고, 또 분별하는 의식 작용이 생기며 결국 죽음에 이르게 된다. 괴로움의 근원적인 원인은 결국 무명에 있다.

　멸성제란 고통의 원인이 소멸된 상태를 말한다. 불교에서는 갈애와 무명을 초월하여 열반(涅槃)이나 해탈(解脫)의 경지에 이르는 것을 궁극의 목표로 삼고 있다. 갈애와 무명이 고통의 원인이기 때문에 이것을 없애면 고통이 사라지게 된다. 이렇게 고통이 사라진 상태가 곧 해탈이요 열반이다.

　도성제란 열반이나 해탈의 경지에 도달하는 구체적인 수행 방법들을 말한다. 석가는 지나친 쾌락에 빠져서도 안 되고 지나치게 고행을 해서도 안 된다는 중도를 제시하였다. 그는 이 중도를 다시 팔정도(八正道)로 나누어서 설명하였다. 정견(正見 : 올바른 견해), 정사유(正思惟 : 올바른 생각), 정어(正語 : 올바른 말), 정업(正業 : 올바른 행위), 정명(正命 : 올바른 생활), 정정진(正精進 : 올바른 노력), 정념(正念 : 올바른 기억), 정정(正定 : 올바른 禪定)이 팔정도의 구체적인 항목이다. 선정(禪定)이란 정신 집중과 정신 통일을 말하는 것으로 일반적으로 좌선(坐禪)이라고 말한다.

2) 불교의 전개

　고타마 붓다가 열반한 직후 500명의 제자가 라자가하[王舍城]에서 집회를 갖고 그들의 기억 속에 남아 있는 스승의 가르침을 서로 확인하였다. 이 집회를 불교도들은 '상기티'라고 하는데, 이 말은 가르침을 모두 함께 소리내어 암송하는 것을 의미하지만 한역(漢譯) 불전(佛典)에서는 결집(結集)으로 번역하고 있다.

　거의 100년 뒤에 두 번째 결집 회의가 와이샬리에서 열렸다. 그

목적은 계율(戒律)에 대한 여러 가지 의문을 해결하는 데 있었다. 그 뒤 아쇼카 황제 주최로 세 번째 결집 회의가 기원전 249년경에 빠딸리뿌뜨라에서 열렸다. 약 천여 명의 승려가 참석했고, 그 회의의 주요 목적은 장로(長老)를 따라 교리를 체계화하고 명료하게 하는 것이었다.

석가 열반 뒤 100년경 교리와 계율에 대한 견해의 차이로 말미암아 상좌부(上座部)와 대중부(大衆部)로 갈린 불교는 결국 20여 개의 부파(部派)로 갈라지게 되었다. 대표적인 부파로는 설일체유부(說一切有部), 독자부(犢子部), 설산부(雪山部), 화지부(化地部), 음광부(飮光部), 경량부(經量部) 등이 있다.

석가의 가르침 가운데 부파 간의 철학적 견해 차이를 보이게 한 문제는 주로 무아설(無我說)과 업보(業報)에 관한 문제, 인간 존재를 구성하는 요소들인 법(dharma)의 수와 종류 및 본성에 관한 이론 그리고 불타관(佛陀觀) 등이었다.

서기 2세기경에 이르러 용수(龍樹, Nāgārjuna)가 중관학(中觀學)을 건립함으로써 대승불교(大乘佛敎)가 나타나게 되었다. 용수의 제자 제파(提婆, Āryadeva)가 이것을 계승하여 발전시킴으로써 이 학설은 일시에 크게 성행하였다. 이들의 학설은 『반야경』(般若經)을 근거로 하고 있기 때문에 반야종(般若宗)으로 불렸다.

이것이 나중에 중국 불교도들이 말하는 공종(空宗) 또는 삼론종(三論宗)이다. 삼론(三論)이란 말은 용수가 지은 『중론』(中論)과 『십이문론』(十二門論) 그리고 그의 제자 제파가 지은 『백론』(百論)을 가리킨다.

용수의 중관학은 『대반야바라밀다경』(大般若波羅蜜多經)에 근거하고 있는데, 그는 『대지도론』(大智度論)과 『중론』을 지어서 중관학을 체계화하였다. 중관학은 상주(常住)와 단멸(斷滅), 아(我)와 비아(非我), 물질과 정신, 육체와 영혼, 실체(實體)와 과정(過程), 단일과 다수, 긍정과 부정, 동일과 차별 등 모든 독단적이고 배타적인 이원론(二元論)을 피하고 붓다의 참된 정신인 중도를 따른다.

 그래서 이 사상은 영원불변 하는 실재(實在)가 있다고 인정하는 유(有)의 입장도 부정하고, 또한 모든 것이 없다고 생각하는 무(無)의 입장도 부정한다. 이 세상의 모든 현상은 인(因)과 연(緣)이 화합하여 발생한 것으로, 인연을 벗어나면 이런 일체의 현상도 없다는 견해이다.

 그러므로 어떤 것도 자기의 실재성(實在性)을 가지고 있지 않다고 주장한다. 모든 것[法]은 실제로 존재하는 것이 아니라 공(空)적인 것일 뿐이다. 여기서 말하는 공(空, śūnya 또는 śūnyatā)이란 영구불변하는 독립된 실체가 없다는, 즉 모든 존재는 자성(自性)이 없다는 뜻이다. 따라서 공은 아무것도 없다는 의미의 무와는 완전히 다르다.

 중관학과 더불어 대승불교의 양대 산맥을 이루는 철학은 바로 유식학(唯識學)이다. 이 철학에서는 우리가 일상적으로 경험하는 사물들이 자성(自性)이 없어 공(空)이며 순전히 우리의 마음에 의하여 구상(構想)되거나 조작된 것이라면, 결국 이들 사물은 우리의 마음, 즉 식(識 : vijñāna)에 의존하고 있는 것이라고 말한다. 그래서 우주의 모든 것은 식이 변하여 되거나 식이 만들어 낸 존재에 지나지 않는다. 이와 같이 유식학은 존재를 인식으로 환원하는 이론을 체계화하였다.

 이 철학은 『해심밀경』(解深密經)에 근거하고 있으며, 이를 한층 더 체계화한 사람은 미륵(彌勒, Maitreya, 270~350경)이다. 미륵의 뒤를 이어 유식학을 크게 발전시킨 사람은 무착(無着, Asanga, 310~ 390)과 그의 동생 세친(世親, Vasubandhu, 320~400)이다. 무착의 『섭대승론』(攝大乘論)과 세친의 『유식이십론』(唯識二十論), 『유식삼십송』(唯識三十頌) 등이 유식학을 대표하는 저술이다.

3) 중국의 불교 수용

불교는 중국의 서쪽 지역에 해당하는 서역(西域)을 거쳐서 중국에 전래되었다. 그러나 불교가 중국에 전래된 시기는 확실하지 않다. 전한(前漢, 기원전 202~서기 7) 말 애제(哀帝) 때 불교가 전래되었다고 하는 것 이외에는 전한 불교에 관한 문헌은 없고 후한(後漢)에 들어와서야 비로소 불교에 관한 내용이 문헌에 약간 보인다.

그러나 불교가 중국에서 확실하게 기초를 다진 것은 후한 말 환제(桓帝) 때 서역에서 들어온 안세고(安世高)와 지루가참(支婁迦讖)에 의해서다. 안세고는 안식국(安息國)의 태자로 숙부에게 나라를 물려주고 환제 건화(建和) 2년(148)에 낙양(洛陽)에 와서 불경 30여 권을 잇달아 번역하였다. 안세고는 선학(禪學)에 치중하였으므로 그가 번역한 불경 또한 소승불교(小乘佛敎)에 속하는 선학이 중심이 되었다.

지루가참은 월지국(月氏國) 사람으로 안세고보다 조금 뒤에 들어왔는데, 그가 번역한 불경은 주로 대승 공종(空宗) 반야(般若) 계통에 속하는 것이었다. 지루가참이 중국에 올 때에는 용수가 가르침을 세운 지 오래되지 않았으므로 반야경문을 가지고 왔다.

한대(漢代)에는 불교가 처음 전래되었기 때문에 그 당시 사람들은 아직 불교를 제대로 이해하지 못하였다. 그래서 사람들은 중국 고유의 사상으로 불교를 이해하고 설명하였다. 그 당시는 황로 신선학(黃老神仙學)의 방술(方術) 사상이 유행하고 있었기에 사람들은 황로 방술의 신선학 사상으로 불교를 이해하였다.

당시의 중국인들은 부처를 신이나 신선으로 생각했다. 그리고 그들은 불교에서 말하는 열반정적(涅槃寂靜)을 노자가 말한 무위로 이해하여, '열반'을 '무위'로 번역하였다. 한대인들은 욕망을 없애고 사치스러움을 버린다는 노자의 사상으로 불교의 기본 교의(敎義)를 이해하려 들었다. 불교에서는 애착과 욕망이 고통의 원인이라 하여 욕망을 제거하라고 주장하는데, 이러한 사상은 바로 과욕(寡欲)과 무욕(無欲)을 주장하는 노자의 사상과 그대로 일치한다.

중국에 대승의 반야공관(般若空觀)을 최초로 소개한 책은 지루가참이 번역한 『도행반야경』(道行般若經)이다. 이 책의 「진여품」(眞如品)에서는 세계 본체의 이치를 설명하고 있는데, 당시 한나라에서는 이 「진여품」을 「본무품」(本無品)으로 번역하였다.

'본무'(本無)라는 말은 『노자』에서 유래한 것이다. 노자는 세계의 본원을 무(無)라고 생각했는데, 한대의 승려들은 노자의 이 본무 사상으로 불교의 진여를 해석하였다. 그래서 그들은 대승 공종의 "모든 것은 다 공이다"[一切皆空]라는 사상이 모든 것은 다 무에 근본 한다는 노자의 사상이라고 설명하였다.

이러한 경향은 위진(魏晉)시대에도 계속되었다. 위진시대는 노장 사상을 숭상하는 현학(玄學)이 출현한 시기이다. 위진 현학 가운데 특히 하안(何晏, 193~249)과 왕필(王弼, 226~249)이 제창한 귀무(貴無)학설의 영향이 가장 컸다.

하안과 왕필은 특히 무를 근본으로 하는 노자의 철학 사상을 이어,

세계의 본체는 무이며 현상 세계의 각종 구체적 존재물은 단지 이 본체 세계의 외적 표현에 지나지 않는다고 여겼다. 한 시대를 풍미한 현학 사조에서 영향을 받아 불교의 승려들은 위진 현학으로 대승의 반야공관을 이해하고 해석하였다.

이를 바탕으로 한대에 전래된 대승 반야공관은 위진시대에 들어서 광범위하게 전파될 수 있었다. 특히 양진(兩晋, 265~419)시대에는 전대미문의 대승반야학 바람이 불었다. 이에 따라 반야학 내부에도 수많은 학파가 생겨 이른바 육가칠종(六家七宗)이라고 불리는 종파들이 활동하였다. 당시 중국 불교도들이 노장 현학 사상으로 불교의 교의를 해석한 것을 사람들은 격의불교(格義佛敎)라고 부른다.

당시에 가장 영향력이 있었던 승려로는 도안(道安, 312~385)이 있다. 상산(常山) 사람인 도안은 후조(後趙)의 불교를 대표하는 고승 불도징(佛圖澄)에게 사사하여 두각을 나타내었지만 얼마 뒤 조나라 말에 혼란이 일자, 그는 남방의 양양(襄陽)으로 갔다.

그가 양양의 단계사(檀溪寺)에 기거하자 이름이 사방으로 알려져 학자들이 몰려와 스승으로 모시었다. 그러다가 379년 양양을 공략한 전진(前秦)왕 부견(符堅)에 의해 장안(長安)으로 불려가 오중사(五重寺)에 머물게 되었다. 그 문하에 모인 승려들이 수천 명에 달했다고 한다.

그는 번역된 경전들의 목록을 작성하고 번역을 돕기도 하였으며, 경전의 서문을 짓고 경전에 주석을 달기도 하였다. 도안은 중국 반야 사상의 발전에 공헌한 이외에도 계율의 정비나 승제(僧制)의 제정을 실시하고 교단의 확립에 공헌한 사람으로서 중국불교사(中國佛敎史)에서 중요한 위치를 차지하고 있다.

그도 처음에는 역시 격의(格義)의 방법을 따라서 경전을 강의하였으나, 중년 이후부터는 점차 격의불교를 비판하는 입장을 취하였다. 그러나 당시에는 아직 인도의 중요한 저작들이 중국에 전래되지 않았다. 예를 들면 『중론』은 409년에야 비로소 한문으로 번역되었다. 그래서 도안의 반야에 대한 이해도 한계가 있을 수밖에 없었다.

도안과 같은 시기의 불교도는 대부분 반야학을 다루었으나 모두 격의의 영향을 받아 늘 도가의 입장을 취하여 불교 이론을 보았다. 그래서 비록 견해가 조금씩 다르지만 결국 반야의 근본 취지에 깊이 합치할 수 없었다.

이런 상황은 구마라집(鳩摩羅什, 350~400)이 중국에 와서 여러 논(論)을 번역하고 강의한 뒤에 비로소 커다란 변화를 하게 되었다. 그러므로 반야학이 중국에 참으로 전해진 시기는 역시 구마라집이 전교(傳敎)를 시작한 때부터라고 해야 된다. 그는 당나라 현장(玄奬, 600~664)과 함께 역경사(譯經史)의 2대 역성(二大譯聖)이라고도 불린다.

그의 번역 경전은 74부(部) 384권(卷)이나 되는데 이때 번역한 경전들이 후세 불교 교학(敎學)에 미친 영향은 지대하다. 특히 대승논부(大乘論部)들이 처음으로 중국에 전래되었으며 이로 말미암아 삼론종과 성실종(成實宗)이 일어나게 되었다.

그리고 그는 단지 역경에만 종사한 것이 아니라 훌륭한 사상가이며 교육자이기도 하였다. 그를 찾아오는 문하생이 항상 수천 명에 달했고, 그 가운데 특출한 제자만도 80명이나 된다. 이 많은 문하생은 다음 시대 불교를 대표하게 되는데, 동진(東晉)시대와 남북조(南北朝, 421~589)시대 초기의 불교는 바로 라집 계통 사람들의 불교였다고 말해도 과언이 아니다. 제자 가운데 특히 승조(僧肇, 384~414), 도생(道生), 혜관(慧觀) 등이 가장 유명하였다.

승조는 라집이 고장(姑臧)에 있을 때 그의 명성을 듣고 제일 먼저 제자가 된 사람이다. 그 뒤 구마라집을 따라 장안에 들어가서 그와 함께 경(經)과 논(論)을 번역하는 데 힘썼다. 그는 일생 동안 스승의 불경 번역을 돕는 한편, 스스로도 『반야무지론』(般若無知論), 『부진공론』(不眞空論), 『물불천론』(物不遷論), 『열반무명론』(涅槃無名論) 등을 저술하여 반야삼론학을 천명(闡明)하였다.

승조는 용수의 중관철학의 내용을 깊이 깨달은 사람으로 중관불교를 중국의 노장 현학과 결합시키고자 하였다. 이전의 불교 현학화가 주로 현학으로 불교를 해석하는 것이었다면, 그는 불교 고유의 사상과 방법으로 그 당시 현학과 불교의 공동 관심사를 해결하고자 노력하였다.

구마라집 문하에서 승조와 함께 공부하던 도생은 거록(鉅鹿) 사람이다. 처음에 그는 도안과 동학인 축법태(竺法汰)를 스승으로 섬기다가 나중에 장안에 가서 구마라집에게 배웠다. 말년에 그는 건업(建業)으로 가서 열반불성설(涅槃佛性說)을 전하였다. 열반학은 대승 경전인 『열반경』(涅槃經)을 배우고 연구한다 해서 생긴 이름이다.

『열반경』은 주로 불성학설(佛性學說)을 강론한다. 불성(佛性)은 원래 부처의 본성이라는 뜻이지만 차츰 사람이 부처가 될 수 있는 가능성을 가리키는 개념으로 발전하였다. 『대열반경』(大涅槃經)은 사람에게는 불성이 다 있어서 누구든지 부처가 될 수 있다고 주장한다. 도생은 『대열반경』의 내용이 완전하게 전해지기도 전에 이미 일천제(一闡提 : 善根을 끊어 버린 사람)도 불성을 갖고 있으며 아울러 부처가 될 수 있다고 주장해서 다른 승려들에게 배척을 당하기도 하였다.

삼론학의 전통은 용수에서 시작하여 마침내 구마라집에 이르고, 그 뒤 도생, 담제(曇濟), 도랑(道朗), 승전(僧詮), 법랑(法朗, 507~581)에게로 계승되어 길장(吉藏, 549~623)에 의해서 완성되었다. 길장의 선조는 안식국 사람이며, 그가 태어난 곳은 금릉(金陵 : 南京)이다.

아버지를 따라서 진제삼장(眞諦三藏, 499~569)을 만났고, 진제로부터 길장이라는 이름을 받았다. 아버지도 출가(出家)하여 도량(道諒)이라고 하였는데, 언제나 길장을 데리고 법랑의 법석에 참석하였다. 그것이 인연이 되어서 길장도 출가하여 법랑의 제자가 되고 삼론을 공부하였다. 어려서부터 명석하여 이름을 날렸지만 21세에 구족계(具足戒)를 받고 나서는 더욱 명성이 알려졌다.

진(陳)나라가 망하고 수(隋)나라가 강남(江南)을 통일하자 길장은 회계(會稽)의 가상사(嘉祥寺)에 머물면서 삼론의 강술과 저술에 전념하여 삼론종의 교의를 방대한 저술을 통하여 체계화하였다. 수나라가 들어서자 황제의 존경을 받았는데 양제(煬帝)는 양주(揚州)에 혜일도장(慧日道場)을 세워 길장을 초청하였으며, 장안에는 일엄사(日嚴寺)를 세워 거기서도 살게 하였다.

그는 이곳에서 성대하게 팔불중도(八不中道)의 묘리(妙理)를 설하였을 뿐만 아니라 당나라 때는 십대덕(十大德)의 한 사람으로 뽑혀서 승려계를 관리하다가 623년 75세로 입적(入寂)하였다.

삼론종의 가르침은 파사현정(破邪顯正), 이제설(二諦說), 팔불중도 등으로 요약할 수 있다. 파사란 모든 잘못된 견해나 집착을 부정하여 어느 것에도 붙잡히지 않는 것인데, 그렇게 하면 중도의 도리가 나타난다는 뜻이다. 따라서 파사와 현정은 다른 것이 아니고 파사가 그대로 현정이다.

그리고 만물은 인연에 의해서 생기는 것이며, 공하여 실체가 없다. 세상에서 있다[有], 진실되다[眞]라고 하는 것은 속제(俗諦)이고, 일체는 공(空)이며 가(假)라고 하는 것은 진제(眞諦)이다. 유에 집착하는 사람에게는 진제를 말해 주고, 공에 집착하는 사람에게는 속제를 말해줌으로써 모든 사람을 진공묘유(眞空妙有)의 세계로 인도한다. 진·가 2제는 어느 것 하나도 빠뜨릴 수 없는 것이어서 유만을 주장하거나 공만을 주장하는 것은 모두 편견에 사로잡힌 사견이다.

팔불중도란 중생들의 어리석음은 생멸(生滅), 단상(斷常), 일이(一異), 거래(去來)의 여덟 가지에 집착하는 견해에서 오는 것이라고 보고 불생(不生), 불멸(不滅), 부단(不斷), 불상(不常), 불일(不一), 불이(不異), 불거(不去), 불래(不來)의 8불(八不)을 주장하며, 이 여덟 가지의 미혹에서 벗어나면 어디에도 집착하지 않는 중도의 도리가 나타난다고 가르쳤다. 이러한 가르침을 기본으로 하는 삼론종은 종파로서 중국에서 번창하지 못하고 당나라 때 일본으로 전래되어 나라[奈良] 불교의 중심을 이루게 된다.

불교학의 2대 계통 가운데 하나인 세친의 유식 사상은 일찍이 남북조(南北朝) 때의 보리유지(菩提流支, Bodhiruci), 륵나마제(勒那摩提, Rantnamati) 등에 의해 전해져 뒤에 지론종(地論宗)이 되고, 다시 진(陳)나라의 진제(眞諦, 499~569)에 의해 전해진 것은 섭론종(攝論宗)이 되었다. 그리고 세 번째 현장에 의하여 호법(護法)과 계현(戒賢)의 계통이 전해지는데, 그의 제자 규기(窺基, 632~682) 때에 이르러 법상종(法相宗)이 성립되었다.

진제는 서인도 출신으로 양(梁)나라 무제(武帝)의 청을 받고 546년에 바닷길을 이용하여 광주(廣州)에 도착하였으며, 548년 수도로 들어와 무제의 환대를 받았다. 중국에서 그의 생활은 전란 때문에 여러 곳으로 거처를 옮기는 등 안정되지 못하였으나, 그 사이에도 항상 번역을 잊지 않았고 오로지 그 일에 몸을 바쳤다.

그가 제자들과 함께 번역한 경론은 기록상으로 64부 270권이다. 그의 경론들은 대승불교의 유식학 연구를 재촉하였고, 특히『대승기신론』(大乘起信論)과『섭대승론』이 가장 큰 영향을 끼쳤다.『섭대승론』은 남조 섭론종의 주요한 이론적 근거가 되었고,『대승기신론』은 대승의 각 학파에 커다란 영향을 주어 중국을 비롯하여 한국과 일본에서도 많은 연구를 하였다.

진제에 의해 일어난 섭론종은 담천(曇遷, 542~607) 등에 의해 강북(江北)에 전해진 후부터 활발하게 되었고, 정토교(淨土敎)에까지 영향을 미쳤지만 법상종 혹은 유식종(唯識宗)이 일어나자 거기에 합쳐지게 되었다.

유식종은 법상종(法相宗)이라고도 하며, 당나라 명승인 현장(玄奘, 602~664)과 규기(窺基, 632~682)가 창시자이다. 현장은 629년에 서역으로 법을 구하러 떠났다. 그는 엄청난 위험과 고난을 참아내며 천산북로(天山北路)를 따라 인도에 들어가게 된다. 당시 나란타사는 불교대학으로서 석학들이 사방에서 모여와 계현(戒賢) 밑에서 수학하고 있었다. 현장도 그의 문하에 들어가 이곳에서 유식의 깊은 뜻을 터득하였다.

그 뒤 그는 여러 곳을 돌아다니다가 645년에 장안으로 돌아왔다. 그가 인도에 머문 기간은 17년이었다. 현장이 불교사에 남긴 공적은 대단하다. 특히 역경사(譯經史)에서 구마라집과 함께 그의 업적은 많은 칭송을 받고 있다. 인도에서 올 때 가져온 소승과 대승의 경(經), 율(律), 논(論) 등은 모두 657부로 20마리의 말에 싣고 왔다고 한다. 그는 장안에서 역경사업과 더불어 가르침을 폈다.

법상종에서 무엇보다 중요하게 생각한 경전이 바로 『성유식론』(成唯識論)이다. 이것은 세친의 『유식삼십송』을 호법이 주석한 책이다. 거기에는 유식의 여러 가지 견해가 소개되어 있으며 호법의 사상이 나타나 있다. 따라서 법상종은 호법의 설에 근거하고 있으며 무착과 세친의 사상 그대로는 아니다. 우리가 경험하는 객관세계는 실재가 아니라 관념 형성이 밖으로 드러난 현상일 뿐이라는 이론이 유식사상의 핵심이다.

법상종은 객관세계의 모든 사물은 식(識)의 산물이라고 주장한다. 결국 객관세계의 실재성은 부정되고 주관만 존재한다는 이론이다. 법상종은 객관세계를 상분(相分)이라 하고 주관적인 인식능력을 견분(見分)이라 한다. 상분은 식에서 변화되어 나온 것으로 실재하는 객관세계가 아니며, 우리의 인식은 주관적인 견분을 사용하여 상분을 아는 활동이다.

법상종은 이러한 관념론을 논증하기 위하여 복잡한 이론을 만들어 내었다. 하지만 그 내용이 현실과 거리가 너무 멀어서 실제 생활에 도움이 안 되는 번쇄(煩瑣) 철학의 전형이 되고 말았다. 이러한 이유로 법상종은 당나라 8대 학파 가운데 수명이 가장 짧았다.

4) 중국불교의 발전

중국에서 수(隋)·당(唐) 이전의 시대는 불교 연구의 시기로 주로 서역에서 불교를 수입해 배웠으나 수대(隋代)로 들어오면서 연구의 결실을 맺고 종파 불교가 형성되기 시작한다. 따라서 수·당의 불교는 더 이상 외래 종교가 아닌 중국불교로서 자리를 잡게 되었다.

이처럼 새롭게 건립된 불교 종파에는 천태종(天台宗), 삼론종(三論宗), 유식종(唯識宗), 화엄종(華嚴宗), 선종(禪宗) 등이 있다. 그중에서 특히 천태종, 화엄종, 선종이 중국불교다운 특징을 가장 많이 갖추고 있다.

천태종과 화엄종은 비록 인도불교의 경전에 의거하고 있으나 스스로 여러 가지 논(論)을 지어서 새로운 이론을 건립하였다. 선종은 일정한 경전과 논에 의존하지 않는다. 또한 종교 전통을 중시하지도 않는다. 그래서 '가르침 이외에 따로 전한 것'[敎外別傳]이라 말한다. 그러므로 이 세 가지 종파는 모두 상당히 독립성을 갖추고 있어 대체로 인도불교의 교리를 따르지 않는다.

(1) 천태종

『법화경』(法華經)은 후진(後秦) 구마라집의 번역문이 세상에 나온 뒤 중국에서 점차 전파되었다. 법화경 교리를 연구하는 것이 당시 불교 학승들 사이에 크게 유행하여 진(陳)나라와 수(隋)나라에 이르러 『법화경』을 근거하여 천태종이 창립되었다.

천태종의 이론을 완성한 사람은 지의(智顗, 538~597)이다. 천태종이라는 이름은 지의가 기거한 절강성(浙江省)의 천태산(天台山)에서 나왔다. 지의는 평생 글을 쓴 적이 거의 없다. 그가 남긴 3대 주요 저작인 『법화현의』(法華玄義), 『마하지관』(摩訶止觀), 『법화문구기』(法華文句記)는 모두 강론할 때 제자들이 기록한 것이다. 뒤에 그의 제자 관정(灌頂)이 정리하여 세 권의 책으로 편집하였다. 이것이 뒷날 천태종에서 말하는 삼대부(三大部)이다.

천태종은 지(止)와 관(觀)을 똑같이 중시하였는데, 지관(止觀)이란 선정(禪定)과 지혜(智慧)를 균등하게 닦는 수행법이다. 여기서 지는 삼매(三昧, samatha)로 마음을 차분히 가라앉힌 상태를 말하고, 관은 범어(梵語)로 위빠사나(vipassanā)인데 통일된 마음으로 올바른 지혜를 가지고 연기법을 관찰하는 수행법을 말한다. 지의는 『마하지관』에서 지관의 종류를 점차지관(漸次止觀), 부정지관(不定止觀), 원돈지관(圓頓止觀) 세 가지로 나누었다.

지의에 따르면 이 세계는 세 부분으로 나눌 수 있다. 국토세간(國土世間), 중생세간(衆生世間), 오온세간(五蘊世間)이 그것이다. 국토세간은 감정이 없는 것들의 세계를 말하고, 중생세간은 감정이 있는 존재들의 세계를 말하고, 오온세간은 물질세계와 정신세계를 함께 가진 인간의 세계를 말한다. 이 3대 부분이 혼합 조직되어 현재의 세계를 형성하고 있다.

또한 중생의 세계는 10종의 영역으로 다시 나누어진다. 곧 지옥(地獄), 아귀(餓鬼), 축생(畜生), 수라(修羅), 인간(人間), 천상(天上), 성문(聲聞), 연각(緣覺), 보살(菩薩), 불(佛) 등이 그것이다.

이 가운데 앞의 여섯은 일반 영역이고 뒤의 넷은 성역(聖域)이다. 이 열 가지 영역을 십계(十界)라고도 부른다. 이 십계는 비록 계(界)라고 부르지만 실제로 한계가 분명하게 정해져 있지는 않다. 10가지의 경계(境界)는 모두 서로 통하여 각 경계에 9종의 나머지 경계를 포함하고 있다.

예컨대 지옥계 중에도 불계(佛界)의 인자(因子)를 함유하고 있다.

백정(白丁)이 칼을 버리기만 하면 곧바로 부처가 될 수 있다. 그래서 지옥계에서 지옥은 단지 눈앞의 현성(顯性 : 현실태)이요, 기타 구계(九界)는 모두 장래의 은성(隱性 : 가능태)인 것이다. 마찬가지 이치로 불계 역시 이와 같다. 만약 한 번 나쁜 마음이 생겨나기만 하면 바로 지옥에 떨어지고 만다.

그러므로 이 십계는 비록 그 경계가 같지는 않으나 그것들의 기회는 서로 같다. 때문에 십계를 양상(樣相)으로 말하면 곧 백계(百界)가 있는 셈이다. 그리고 이 백계 중에는 매 일계(一界)마다 모두 10개의 여시(如是 : 양상)를 가지고 있다. 10개의 여시는 바로 상(相 : 형상), 성(性 : 성질), 체(體 : 바탕), 역(力 : 힘), 작(作 : 작용), 인(因 : 원인), 연(緣 : 환경), 과(果 : 결과), 보(報 : 보상), 본래구경(本來究竟 : 궁극의 상태) 등이다. 그래서 백계 중에는 1,000개의 여시가 있다.

다시 거기에 삼세간의 구별을 보탤 것 같으면 곧 삼천 세계(三千世界)가 된다. 이 삼천 세계가 바로 현재의 세간 중에 있는 일체의 존재와 변천의 인과(因果)이다. 그러나 삼천 세계란 결코 객관에 존재하지 않고 다만 우리의 심중(心中)에 있을 뿐이다. 이것이 바로 지의가 말한 일념삼천(一念三千)이다.

지의에 따르면 자아가 어떠한 경계에 있더라도 다른 모든 경계로 통할 수가 있어, 그 올라가고 내려오는 일과 나아가고 물러가는 일이 모두 일념(一念)으로 돌아간다. 이러한 생각은 먼저 주체의 절대자유를 전제하고 있다. 대개 자아가 어떤 경계에 도달하든 주체가 이미 절대자유라면 영원히 제한이 없으며 역시 보증도 없다. 따라서 누구나 성인(聖人)이 될 수도 있고, 성인 역시 타락하여 범인(凡人)이 될 수도 있다. 생각의 사이마다 자아는 수시로 오르락내리락 한다.

나아가 이 사상은 만법(萬法)이 서로서로 융화됨을 말하고 있다. 만약 백계(百界), 천여(千如), 삼세간(三世間)을 모두 객관적인 세계로 본다면 일념삼천은 곧 각각의 세계가 서로 연결되어 있음을 나타내고 있다. 다시 말해 이 세계의 모든 존재는 서로 스며들고 궁극적으로는 통일되어 있다.

이렇게 지의는 세계관에서 일념삼천을 주장하였고 진리관에서는 일심삼관(一心三觀)을 내세웠다. 삼관이란 곧 공관(空觀), 가관(假觀), 중관(中觀)을 말한다. 관(觀)이란 지혜의 투시(透視)이다. 현상세계를 공(空)하다고 부정하는 견해가 공관이고, 현상세계가 모두 잠시의 화합일 뿐이지만 그것을 긍정하는 견해가 가관이며, 이 두 가지가 함께 구비되어야 비로소 진리를 체득할 수 있다고 보는 견해가 중관이다.

우리는 공관으로부터 일체개공(一切皆空)의 도리를 이해하게 되고, 가관으로부터 일체 현상은 모두 잠시의 화합임을 알게 되고, 중관으로부터 모든 것이 공이고 가임을 알게 되고, 마찬가지로 모든 것이 공이 아니고 가가 아님도 알게 된다.

일심삼관이란 이러한 삼관 중의 어느 관(觀)에도 다른 이관(二觀)이 갖추어져 있어 삼관은 원융(圓融)의 관계에 있음을 말한다. 다시 말해 공 속에 가와 중이 있고, 가 속에 공과 중이 들어 있고, 중 속에 공과 가가 있다는 이론이다. 따라서 일심삼관이란 한 마음으로 이 세 가지 관을 이룰 수 있다는 가르침이다.

삼관은 주체의 측면에서 말한 것이고 객체의 측면에서 말하면 삼제(三諦)가 된다. 삼제는 『중론』의 삼시게(三是偈)에서 제시된 공, 가, 중을 말하는데, 제(諦)는 진리를 뜻한다. 공제(空諦)는 진제(眞諦)

를 말하고 제법성공(諸法性空)은 만물의 본질이 공하다는 의미이다.
가제(假諦)는 속제(俗諦)라고 하며 사물의 가상 혹은 가명에 기초한
세속적인 진리이다. 가의 존재를 인정한다는 의미는 세속세계의
인정이다. 중제는 공도 아니고 가도 아니라는 진리이다. 그리고 이
세 가지 진리가 서로 연결되어 있다는 이론이 삼제원융(三諦圓融)이
다.

  천태종에서는 삼제가 일체 사물의 실상(實相)이며 동시에 일체
사물 속에 존재한다고 보았기 때문에 삼제는 중생의 마음속에 있다고
여긴다. 이른바 한 생각이 일어날 때 그것이 곧 공이고 가이며 중이라
는 말이고, 삼제는 서로 원융하고 하나여서 걸림이 없다는 이론이
바로 삼제원융설이다. 이것은 사실상 일심삼관설(一心三觀說)에서
발전된 사상이다. 따라서 일심삼관과 삼제원융은 사실 하나의 이치를
두 가지 측면에서 말한 이론이다.

(2) 화엄종

  화엄종은 현수대사(賢首大師) 법장(法藏, 643~712)에 의해서 개
종(開宗)된 종파지만 초조(初祖)로는 당나라 초기의 두순(杜順, 557~
640)을, 제2조는 지엄(智儼, 602~668)을 들고 있으며 법장은 제3조
가 된다.

  화엄종은 이처럼 당대(唐代)에 일어났지만 『화엄경』의 연구는 일
찍부터 성행하고 있었다. 동진 때(418년) 불타발타라(佛陀跋陀羅)에
의해 『화엄경』이 번역되었고, 이후 많은 사람이 연구하였다.

  두순의 이름은 법순(法順)인데 성이 두(杜) 씨이기 때문에 두순이라
고 부른다. 수나라 개황(開皇) 13년(593)에 두순은 『화엄경』에 의거

해 강설하였고, 많은 제자를 얻었다. 그의 제자 지엄은 12세에 출가하여 두순에게 학문을 배웠다. 20여 세가 되었을 때 깨우친 바 있어 『화엄경수현기』(華嚴經搜玄記)를 썼다. 다시 『화엄공목장』(華嚴孔目章)과 『화엄오십요문답』(華嚴五十要問答)을 지었으며 화엄종 성립의 기초를 닦았다. 그의 많은 제자들 가운데 의상(義湘)과 법장이 가장 유명하다.

    법장은 사실상 화엄종의 개조(開祖)이다. 장안에서 태어난 그는 지엄의 『화엄경』 강론을 듣고 그의 문하에 들어가 출가 이전부터 화엄의 묘리를 터득하였다. 지엄이 입적한 뒤 670년에 머리를 깎고 측천무후(則天武后)가 세운 태원사(太原寺)에 머물렀다. 그는 칙명을 받고 태원사에서 『화엄경』을 강론하였는데 무후가 이를 듣고 감명하여 현수대사(賢首大師)라는 호를 내렸다.

    서기 680년에 일조(日照)가 산스크리트어 『화엄경』을 가지고 장안에 왔다. 법장은 그 산스크리트어 판본에 근거하여 진(晉)나라 때의 번역 『육십화엄』(六十華嚴) 가운데 빠진 글을 보충하였고, 695년에 실차난타(實叉難陀)와 다시 화엄을 번역하였다. 이 번역본을 『팔십화엄』(八十華嚴) 혹은 『당역화엄』(唐譯華嚴)이라 부른다.

    측천무후는 실차난타와 번역한 『팔십화엄경』을 궁중에서 강설하도록 법장에게 청했고, 그가 『화장세계품』(華藏世界品)을 강설할 때는 강당이 진동했다고 한다. 측천무후는 그 소리를 듣고 상서로운 징조라고 여겨 새로 번역된 『화엄경』의 서문을 직접 지었다.

    그리고 법장이 측천무후를 위해 경전을 강의하면서 금사자(金獅子)를 예로 들어 설명하자 측천무후가 불현듯 그 뜻을 알아차렸다고 한다. 이것을 『화엄금사자장』(華嚴金獅子章)에 기록하였는데 당대의 뛰어난 저작으로 알려져 있다.

법장은 평생 동안 『화엄경』을 연구하고 그 사상을 펼쳤다. 모든 『화엄경』 번역본을 교감(校勘)하고 정리하여 비교적 완전한 번역본을 내놓았다. 그의 저작은 대단히 많지만 대부분은 화엄경 교리에 대한 해설과 논술이다. 주요 저작에 『화엄경탐현기』(華嚴經探玄記), 『화엄경지귀』(華嚴經旨歸), 『화엄경문의강목』(華嚴經文義綱目), 『화엄책림』(華嚴策林), 『화엄오교장』(華嚴五敎章), 『화엄경문답』(華嚴經問答) 등이 있다.

화엄종의 중요한 사상은 '법계관'(法界觀), '십현문'(十玄門), '육상설'(六相說) 등에 잘 나타나 있다. 법계(法界)라는 말은 불교 경전에서 흔히 볼 수 있는데 여러 가지 뜻을 가진다. 어떤 종파에서는 법계가 현상계를 가리키기도 하고 본체계를 지칭하기도 하며 때로는 현상계와 본체계를 함께 의미하기도 한다.

화엄종에서는 법계연기(法界緣起)를 주장하는데 이것은 우주 만유를 하나의 커다란 연기[一大緣起]로 보는 세계관이다. 그래서 우주만물은 각기 하나와 일체가 서로 연결되어 있는 중중무진(重重無盡)한 관계에 있기 때문에 어느 하나도 독자적으로 존재하는 것은 없다고 본다.

법계연기를 설명하기 위하여 화엄종에서는 먼저 본체와 현상의 상관관계를 보여주는 사법계(四法界)의 이론을 제시하였다. 법계에는 사법계(事法界), 이법계(理法界), 이사무애법계(理事無礙法界), 사사무애법계(事事無礙法界)가 있다.

사법계는 생(生), 멸(滅), 차별(差別)이 있는 물질 현상계를 가리킨다. 이법계는 생겨나고 사라지는 차별이 없고 영원히 없어지지 않는 우주 진리, 즉 진여불성(眞如佛性)이나 실상(實相) 또는 법성(法性)의 세계를 말한다.

이사무애법계는 사법계와 이법계의 관계에 대한 이론이다. 사법계에는 차별이 있지만 이법계에는 차별이 없다. 차별이 있는 사법계는 일시적인 환영[假]이고 차별이 없는 이법계는 영원한 실재[眞]이다.

그런데 사법계는 독립적으로 존재할 수 없고 반드시 이법계에 의존해야 하기 때문에 리(理)와 사(事)는 떨어질 수 없다. 따라서 리가 곧 사요, 사가 곧 리여서, 리와 사가 어우러져[相卽相入] 원융무애(圓融無礙)하니 이것을 이사무애법계라 한다.

사사무애법계란 현상계의 모든 사물 사이에 그 어떤 차별도 없다는 이론이다. 이미 리가 사이고 사가 리라고 했으니 현상계의 사물들 하나하나가 모두 동일한 진여(眞如)의 드러남이라고 볼 수 있다. 또한 현상계의 사물들은 각기 진여를 드러낼 뿐만 아니라 나머지 모든 사물을 반영한다. 결론적으로 현상계의 각종 사물은 서로 포용하고 원융무애하여 차별과 대립이 없다는 것이다.

사사무애(事事無礙)의 법계연기를 체계적으로 관찰한 구체적인 설명이 십현문(十玄門)이다. 이미 지엄이 『일승십현문』(一乘十玄門)을 지어 이것을 설명하였는데, 법장은 지엄의 이론을 계승하여 그의 『탐현기』에 '십현문'을 수록하였다. '십현문'은 다음과 같다.

① 동시구족상응문(同時具足相應門) : 모든 것이 서로 협력하여 실재하고 동시적으로 흥기한다는 상호 연관의 이론이다. ② 광협자재무애문(廣狹自在無碍門) : 모든 존재들 사이에 넓고 좁거나 멀고 가까움이 있어도 아무런 장애가 없다. ③ 일다상용부동문(一

多相容不同門) : 일과 다가 서로 섭융(攝融)하여 장애가 없지만, 항상 각자의 특징을 잃지 않고 그 본성을 유지한다. ④ 제법상즉자재문(諸法相卽自在門) : 일과 다는 융통무애하여 다가 곧 일이고, 일이 곧 다이다. ⑤ 은밀현료구성문(隱密顯了俱成門) : 숨은 것과 드러난 것이 각각 완전하게 갖추어져 있다는 것이다. 금사자의 경우, 사자를 보면 금이 보이지 않고 금을 보면 사자는 보이지 않으나 금과 사자는 엄연히 함께 성립되어 있는 것과 같다. ⑥ 미세상용안립문(微細相容安立門) : 한량없는 세계가 작은 티끌 속에 받아들여지고 다시 또 이들 세계 속의 작은 티끌 속에 각각 한량없는 세계가 존재한다. ⑦ 인다라망법계문(因陀羅網法界門) : 일체가 상즉상입(相卽相入)하여 마치 인드라[因陀羅]의 그물에 달린 수많은 보주(寶珠)가 각기 전체를 비추듯이 서로 포용한다. ⑧ 탁사현법생해문(託事顯法生解門) : 구체적인 사물에 의탁하여 연기의 이법이 드러남을 알아야 한다는 것이다. 즉 모든 연기된 법이 그대로 법계법문임을 나타내는 말이다. ⑨ 십세격법이성문(十世隔法異成門) : 10세는 모두 다르지만 서로 관통하고 있으므로 전체 속에 하나, 하나 속에 전체라는 원리가 완성된다. ⑩ 주반원명구덕문(主伴圓明具德門) : 일체는 스스로 혼자 생겨나거나 독립적으로 존재하지 않고 서로 주(主)가 되고 반(伴)이 되어 모든 덕을 원만히 갖추고 있다.

또한 화엄종에서는 법계연기의 원리를 육상(六相)으로 설명하기도 하였다. 모든 존재는 육상(六相), 즉 총상(總相), 별상(別相), 동상(同相), 이상(異相), 성상(成相), 괴상(壞相)을 가지고 있다. 법장은『오교장』에서 육상을 집에 비유하여 설명하였다.

예를 들면 집은 기둥, 벽, 기와 등으로 이루어져 있는데 그 집 전체를 가리킬 때 총상이라고 한다. 별상은 기둥, 벽, 기와 하나하나를 가리킨다. 동상은 기둥, 벽, 기와가 동일한 집을 위한 요소임을 말한다. 이상은 기둥, 벽, 기와가 모두 같은 집을 이루는 요소이지만 서로 다름을 말한다. 성상은 기둥, 벽, 기와 등이 모여 하나의 집을 이룸을 말한다. 괴상은 기둥, 벽, 기와가 모여 하나의 집을 만들지만 각기 본래의 모양을 그대로 유지하고 있음을 가리킨다.

모든 존재는 육상을 갖추고 있으며 이 육상은 서로 다른 상을 방해하지 않고 전체와 부분, 부분과 부분이 일체가 되어 원만하게 융화되어 있다. 다시 말해 육상은 서로 원융무애한 관계에 놓여 있어 하나가 다른 다섯을 포함하면서도 여섯이 각기 나름의 모습을 잃지 않음으로써 법계연기가 성립한다.

(3) 선종

선종(禪宗)은 천태와 화엄 두 종파와 비교해서 더욱 중국다운 특징을 갖추고 있다. 선종은 스스로 교외별전(敎外別傳)을 칭하면서 여타의 종파와는 다른 독특한 면모를 보인다. 선종은 중국 고유의 문화적 전통 위에서 불교를 최고도로 중국화한 종파이다. 따라서 선종은 불교 중국화의 완성과 성숙을 나타낸다고 할 수 있다.

선종은 인도불교의 대승 공종(空宗)과 유종(有宗) 두 사상을 종합하였고, 중국 유가의 윤리 사상과 도가의 주정학설(主靜學說)을 융합하였다. 특히 중국 전통 철학 가운데서도 간이(簡易)함을 숭상한 도가의 사유 방식 위에서 중국과 인도의 문화를 하나로 융합하여 중국 특색을 갖춘 불교를 만들어 내었다.

이것은 인도불교와 다를 뿐만 아니라 전통적인 불교 사상과도 다른 정신을 갖고 있다. 선종은 다른 종파처럼 특정 불경을 근거로 삼지도 않으며, 이전 종파가 보여주던 번쇄한 이론을 배척하고 간단하고 쉬운 공부를 주장한다.

그와 동시에 선종은 자신을 부처의 교외별전, 이심전심(以心傳心), 불립문자(不立文字) 등으로 묘사한다. 이로써 선종은 중국 고유의 사유 방식으로 불교를 새롭게 해석, 완전히 새로운 중국불교가 된다. 중국 사상사에서 선종이 미친 영향이 가장 컸기 때문에 사람들은 중국불교를 흔히 선학(禪學)이라 부르기도 한다.

설화에 따르면, 석가모니가 영산집회(靈山集會)에서 전도할 때 말없이 꽃을 들어 대중들에게 보였다. 그 뜻을 아는 사람이 아무도 없었으나 마하가섭(摩訶迦葉)만이 홀로 미소를 지었다고 한다. 석가는 가섭이 그 의미를 깨달았음을 알고 대중들에게 "내 심중에 있는 정법(正法)과 묘리(妙理)는 이미 가섭에게 전달되었다"라고 말하였나.

그럼 석가가 가섭에게 전해 준 가르침은 무슨 정법이며 무슨 묘리일까? 그 자리에 있던 사람들은 모두 알지 못하였는데 가섭만 미소를 지어 석가가 전하는 뜻을 이해했음을 표명하였다. 이처럼 신비로움이 가득 찬 설법이 바로 선종의 이심전심으로 제일 오래된 고사(故事)이다. 이 설을 근거로 가섭존자가 부처님의 심전(心傳)을 얻었다 하여 그를 선종의 초조(初祖)로 삼는다.

선종사(禪宗史)에 따르면 보리달마(菩提達磨, 470~534)는 인도 선종 28대조이며 중국 선종의 초조이다. 달마가 중국에 온 때는 520년 양(梁)나라 무제(武帝) 시절이었다. 그는 숭산(嵩山)의 소림사

(少林寺)에서 9년 동안 지냈는데, 건물 뒤의 벽을 대면하고 침묵하면서 명상하였다.

어느 날 유학자인 혜가(慧可)가 와서 달마에게 가르침을 구하였다. 그는 아무런 답변을 듣지 못하였다. 그러자 그는 눈 속에 서있다가 자신의 왼팔을 자름으로써 구도(求道)의 진심과 열망을 표하였다. 이에 달마는 그를 제자로 삼고 전수의 표지(標識)로 그에게 가사(袈裟)와 발우(鉢盂)를 주었다.

그래서 제2조는 혜가가 되고, 다시 제3조는 승찬(僧璨), 제4조는 도신(道信), 제5조는 홍인(弘忍)으로 이어졌다. 제5조 홍인에게는 두 사람의 유능한 제자, 신수(神秀)와 혜능(慧能, 638~713)이 있었는데 뒤에 남북 두 파로 나누어졌다. 남쪽은 혜능을 따랐고 북쪽은 신수를 따랐다. 그 뒤 북파는 쇠퇴하여 사라졌고, 혜능 일파가 선종의 정통이 되었다.

혜능은 선종의 6조이지만, 선종의 역사에서 전무후무한 인물이라고 할 수 있다. "마음을 알고 성품을 보면 순간에 깨달아 성불한다"[識心見性, 頓悟成佛]라는 그의 주장은 선종을 확립시킨 근본 사상이 되었다. 그리고 그의 이론을 근거로 만든 『단경』(壇經)은 중국의 모든 불교 종파의 경전 가운데 유일하게 중국인이 쓴 책으로 선종의 모태가 되었다. 따라서 그가 개창한 남종이 중국 선종과 후기 불교 종파의 주류를 이룬 점으로 보아 혜능은 선종의 실제적인 창시자라 할 수 있다.

4장

원효의 통불교(通佛教)

1) 불교의 전래
2) 원효의 생애
3) 원효의 사상

원효의 통불교(通佛敎)

1) 불교의 전래

불교는 삼국시대에 우리나라로 들어왔다. 삼국 가운데서 가장 먼저 불교를 받아들인 나라는 고구려이다. 소수림왕(小獸林王) 2년 (372) 6월에 전진(前秦)의 왕 부견(符堅)은 순도(順道)를 보내서 고구려에 불상과 불경을 전하였다. 그리고 374년에는 진(晋)나라의 승려 아도(阿道)가 고구려에 왔다. 소수림왕은 375년에 성문사(省門寺)와 이불란사(伊佛蘭寺)를 세우고 순도와 아도를 각각 그 절에 머물게 하였다.

백제에는 침류왕(枕流王) 1년(384)에 불교가 전래되었다. 인도의 승려 마라난타(摩羅難陀)가 동진(東晋)에서 백제로 건너왔다. 왕이 교외까지 나가 맞이하여 궁궐 안에 머물게 하였는데 이때부터 백제 불교가 시작되었다. 왕은 그의 말에 따라 불사(佛事)를 일으켜서 봉행하였고, 이듬해 한산(漢山)에 백제 최초의 절을 짓고 백제인 열 명을 출가시켜 승려로 만들었다.

신라에는 눌지왕 또는 미추왕 때 고구려의 승려 묵호자(墨胡子)가 불교를 전파하기 위하여 들어왔다. 그는 일선군(一善郡)에 들어와 모례(毛禮)의 집에 숨어살며 불법을 전하였다. 신라에서 불교가 공인된 때는 이차돈(異次頓)의 순교가 있었던 527년이었다. 이차돈이 순교하고 나서 7년 뒤에는 신라 최초의 절인 흥륜사(興輪寺)를 세우기 시작했다. 절이 완공되자 법흥왕(法興王)은 진흥왕에게 왕위를 물려주고 스스로 승려가 되어 법공(法空)이라 하였다.

신라의 불교는 진흥왕 때 더욱 발전하였다. 549년에는 양(梁)나라로 유학을 갔던 각덕(覺德)이 최초로 불사리를 가지고 왔으며, 569년에는 황룡사(黃龍寺)가 완공되었다. 572년에는 팔관지법(八關之法)과 인왕백고좌회(仁王百高座會)가 열렸다. 원래 팔관지법은 전몰 장병 위령제로 시작되었으나 뒤에 민족의 축제인 팔관재(八關齋)로 바뀌었다.

진평왕 때에는 원광, 담육(曇育), 지명(知命) 등의 고승이 활동하였다. 원광은 589년에 중국으로 가서 불교를 공부하고 600년에 신라로 돌아왔다. 그는 화랑도에게 세속오계를 가르친 인물로 유명하다. 선덕여왕(善德女王) 때에는 원측(圓測), 명랑(明朗), 자장(慈藏) 등의 승려가 당나라에서 유학을 마치고 와서 활동을 하였다. 이 당시에는 중국으로 많은 승려가 유학을 떠났는데, 일부는 인도까지 가기도 했다.

선덕여왕 3년(634)에는 용궁(龍宮)의 북쪽에 분황사(芬皇寺)를 건립하였고, 643년에 자장(慈藏)이 당나라에서 대장경(大藏經) 일부와 불전(佛殿)을 장식하는 번(幡), 당(幢), 화개(花蓋) 등을 가지고 귀국하자, 선덕여왕은 그를 분황사에 머물게 한 뒤 많은 급여를 내리고 호위를 붙이는 등 대접을 극진히 하였다. 자장은 귀국해서 대국통(大

國統)이 되었으며, 많은 사찰과 황룡사 구층탑을 건립하기도 하였다.

이때에는 또한 귀족적인 불교를 거부하고 서민들에게 불교를 전파하려는 뜻 있는 승려들도 나타났다. 그 대표적인 승려로 혜숙(惠宿), 혜공(惠空), 대안(大安) 등을 들 수 있다. 혜공은 항상 허름한 옷에 삼태기를 등에 지고는 가난한 서민들과 호흡을 같이 하면서 지냈다. 그러면서도 학식이 뛰어나서 원효가 저술할 때 언제나 그에게 물었다고 한다. 대안이라는 승려도 원효와 스승과 제자처럼 지낸 사이였다고 하는데, 그는 항상 대안대안(大安大安)을 외치고 다녔다 한다.

2) 원효의 생애

원효(元曉, 617~686)의 일생을 살펴볼 수 있는 자료에는 『삼국유사』의 「원효불기조」(元曉不羈條), 『송고승전』(宋高僧傳)의 「원효전」 등이 있다. 그러나 이 자료들에 나오는 내용은 너무 간략해서 그의 일생을 아는 데는 한계가 있다.

특히 그의 방대한 업적이 이루어지는 과정을 상세하게 알 수 있는 자료들은 우리에게 거의 알려져 있지 않다. 그의 학문이 형성되는 과정은 신기한 설화들에 덮여버려서 그는 진지하게 불교를 연구한 학승(學僧)이라기보다는 괴이한 행동으로 사람들의 주목을 받은 괴짜 스님으로 일반인들에게 알려져 있다.

그래서 몇 가지 의문을 제기해 볼 수도 있다. 지금까지 알려진 그의 방대한 업적이 정말 그의 손에 의해 이루어졌는가? 또 기이한 행동을 한 원효와 방대한 저술을 남긴 원효는 과연 동일 인물인가? 만일에 방대한 저술이 원효의 손에 의해서 이루어지지 않았다면 누구에 의해서인가?

혹시 원효의 작품이라고 알려진 방대한 저술들이 사실은 당시에 활동했던 많은 학승들의 공동 작업은 아닐까? 그때 신라에는 이미 훌륭한 승려들이 많았다. 그들의 공동 작업이 있었기 때문에 오늘날 우리가 원효의 업적으로 알고 있는 방대한 저술이 가능했을 수도 있다. 말하자면 당시에 국가가 주도한 불교연구가 대대적으로 이루어졌을 개연성은 충분히 있다.

『삼국유사』에 따르면 원효는 신라 진평왕 39년(617) 압량군(押梁郡) 남쪽 불지촌(佛地村)에서 태어났다. 이곳은 지금 경상북도 경산시 자인면에 속하는 마을이다. 원효의 어머니는 유성(流星)이 품으로 들어오는 꿈을 꾸고 그를 임신하였다. 만삭이 된 그의 어머니는 아버지와 함께 외출했다가 집으로 돌아오던 도중 갑자기 산기를 느껴 아버지의 옷을 한 밤나무에 걸쳐 몸을 가리고 그 아래에서 출산을 하였다.

아기가 태어날 때는 오색의 구름이 땅을 덮었다. 그 밤나무를 사람들은 사라수(裟羅樹)라고 불렀으며 굉장히 큰 밤이 열렸다고 한다. 원효는 나중에 출가하여 자신이 살던 집을 절로 만들어 초개사(初開寺)라 하였고, 사라수 곁에 절을 지어 사라사(裟羅寺)라 하였다.

원효가 언제 출가했는지 그리고 누구에게 불교를 배웠는지에 관한 사실은 자세하게 알려져 있지 않다. 그의 어릴 때 이름은 서당(誓幢)이고, 15세 전후에 출가한 것으로 알려져 있다. 그는 매우 총명하였으며 일정한 스승은 없었던 것 같다. 『삼국유사』에는 원효가 경전을 배웠다는 승려들의 이름이 나온다.

영취산(靈鷲山) 혁목암(赫木庵)에서 낭지법사(朗智法師)에게 도를 물었고, 또 반고사(磻高寺)에 있을 때도 자주 낭지를 만나면서 『초장관

문』(初章觀文)과 『안신사심론』(安身事心論)을 지었고, 고대산(孤大山) 경복사(景福寺)에서 고구려 출신인 보덕화상(普德和尙)이 『열반경』을 강의할 적에 수강하기도 하였다. 또 원효가 경전의 소(疏)를 지을 때마다 혜공(惠空)에게 물었다는 기록도 나온다.

당시에는 이미 중국에서 유학을 마치고 돌아온 많은 승려들이 있었고, 중국으로부터 많은 서적이 신라에 수입되었으므로 불교를 공부하는 데는 어려움이 없었을 것이다. 예컨대 자장이 신라에 643년에 돌아왔는데, 이때 원효의 나이는 27세 정도가 된다. 원효같이 뛰어난 사람이 자장에게 관심이 없었을 리는 없다.

원효는 그의 나이 34세가 되던 650년에 중국에 가서 불교를 직접 배우기 위해 의상과 함께 육로를 통해 당나라에 가려고 했다. 그러나 그들은 고구려 군에게 첩자로 오인 받아 감옥에 갇히는 신세가 되었고, 결국 유학을 포기하고 만다.

그 뒤 10여 년이 지나서 백제가 망하고 바닷길이 열리자 다시 의상과 함께 중국에 가고자 길을 떠났다. 이때가 문무왕 원년(661)으로 원효의 나이가 이미 45세였다. 당나라로 가는 배를 타기 위하여 항구로 가는 도중에 그들은 비를 만났고 날은 저물었다.

두 사람은 토굴 속으로 들어가 잠을 잤다. 다음날 아침에 잠을 깨어 보니 그들이 잔 곳은 토굴이 아니라 무덤 속이었다. 다음날도 비가 심하게 와서 그들은 움직이지 못하고 다시 하룻밤을 무덤 속에서 보내게 된다. 그러나 다음날 밤에는 귀신 때문에 제대로 잠을 잘 수가 없었다. 여기서 원효는 문득 크게 깨달았다. 이때의 깨달음과 결심을 『송고승전』에서는 이렇게 전하고 있다.

어젯밤 잠자리는 토굴[土龕]이라 편안했는데, 오늘밤 잠자리는 무덤에 의탁하니 근심이 많구나. 알겠도다! 마음이 일어나면 갖가지 법이 일어나고, 마음이 사라지면 토굴과 무덤이 둘이 아님을. 삼계는 오직 마음이요, 모든 법은 오직 인식[識]일 뿐이다. 마음 밖에 법이 없는데, 어디서 따로 구하겠는가? 나는 당나라에 가지 않겠다.

원효는 당나라에 가는 것을 포기하였고, 의상은 혼자서 당나라로 갔다. 당시 원효의 나이가 45세였으니 유학을 가기에는 사실 너무 나이가 많다. 그래서 중도에 평계를 대고 포기했는지도 모른다. 의상은 원효보다 8세가 어리니 그래도 열정이 더 있었다고 볼 수 있다. 그런데『삼국유사』에 따르면 원효는 승려였지만 무열왕의 둘째 딸인 요석공주(瑤石公主)와 만나 인연을 맺고 설총이라는 아들을 두었다. 만일 이 기록이 사실이라면 원효가 요석공주를 만난 때는 대략 원효의 나이 37세에서 43세 사이가 아닐까 생각 된다. 왜냐하면 태종무열왕의 재위 기간이 654년부터 660년까지이기 때문이다. 그리고 당나라로 유학을 가려고 했던 일이 정말 있었다면 그때가 요석공주를 만나기 전인가 후인가 하는 문제도 관심을 끈다. 당나라로 가려고 했던 때가 요석공주를 만난 이후였다면 공주와 아들이 보고 싶어서 다시 돌아왔다고 추측해 볼 수도 있다.

실제로 설총이 태어난 때를 무열왕시대로 보고 있다. 일부 학자들은 원효가 당나라 유학을 포기하고 나서 요석공주를 만났다고 주장하고 있으나 설총의 탄생시기와 맞지 않는다. 원효가 아들이 보고 싶어서 유학을 포기하고 돌아왔다면 그는 출가했지만 상당히 인간적인 사람으로 보통 사람들의 정을 그대로 지녔다고 하겠다.

『삼국유사』는 원효와 요석공주 사이에 일어났던 일을 제법 자세하게 기록하고 있다. 어느 봄날에 원효는 거리를 다니면서 "누가 자루 빠진 도끼를 빌려주려는가? 내가 하늘을 받칠 기둥을 다듬으리라"라고 크게 노래했다. 사람들이 모두 무슨 뜻인지 알아듣지 못하였다. 그때 무열왕이 이 말을 전해 듣고 이르기를 "이 스님이 귀부인을 얻어 현명한 아들을 낳고 싶어하는구나. 나라에 대현(大賢)이 있으면 그 이익이 막대하리라" 하였다.

그때 요석궁에 홀로 된 공주가 있었다. 그 여자는 무열왕의 둘째 딸이고 남편은 거진랑(擧眞郎)인데 백제와의 싸움에서 전사하였다. 무열왕이 원효를 찾아 요석궁으로 맞아들이게 명하니 관리가 칙명을 받들고 찾아나섰다. 마침 원효가 남산(南山)에서 내려와 문천교(蚊川橋)를 지나고 있었다. 원효가 일부러 물에 빠져 옷을 적시니 관리가 그를 궁으로 안내하였다. 그곳에서 옷을 벗어 말리게 하니, 이로 말미암아 요석공주와 동침이 이루어져 마침내 임신을 하게 되고 설총을 낳았다.

원효가 요석공주를 만난 다음 그의 생활은 완전히 변하였다. 그는 스스로 복성거사(卜姓居士) 또는 소성거사(小姓居士)라 하면서 속인 행세를 하였다. 어느 날 한 광대가 이상한 모양을 한 큰 표주박을 가지고 춤추는 놀이를 구경하고는 깨달은 바가 있어, 광대와 같은 복장을 하고 불교의 이치를 노래로 지어 세상에 유행시킴으로써 부처의 가르침을 일반 대중까지 잘 알 수 있도록 하였다.

그 노래의 줄거리는 『화엄경』의 이치를 담은 것으로 "모든 것에 걸림이 없는 사람은 한길로 생사를 벗어나리라"[一切無碍人, 一道出生

死]라는 누구나 쉽게 알아들을 수 있는 내용인데, 그 노래를 "무애가"(無碍歌)라고 불렀다. 원효는 귀족 중심의 불교를 서민들에게 알리는 데 커다란 공헌을 한 사람으로 알려져 있다. 그는 무애가를 부르고 춤을 추면서 광대처럼 이곳저곳을 다니면서 불교를 전파하였다.

무애(無碍)라는 말은 걸림이 없다는 의미이니 원효는 실제로 어디에도 걸림이 없는 삶을 살려고 노력한 사람이다. 그러므로 기존의 불교가 요구하는 엄격한 계율은 그에게 맞을 수가 없었다. 마찬가지로 사회적인 잡다한 틀도 그를 구속할 수 없었다. 아마 그는 거의 미친 사람과 같은 생활을 하였던 모양이다. 그래서 『송고승전』에는 그의 자유로운 모습을 이렇게 기록하고 있다.

> 발언은 미친 듯 난폭하고 예의에 벗어났으며, 보여주는 모습은 상식의 선에 어긋났다. 그는 거사와 함께 주막이나 기생집에도 들어가고 지공(誌公)처럼 금빛 칼과 쇠 지팡이를 지니기도 했으며, 혹은 주석서(註釋書)를 써서 『화엄경』을 강의하기도 하고, 혹은 사당에서 거문고를 타면서 즐기고 혹은 여염집에서 유숙하기도 하고, 혹은 산수(山水)에서 좌선(坐禪)을 하는 등 계기에 따라 마음대로 하는데 일정한 규범이 없었다.

원효의 기이한 행동은 계율을 엄격히 지키는 다른 승려들의 비위를 거스르기에 충분하였다. 한번은 국왕이 100명의 고승대덕(高僧大德)을 초청하여 인왕경대회(仁王經大會)를 열었는데 상주(湘州) 사람들이 원효를 천거하자, 다른 승려들이 인품이 나쁘다고 헐뜯어서 받아들여지지 않았다.

그런 일이 있은 뒤 왕비가 병에 걸렸는데, 아무리 좋은 약을 다 써도 별다른 효험이 없었다. 왕은 왕자와 신하들을 거느리고 영험이 있다는 명산대천(名山大川)을 다 찾아다니며 기도를 드리던 중 한 무당이 말하기를 "사람을 다른 나라에 보내어 약을 구하게 하면 그 병이 곧 나을 것"이라고 하였다.

왕은 곧 당나라에서 좋은 약과 의술에 능한 사람을 구하도록 사신을 보냈다. 왕명을 받은 사신 일행이 바다 한가운데 이르자 바닷물 속으로부터 한 노인이 솟아올라 사신들을 용궁으로 데리고 갔다.

용왕은 자기의 이름을 금해(鈐海)라 하며, 다음과 같은 말을 하였다. "경들 나라의 왕비는 바로 청제(靑帝)의 셋째 공주이오. 우리 용궁에는 일찍부터 『금강삼매경』(金剛三昧經)이라는 불경이 전하여 오는데 시각(始覺)과 본각(本覺)으로 되어 있소. 원만하게 열린 보살행(菩薩行)을 설명하여 주는 불경이오. 신라 왕비의 병으로써 좋은 인연을 삼아, 이 불경을 당신들의 나라로 보내어 널리 알리고자 사신들을 부른 것이오"라고 하였다.

용왕은 또한 사자(使者)에게 『금강삼매경』을 주면서 대안성자(大安聖者)에게 부탁하여 경의 차례를 바로잡아 책을 엮게 하고 원효법사에게 청하여 경소(經疏)를 짓고 강석(講釋)하게 하면 왕비의 병이 틀림없이 나을 것이라 하였다. 사자가 돌아와 이 사실을 왕비에게 고하자 왕은 용왕이 말한 대로 대안과 원효에게 영을 내렸다.

그리하여 내용이 흩어진 경[散經]을 대안이 바로잡아 8품(品)으로 정리하고 원효로 하여금 주소(註疏)를 짓게 하였는데, 원효는 소의 두 뿔 사이에 붓과 벼루를 놓고서 소수레를 타고 길 위에서 소(疏)를 지었다. 그래서 『금강삼매경론』(金剛三昧經論)을 각승(角乘)이라 부르기도 한다.

　원효가 처음 5권의 소를 지어 분황사에서 강(講)하기로 되었는데 도둑을 맞아 3일의 여유를 더 받아 다시 3권의 소를 완성하여 왕과 신하 그리고 승속(僧俗)이 가득 모인 자리에서 강설하였다. 그의 강설은 흐르는 물처럼 도도하고 질서 정연하여, 오만하게 앉아 있던 고승들의 입에서 찬양하는 소리가 저절로 흘러 나왔다.

　『금강삼매경』의 강설을 끝내고 원효는 "지난날 나라에서 100개의 서까래를 구할 때에는 그 속에 끼일 수도 없더니, 오늘 아침 단 한 개의 대들보를 가로지르는 마당에서는 나 혼자 그 일을 하는구나" 하였다. 이 말을 들은 고승들은 부끄러워하면서 깊이 뉘우쳤다고 한다.

　만년에 원효가 분황사와 오어사(吾魚寺) 등에 머물렀다는 기록이 남아 있다. 분황사에서는 『화엄경』의 소를 짓다가 중간에 절필(絶筆)하였다 한다. 서당화상비(誓幢和上碑)에 따르면 수공(垂拱) 2년 3월 30일에 혈사(穴寺)에서 입적하였는데 나이가 70이라 하였다.

　이때는 신라 31대 신문왕(神文王) 6년에 해당하는 해로 서기 686년이다. 다비한 뒤에 유해를 혈사 서봉(西峰)에 감실(龕室)을 지어 모셨다. 그때 아들 총(聰)이 배례(拜禮)를 하니 원효의 소상(塑像)이 홀연히 고개를 돌려 아들을 바라보았다 한다.

3) 원효의 사상

　원효의 사상은 인도와 중국에서 들어온 불교의 종합일 뿐만 아니라 통일신라에 꼭 필요한 사상이기도 하다. 삼국은 치열한 투쟁을 하였지만 결국 신라가 660년에 백제를 정복하였고 668년에는 고구려까지 멸망시켰다. 676년에는 당나라의 세력까지도 몰아냄으로써 마침내 삼국통일의 대과업을 완성하였다.

통일된 나라를 유지하는 일도 결코 쉽지 않다. 서로 다른 생각을 가진 사람들을 어떻게 하나의 생각으로 묶을 수 있을까? 원효의 사상은 삼국통일과 무관한 것이 아니다. 어떻게 보면 우리가 원효의 철학으로 알고 있는 사상은 통일시대를 대비한 신라의 국가적인 계획에서 이루어졌다고 볼 수도 있다. 이런 추측을 해 보는 것은 그의 저술들이 한 사람의 힘으로 하기에는 너무 방대하고 연구한 분야도 광범하기 때문이다.

지금까지 원효의 사상으로 알려진 내용을 살펴보면 크게 세 가지로 압축할 수 있는데, 이것은 물론 일부분에 지나지 않는다. 일심 사상(一心思想)과 화쟁 사상(和諍思想) 그리고 무애 사상(無碍思想)이 그것이다. 이 세 가지 사상은 모두 조화와 통일을 강조하고 있어서 충분히 통일신라의 국가적인 사상이 될 수 있다.

(1) 일심 사상(一心思想)

원효의 일심 사상은 그의 저서 『금강삼매경론』, 『대승기신론소』 (大乘起信論疏) 등 모든 저술에서 일관되게 나타나고 있다. 그는 이전까지 나온 모든 불교의 가르침을 일심으로 통일하였다.

원래 일심이란 『대승기신론』의 중요한 개념인데, 원효는 아마 거기서 커다란 감명을 받은 것 같다. 『대승기신론』의 저자는 분명하지가 않은데, 어떤 사람들은 인도의 마명(馬鳴)이 지었다 하고, 혹은 중국에서 나온 책이라고 말하기도 한다. 원효는 이 책을 높이 평가하여 이것에 관한 9종의 연구서를 쓰기도 하였다.

『대승기신론』은 일심(一心)을 진여문(眞如門)과 생멸문(生滅門) 두 가지 측면으로 크게 나눈 뒤, 진여문에서는 마음의 청정한 면을 묘사하고 생멸문에서는 마음이 물들어 가는 현상과 이에서 벗어나 본래의 마음으로 돌아가는 방법을 밝히고 있다.

진여문이란 마음의 본래적인 모습을 말하고 생멸문이란 마음의 움직이고 변화하는 측면을 말한다. 또한 진여문은 진리의 세계이고, 생멸문은 윤회하는 현상의 세계라고 볼 수 있다.『대승기신론』에서는 진여문보다는 생멸문에 대해서 주로 설명하고 있다. 특히 왜 생멸이 벌어지느냐 하는 문제와 어떻게 진여로 되돌아가느냐를 설명한다.

그런데『대승기신론』이 말하고자 한 핵심은 깨끗한 마음과 오염된 마음이 완전히 다른 둘이 아니라 실제로는 모두 일심의 두 가지 측면을 나타낼 뿐이라는 사실이다. 그래서 누구나 부처의 마음을 가지고 있기 때문에 일반인도 공부하고 노력하면 진여의 세계에 도달할 수 있다고 가르친다. 원효는 일심을 이렇게 설명하고 있다.

> 일심이란 무엇인가? 더러움과 깨끗함의 모든 법은 그 성품이 둘이 아니고, 참됨과 거짓됨의 두 문(門)은 둘이 아님으로 하나라 이름 하는 것이다. 이 둘이 아닌 곳에서 모든 법은 가장 진실[中實] 되어 허공과 같지 않으며, 그 성품은 스스로 신령스럽게 알아차리므로 마음이라 이름 한다. 이미 둘이 없는데 어떻게 하나가 있으며, 하나도 있지 않거늘 무엇을 두고 마음이라 하겠는가? 이 도리는 언설(言舌)을 떠나고 사려(思慮)를 끊으므로 무엇이라 지목할지 몰라 억지로 일심이라 부르는 것이다. (『대승기신론소』)

진여문은 부처의 마음이요, 생멸문은 중생의 마음을 말한다. 그런데 부처의 마음이나 중생의 마음이 둘이 아니라 원래 하나라는 생각이 바로 일심 사상이다. 같은 마음이지만 오염되면 중생심이 되고, 깨달으면 부처의 마음이 된다.

원효의 일심 사상은 불교의 여래장(如來藏) 사상과 유사하다. 여래장 사상은 모든 사람은 여래(如來)가 될 가능성을 그 안에 가지고 있다고 한다. 간단히 말하면 모든 중생의 본성이 여래라는 이론이다. 모든 것이 마음 탓인데 그 마음의 근본은 순수하고 깨끗하므로 그 근본을 회복하면 사람은 누구나 부처가 될 수 있다는 가르침이다.

그런데 원효가 말하는 일심은 그렇게 단순하지는 않다. 말로써 나타낼 수 없고 사려로도 알 수 없어서 그냥 일심이라고 부른다는 원효의 말에 주목할 필요가 있다. 원효는 일심이라는 말을 해탈의 경지와도 같은 의미로 사용하기도 한다. 번뇌(煩惱)로부터 벗어나서 인간의 본연을 그대로 드러내고 사물을 있는 그대로 보아 어디에도 집착함이 없이 자유로운 경지에 도달한 상태가 바로 해탈이고, 또한 바로 일심으로 돌아간 경지이다. 부처의 마음과 일심은 같다고 원효는 말하고 있다. 불교에서 공부의 목적은 일심으로 돌아가는 데 있고, 일심을 회복하는 데 있다.

그러나 원효는 일심을 고정된 실체(實體)로 생각해서는 안 된다고 경고하고 있다. 일심으로 돌아가야 한다고 해서 일심을 또 하나의 존재로 생각해서는 안 된다는 말이다. 그래서 말하기를 "아지랑이를 물이라 혼동하는 것과 같다는 것은 목마른 사슴이 아지랑이를 보고 물이라고 생각하여 달려가 구하는 것이 바로 미도(迷倒)인 것과 같이 일심이 있다고 생각하는 것도 또한 이와 같기 때문이다"(『금강삼매경론』)라고 하였다. 일심이라고 말하지만 그 말에 현혹되어 일심이라는 고정된 무엇이 있다고 착각하지 말라는 뜻이다.

원효의 일심 사상에는 또한 불교의 유식 사상이 잘 나타나고 있다. 모든 것이 내 마음의 산물이라는 생각이 바로 유식론의 주장인데, 원효는 일심으로 이 세상의 모든 것을 설명하고 있다. 이 세상의 모든 현상은 곧 일심의 드러남일 뿐이라는 이론이다.

원효가 당나라에 들어가려고 하다가 도중에서 깨달았다는 내용인 일체유심조(一切唯心造)가 유식론의 주장을 압축하였다고 할 수 있다. 그래서 "일법계(一法界)는 이른바 일심이다"(『금강삼매경론』)라고 말했고, "대승법(大乘法)도 오직 일심이 있을 뿐이다. 일심 이외에 또 다른 법이 존재하는 것이 아니다"(『대승기신론소』)라고도 단언하였다.

유심론(唯心論)은 이해하기가 쉽지 않다. 서양철학에서는 관념론(觀念論)이라고 하는데, 관념론에는 두 가지 종류가 있다. 하나는 주관적(主觀的) 관념론이고 다른 하나는 객관적(客觀的) 관념론이다. 주관적 관념론은 객관 세계가 모두 내 마음의 산물이라고 하고, 객관적 관념론은 이 세계가 거대한 정신의 산물이라고 본다. 주관적 관념론을 잘 보여주는 사례는 바로 꿈이다.

꿈속에서 펼쳐지는 모든 일은 실제로 일어나는 것이 아니라 우리의 마음속에서 일어나는 일에 불과하다. 그러나 꿈속에서 우리는 그것이 실제로 일어나는 일로 생각하기 때문에 얼마나 마음을 졸이고 또 두려워하는가? 꿈을 깨고 나서는 그것이 모두 꿈이라는 사실을 깨닫고 안도의 한숨을 쉬기도 한다.

주관적 관념론자들은, 바로 우리가 살고 있는 현실 세계라는 것도 사실은 우리가 꾸는 꿈속에서의 일과 별로 다르지 않다고 주장한다. 어떻게 현실과 꿈속의 일이 똑같을 수 있는가? 선뜻 거기에 동의하지 않는 사람이 대부분이리라. 하지만 좀더 곰곰이 생각해 보면 우리가 경험하는 현실 세계의 모든 일도 꿈속에서 우리가 경험하는 일들과 별로 다르지 않다는 사실을 알 수 있다.

현실에서 우리가 그토록 생생하게 경험하는 사물들이 과연 얼마만큼 확실한가를 조금만 생각해 보면 우리의 확신은 곧 허물어지고 만다. 빨간 장미와 노란 개나리꽃은 실제로 우리가 경험하는 것처럼 객관 세계에 존재하지 않는다. 우리가 경험하는 객관 세계도 사실은 우리의 오감(五感)과 마음이 만들어 낸 허상에 불과하다. 우리가 영화에서 보는 세계와 현실에서 실제로 경험하는 세계가 크게 다를 바가 없다는 말이다.

객관적 관념론을 잘 보여주는 예는 기독교의 세계관이다. 신은 순수하게 정신적인 존재이다. 이 순수한 정신에서 물질세계가 만들어지니 정신이 근본이라면 물질은 부차적인 존재이다. 그래서 이 세계는 근본적인 정신이 만들어 낸 산물이요, 그 정신이 드러난 현상일 따름이다.

원효가 말하는 일심은 서양철학에서 말하는 주관적 관념론과 객관적 관념론으로 바로 이해가 되지 않는다. 일심은 주관적인 마음을 말하지만 실제로는 주관적인 마음에 한정되지 않는다. 일심은 주관적인 마음이면서 보편적인 마음도 되기 때문이다.

나의 마음과 부처의 마음은 다른 마음 같지만 실은 같다는 생각이 일심 사상의 핵심이다. 그렇다면 나의 마음과 다른 사람들의 마음도 다르지 않고 같아야 한다. 일심은 나의 개인적인 마음이면서 타인의 마음도 될 수 있고, 나아가서는 부처의 마음도 되며, 서양에서 말하는 신의 마음도 될 수 있다.

일심 사상은 다분히 관념론적인 성격을 가지고 있는 게 사실이지만 그렇다고 서양의 관념론으로 모두 설명할 수 있는 것은 아니다. 일심은 실재(實在)와 현상(現象)을 엄밀히 가르려는 서양철학의 태도와는 다르다. 참으로 존재하는 실재와 헛것에 불과한 현상도 일심에서 통일이 되는 게 바로 일심 사상이다. 다시 말하면 실재가 현상이요, 현상이 또한 실재가 된다.

꿈과 현실을 엄격히 갈라서 꿈은 모두 헛것이고 현실만 참이라고 주장하는 이분법(二分法)을 일심 사상은 거부한다. 꿈속에서 겪은 일도 내 삶의 일부이고 현실에서의 경험도 역시 내 삶이다. 꿈과 현실이 모두 내 삶의 한 부분이라는 점에서 그것들은 하나로 만날 수 있다. 꿈에서 경험한 일은 모두 허상이기 때문에 나의 삶이 아니고 현실의 경험만 진정한 나의 삶이라고 우리는 말할 수 없다.

마찬가지로 착한 마음만 내 마음이고, 나쁜 마음은 내 마음이 아니라고 말할 수 없다. 나는 착한 생각을 하기도 하고 나쁜 생각을 하기도 하면서 살고 있다. 될 수 있으면 착한 생각을 하면서 사는 게 좋겠지만 그렇다고 언제나 착한 생각만 하면서 살지는 못한다. 착한 마음이나 나쁜 마음이 모두 내 마음의 일부인데 그 가운데 하나만 나의 마음이라고 주장할 수는 없다.

사람도 여러 종류가 있어서 착한 사람도 있고 악한 사람도 있다. 그렇다고 우리가 착한 사람만 사람이고 악한 사람은 사람이 아니라고 말할 수는 없다. 착한 사람이나 악한 사람이나 그들이 모두 사람이라는 점에서 하나로 만나게 된다. 될 수 있으면 악한 사람은 적고 착한 사람이 많아야 하지만 악한 사람도 사람인 것은 부정할 수 없다.

자식이 여럿이 있으면 어떤 자식은 착하고 어떤 자식은 착하지 않을 수 있다. 그렇다고 착한 자식만 내 자식이고, 착하지 않은 자식은 내 자식이 아니라고 말할 수 없다. 착한 자식도 내 자식이고 그렇지 못한 자식도 내 자식임에 틀림없다. 그들이 모두 내 자식이라는 점에서는 하나로 만나게 된다.

이러한 원효의 일심 사상은 삼국통일을 완성한 뒤에 절실히 필요한 민족의 통합에 큰 도움을 주었을 것이다. 신라 사람, 백제 사람, 고구려 사람 모두 서로 다른 나라에서 살아왔지만 그들이 모두 같은 민족이라는 점에서 하나가 될 수 있다. 신라 사람도 우리 민족이요, 백제 사람도 우리 민족이며, 고구려 사람도 우리 민족임에 틀림없다. 이들은 모두 한 민족이요, 통일신라 사람으로 하나가 될 수 있다.

(2) 화쟁 사상(和諍思想)

원효의 일심 사상은 여러 가지 다양한 사상을 아우르는 강력한 힘을 가지고 있다. 그래서 일심 사상은 바로 화쟁 사상과 만나게 된다. 사실 일심 사상이 화쟁 사상이고 화쟁 사상이 일심 사상이다. 당시에 신라에는 중국과 인도에서 그때까지 성립된 불교의 여러 가지 이론이 짧은 기간 동안 한꺼번에 쏟아져 들어왔다.

인도와 중국에서 몇 백 년에 걸쳐 이루어진 여러 가지 학설이 신라에 순서대로 들어온 것이 아니라 거의 동시에 모두 소개되었다. 이러한 상황에서 신라의 학자들은 상당히 당황하였을 것이다. 원효는 이러한 모든 이론을 종합하고 통합하려는 시도를 하였다. 어떻게 생각하면 상당히 무모하고 엉뚱한 계획이라고 볼 수도 있다. 원효는 화쟁의 필요함을 다음과 같이 말하였다.

> 부처가 세상에 있을 때에는 부처의 원음(圓音)에 힘입어 중생들이 한결같이 이해했으나 …… 쓸데없는 이론들이 구름 일어나듯 하여 혹은 말하기를 나는 옳고 남들은 그르다 하며, 혹은 말하기를, 나는 그러하나 남들은 그러하지 않다고 주장하여 드디어 하천과 강을 이룬다. …… 유(有)를 싫어하고 공(空)을 좋아함은 나무를 버리고 큰 숲에 다다름과 같다. 비유컨대 청(靑)과 쪽[藍]이 같은 몸이고, 얼음과 물이 같은 원천이며, 거울이 만 가지 형태를 다 용납함과 같다. [『십문화쟁론』(十門和諍論)]

원효는 원래 석가의 가르침으로 돌아가는 것이 잡다한 이론을 종합하고 화해시키는 길이라고 생각하였다. 석가의 가르침으로 돌아가면 서로 자기만 옳다고 생각하는 아집(我執)을 벗어날 수 있어서 자신의 이론만 옳다고 우기지 않고 다른 사람의 이론도 옳을 수 있다는 진리를 깨닫게 된다.

그러면 유와 공을 모두 인정할 수 있고, 청과 쪽이 다르지 않으며, 얼음과 물이 같다는 사실도 알게 된다. 이것을 원효는 거울이 모든 사물을 골고루 비출 수 있는 상태와 같아진다고 하였다. 거울은 더럽다고 비추지 않고 깨끗하다고 비추지 않는다. 더러운 모습이나 깨끗한 모습이나 모두 비추는 게 바로 거울이다. 모든 것을 포용하고 용납하는 거울과 같은 사람이 되어야만 부처의 가르침을 제대로 이해한 사람이라고 할 수 있다.

당시에 원효가 화쟁의 대상으로 삼은 문제는 공과 유의 논쟁 그리고 불성의 유무(有無)에 대한 논쟁이 주(主)를 이룬다고 할 수 있다. 공과 유의 문제는 중관학파(中觀學派)와 유식학파(唯識學派)의 논쟁으로 이미 인도에서 시작되었고, 당시 신라의 불교계에서도 중요한 문제였던 모양이다. 불성의 유무에 대한 논쟁은 모든 사람이 불성을 가지고 있는가 혹은 불성을 가지지 못한 사람도 있는가 하는 문제이다.

공과 유의 논쟁은 중국에서 주로 유무의 문제로 다루어졌다. 무는 공을 말하는데, 실체가 없다는 주장을 한 중관학파의 이론을 가리킨다. 하지만 유식론자들은 식(識)이 존재한다는 주장을 했기 때문에 유란 유식론자들의 이론을 의미한다.

그래서 유무의 논쟁은 중관학파와 유식학파의 대립이라고 할 수 있다. 원효는 유와 무 그 어느 쪽에도 집착하지 말라고 가르친다. 그러나 그렇다고 유와 무를 모두 부정하지도 않는다. 이것에 대해서 원효는 이렇게 말한다.

모든 법은 유도 아니고 무도 아니다. 양쪽을 멀리 떠날 뿐만 아니라 중(中)에도 집착하지 않는다. 그런데 이러한 이치를 깨닫지 못하는 까닭에 의심을 하면서 말하기를 "만약 지금 저울을 다는 것을 본다면 물건이 무거우면 내려가고 가벼우면 반드시 올라간다. 가벼운데 올라가지 않고 무거운데 내려가지 않는다고 말한다면, 이와 같은 말은 있으되 뜻이 없다. 인연으로 나는 법도 마땅히 그러한 것임을 알아야 하니, 만약에 실제로 무가 아니라면 유에 떨어지고 유가 아니라면 무에 해당한다. 만일에

무가 아니면서 유일 수 없고 유가 아니면서 무에 떨어지지 않는다
면 무거우면서도 밑으로 내려가지 않고 가벼우면서도 위로 올라
가지 않는다고 말함과 같은지라, 이것은 말은 있으되 내용은
없다"라고 한다. 이렇게 따져서 생각하면 곧 여러 극단에 떨어지
게 된다. [『무량수경종요』(無量壽經宗要)]

 유도 아니고 무도 아니며, 나아가서는 중도에도 집착하지 않는
마음이 원효가 보는 참다운 진리이다. 세상의 사람들은 유가 아니면
무이고 무가 아니면 유라야 하는데, 그 모든 것을 부정하는 마음이
원효의 입장이다.
 그러나 그것들을 부정한다고 했지만 완전히 부정하지는 않는다.
유가 아니지만 유일 수 있고, 무가 아니지만 무일 수 있으며, 중이
아니지만 중일 수 있다고 원효는 주장한다. 그것이 진리라고 생각하였
다. 유와 무 그리고 중은 모두 전체의 일부를 나타내고 있기 때문에
진리의 일부가 된다.
 원효는 『열반종요』(涅槃宗要)에서 불성의 유무에 대한 기존의 이론
들을 열거하고 비평하였다. 거기에는 축도생(竺道生), 승민(僧旻),
법운(法雲), 양무제(梁武帝), 현장(玄奘), 진제(眞諦) 등의 주장이 나온
다. 여기서도 원효는 불성의 유무에 대해서 어느 한쪽의 주장을
편들지 않으면서 한편에 집착하지 말라고 권고하고 있다.
 상대방의 주장을 이해하려 하지 않고 자신의 주장에 집착할 때
싸움은 일어나고 진리로부터는 점점 멀어지게 된다. 상대의 주장에
귀기울여서 이해하면 자신의 주장은 전체가 되지 못함을 깨닫게
된다.

이것을 원효는 "마치 장님들이 각각 코끼리를 말하는데, 비록 사실대로는 얻지 못하였지만 코끼리를 말하지 않은 것은 아닌 것처럼 불성(佛性)을 말하는 것 또한 그와 같아서 여섯 가지 진리[六法] 그대로를 말한 것은 아니지만 여섯 가지 진리를 떠난 것도 아닌데 여기의 여섯 주장도 또한 그러함을 알아야 한다"라고 설명하였다.

원효의 입장은 매우 엄격하면서 또한 너그럽다. 서로 다투는 모든 이론에 대해 어느 것도 완전하다고 말하지 않으면서 동시에 그 모든 이론이 진리의 일부를 말하고 있다고 긍정적으로 평가한다. 이것이 바로 화쟁의 핵심적인 방법이라고 할 수 있다. 모든 주장은 결국 완전한 진리로 가는 하나의 과정인 셈이다.

이러한 원효의 이론은 삼국통일 이후에 각 집단의 잡다한 목소리를 인정하면서 전체를 통합할 수 있는 좋은 논리로 쓰일 수가 있다. 나만 옳고 너는 그르다고 하거나 너만 옳고 다른 사람은 모두 옳지 않다고 하면 한쪽이 섭섭할 수 있다. 극단적으로는 싸움까지도 일어날 수 있다. 내가 옳다고 다른 사람들이 모두 틀렸다고 생각해서는 안 된다. 나도 옳고 다른 사람도 옳을 경우가 있기 때문이다.

원효는 우리에게 진리의 광대함을 잘 가르쳐주고 있다. 여기에 대해서 그는 말하기를 "불도(佛道)는 광탕(廣蕩)하여 무애무방(無碍無方)하다. 그러므로 해당하지 않음이 없으며, 일체의 타의(他義)가 모두 불의(佛義)이다. 백가(百家)의 설이 옳지 않음이 없고 팔만법문(八萬法門)이 모두 이치에 맞는 것이다. 그런데 견문이 적은 사람은 좁은 소견으로 자기의 견해에 찬동하는 자는 옳고 견해를 달리하는 자는 그르다 하니, 이것은 마치 갈대 구멍으로 하늘을 본 사람이 그 갈대 구멍으로 하늘을 보지 않은 사람들을 보고 모두 하늘을 보지 못한 자라 함과 같다"라고 하였다. 참으로 원효의 생각은 하늘과 같이 넓었던 것 같다.

(3) 무애 사상(無碍思想)

무애라는 말은 어디에도 걸림이 없다는 뜻인데, 어디에도 구속되지 않는 삶의 태도를 말한다. 원효는 불교의 엄격한 계율로부터 과감하게 벗어났다. 그의 생활은 승려의 생활이 아니었고 나아가서 일반인들의 생활 모습도 아니었다. 말하자면 어디에도 구속되지 않고 자유롭게 살아가고자 하였다.

이러한 그의 생활 태도와 그의 방대한 저술 활동은 사실 잘 어울리지 않는다. 저술 활동은 매우 치밀하고 꼼꼼한 자세가 필요하고, 또한 절제된 생활이 필요하기 때문이다. 원효는 과연 이 두 가지 서로 다른 삶을 어떻게 살았을까 하는 의문이 든다.

『삼국유사』와 『송고승전』에 나오는 원효에 대한 기록을 보면 그의 특이한 생활이 더욱 부각되어 있다. 그의 일심 사상이나 화쟁 사상보다는 승려에게는 용납이 되지 않는 기이한 생활 모습에 초점을 맞추고 있다.

『삼국유사』에는 요석공주를 만나 설총이라는 아들을 얻은 일과 그 후에는 광대처럼 춤추고 노래하면서 거리를 떠돌아다녔다는 이야기가 실려 있다. 그리고 『송고승전』은 술집과 기생집을 드나든 일 등을 기록하고 있다. 그의 복장은 승려의 복장이 아니었으며, 그의 언어는 난폭하였고 예의에 벗어났다고 한다.

원효는 다른 승려들과는 달랐으니 아마 혜숙, 혜공, 대안의 전통을 이은 것 같다. 이들은 귀족 중심의 불교에 반대하여 일반인들에게 불교를 전파하려고 노력했던 승려들이다. 그리고 높은 곳에서 불교를 실천하려는 사람들이 아니라 바닥에서 불교를 실천하려는 사람들이었다.

원래 종교는 가난하고 억압받는 사람들에게 희망을 주고 그들을 보살펴 주는 일을 가장 큰 과제로 삼아야 한다. 그런데 어느 틈엔가 종교는 변질되어 귀족들의 비위를 맞추면서 거기에 빌붙어 세력을 확장하고 이득을 챙기는 데 급급하게 되었다.

원효는 이러한 기존 불교계의 문제점을 누구보다도 더 절실히 깨달았음에 틀림없다. 원효가 불교의 계율을 과감하게 깨고 거리로 뛰어나간 까닭은 한층 더 진실하게 석가의 가르침을 실천하기 위해서였다. 그렇게 하지 않으면 불교는 영원히 가난하고 억압받는 사람들과는 거리가 먼 귀족의 종교로 머물 수밖에 없다는 절박한 심정이었으리라.

참된 종교는 자신을 희생하여 약자를 도와야 한다. 그래서 실은 승려들이 결혼도 하지 않는다. 결혼해서 처자식이 생기면 아무래도 식구를 보살피느라 정신이 없어서 남을 생각할 여유가 없어지기 때문이다. 승려가 결혼하지 않는 불교의 전통에서 우리는 완전한 자기희생의 한 본보기를 볼 수 있다. 그만큼 불교의 참뜻은 신성하고 거룩하다.

이러한 거룩한 뜻에서 출발한 불교가 권력을 추구하고 자신의 이익을 챙기기에 몰두한다면 도무지 앞뒤가 맞지 않는다. 원효의 파계는 이런 승려들에 대한 경고이며 도전이라고도 해석할 수 있다. 결혼해서 처자식 먹여 살리면서 성실하게 살아가는 일반인들 속에 어쩌면 더 많은 부처가 있을 수도 있기 때문이다.

원효는 자신의 모든 기득권을 버리고 일반 백성들 속으로 서슴없이 들어갔다. 그리고 그들과 함께 노래하고 춤추면서 그들을 위로하고 그들에게 기쁨과 희망을 주려고 노력하였다. 그가 불렀다는 무애가(無碍歌)는 단순한 노래가 아니라 불교의 가르침이고, 기존의 불교를 질타하는 호된 나무람이고 서민들에게는 희망의 노래였다.

춤과 노래를 통해서 불교의 가르침을 서민들에게 전파한 원효의 전교 방법은 특이한데, 이 방법은 신라인들이 춤과 노래에 특별한 의미를 부여하기 때문에 큰 효과가 분명히 있었을 것이다. 노래와 춤은 신라인들에게 주술적인 효능을 가진 의식이기도 하였다. 여기서 우리는 원효와 무속(巫俗)의 만남을 보게 된다.

원효의 불교는 인도와 중국에서 들어온 외래 종교가 아니라 우리의 전통적인 신앙과 만나서 하나가 된 우리의 불교라고 할 수 있다. 외래의 종교를 단순히 답습하는 태도가 아니라 우리의 전통에 맞는 종교로 새롭게 만들어 가는 정신은 오늘날에도 여전히 필요하다.

5장
의상의 화엄종

1) 의상의 생애
2) 화엄일승법계도(華嚴一乘法界圖)
3) 관음신앙
4) 정토(淨土)신앙

의상의 화엄종

1) 의상의 생애

『삼국유사』에 따르면 의상(義湘)의 성(姓)은 김 씨이고, 29세에 경주의 황복사(皇福寺)에서 출가하였다.『송고승전』에는 의상의 성을 박 씨라고 해서『삼국유사』의 기록과는 다르다. 그리고 의상이 출가한 때도『삼국유사』에는 29세라고 하였는데, 이것도 확실하지가 않다.

부석사본비(浮石寺本碑)에 따르면 의상은 625년에 태어나 어린 나이에 출가하였다. 650년 원효와 함께 당나라로 들어가고자 하여 고구려에 이르렀으나 어려움이 있자 되돌아왔다고 한다. 이 기록이 더욱 신뢰가 간다.

원효는 의상보다 8살 위이고 두 사람은 형제처럼 친했던 모양이다. 두 사람은 661년에 다시 바닷길을 통하여 중국으로 가는 중에 원효는 한 무덤에서 깨친 바가 있어 발길을 돌리고 의상 혼자만 귀국하던 당나라 사신의 배를 타고 중국에 도착했다.

의상은 양주(揚州)에 이르러 그곳의 책임자인 유지인(劉至仁)을 만나 관아에 머물면서 성대한 대접을 받고, 얼마 뒤 종남산(終南山) 지상사(至相寺)로 지엄을 찾아갔다. 당시 지엄은 중국 화엄종의 제2조로서 새로운 화엄학풍을 일으켰다. 지엄은 의상이 오기 전날 밤에 다음과 같은 꿈을 꾸었다.

> 한 그루의 큰 나무가 신라에서 생겨났는데 그 가지와 잎이 무성하게 널리 퍼져 중국에까지 이르렀다. 그 나무 위에는 봉황의 집이 있어서 올라가 보니 마니보주(摩尼寶珠) 한 개가 있었는데, 그 빛이 먼 곳까지 비쳤다. (『삼국유사』권4)

꿈에서 깨어난 지엄이 매우 이상히 여기고는 도량을 깨끗이 청소하고 기다렸는데 그날 마침 의상이 왔다. 반갑게 맞이하고 인사를 나눈 뒤에 지엄은 의상에게 말하기를 "나의 간밤 꿈은 그대가 이리로 올 징조였다"라고 하고는 그를 제자로 받아 주었다. 그 뒤 의상은 지엄의 문하에서 공부하면서 더욱 새로운 이치를 탐구하여 깊은 것을 끌어내고 숨은 뜻을 찾아내어 나중에는 스승을 능가하게 되었다고 한다.

의상은 지상사에 있으면서 근처에 있던 남산율종(南山律宗)의 개조인 도선율사(道宣律師, 596~667)와도 사귀었다. 도선은 항상 하늘의 공양을 받았는데, 매일 끼니때가 되면 하늘에 있는 주방에서 음식을 보내어 왔다.

하루는 도선이 의상에게 하늘의 공양을 대접하고자 초대하였다. 의상이 초청을 받고 도선에게로 가서 자리를 정하고 앉아 있었으나, 아무리 기다려도 하늘의 음식이 내려오지 않았다. 때가 훨씬 지나도 하늘의 음식이 오지 않아서 의상은 빈 바루를 들고서 지상사로 돌아갔다.

의상이 돌아가고 난 뒤에야 하늘에서 천사가 밥을 가지고 왔는데, 도선은 늦게 온 이유를 물었다. 천사는 "이 골짜기에 온통 신병(神兵)이 가득 차서 막고 있었기 때문에 들어올 수가 없었습니다"라고 대답하였다.

이에 도선은 의상이 귀신들의 호위를 받고 있음을 알고는 의상의 도(道)가 자기보다 높은 것에 탄복하였다. 그래서 그는 하늘의 음식을 그대로 두었다가 다음날 다시 지엄과 의상을 초청하여 공양하고 그 사연을 자세히 말하였다.

의상은 또한 지엄 밑에서 같이 공부한 19세 아래의 법장과도 각별한 교분을 맺었다. 법장은 지엄의 뒤를 이어 화엄종의 제3조로서 중국 화엄종을 교리적으로 완성했던 인물로 의상의 학식과 덕망을 늘 흠모했다.

법장은 의상이 귀국한 뒤에도 그를 극찬하는 서신과 함께 자신의 저서 7부 29권을 신라 승려 승전(勝詮) 편으로 의상한테 보내어 상세히 검토하고 부족한 점을 깨우쳐 주기를 청하기도 했다.

의상은 668년 지엄이 입적하기 3개월 전에 『화엄일승법계도』(華嚴一乘法界圖)를 지어 스승의 인가를 받고 671년 귀국했는데, 『삼국유사』에 따르면 그의 귀국 동기는 당 고종의 신라 침공을 알리기 위해서라 하고, 『송고승전』에는 화엄대교(華嚴大敎)를 펴기 위해서라 하였다.

의상은 지엄 아래서 화엄종의 교리를 공부해서 스승을 능가하는 경지에 이르렀다고 『삼국유사』는 전한다. 화엄종을 완성한 사람을 불교사에서는 보통 법장으로 보고 있지만, 의상은 법장 못지않은 인물이라고 할 수 있다.

의상이 당나라에서 돌아왔을 때 관음보살(觀音菩薩)의 진신(眞身)

이 낙산(洛山) 해변의 동굴 안에 거주한다는 소문을 듣고, 직접 보기 위하여 7일 동안 재계하고 이른 새벽에 굴 안으로 들어가니 용과 천신(天神)이 안내하였다. 굴 안에 들어가 절을 하니 공중에서 수정 염주 하나가 내려왔다. 의상은 그것을 가지고 밖으로 나오는데, 용이 여의보주(如意寶珠) 한 개를 또 주었다.

의상은 다시 7일을 재계하고 굴 안으로 들어가 관음보살을 직접 보았다. 관음보살은 의상에게 "이 굴 위의 산에 두 그루의 대나무가 솟아날 것이니, 그곳에다가 절을 짓도록 하라"라고 말했다. 의상이 그 말을 듣고 밖으로 나와 산 위에 올라가 보니 과연 대나무가 솟아났다.

그래서 그곳에 법당을 짓고 관음보살의 소상을 만들어 봉안하였는데, 그 원만하고 아름다운 모습이 흡사 살아 있는 관음보살 같았다. 그러자 그 대나무는 사라져 버렸으므로 의상은 비로소 그곳이 바로 진짜 관음보살이 머무는 곳임을 알았다. 그래서 절 이름을 낙산사(洛山寺)라 하였는데, 의상은 관음에게 받은 수정 염주와 용에게 받은 여의주를 관음성전에 안치해 두고 그곳을 떠났다.

의상은 그 뒤 전국을 유람하다가 676년 태백산에 화엄의 근본 도량이 된 부석사(浮石寺)를 창건하였다. 신라가 삼국을 통일하기 전까지 신라의 불교는 주로 경주를 중심으로 전개되고 있었다. 신라가 삼국을 통일한 뒤에 불교계는 좀더 폭넓은 전도의 필요성을 느꼈을 것이고, 의상이 세운 부석사는 이러한 필요에 부응하는 사찰이라고 할 수 있다. 부석사의 창건에도 재미있는 전설이 있는데, 이것은 『송고승전』에도 들어 있다. 그 전설의 내용은 대략 이렇다.

의상이 당나라의 등주(登州)에 도착하여 어느 불교도의 집에서 며칠 머물게 되었는데, 마침 그 집에는 선묘(善妙)라는 아름다운 딸이 있었다. 그 딸은 의상을 보자마자 그만 사랑에 빠지고 말았다. 그리하여 선묘는 갖은 교태로 의상을 유혹하였으나 그의 마음은 철석같아서 조금도 움직이지 않았다.

끝내 의상의 마음을 사로잡지 못한 선묘는 도리어 의상에게 크게 감동하여 맹세하기를 "목숨을 받아 태어날 때마다 언제나 영원히 스님을 따르겠으니, 스님께서 불교를 공부하시고 큰일을 성취하시도록 저는 여자 신도가 되어 스님의 공부 생활에 필요한 모든 것을 공급해 드리겠습니다"라고 하였다.

그 뒤 의상은 종남산의 지엄한테서 화엄종을 공부하고 다시 신라로 돌아가게 되었다. 의상은 돌아가는 길에 그 집에 들러서 주인에게 그 동안 도움 준 것에 감사하다는 인사를 하고는 급히 나와 배를 타게 되었다.

그때 선묘는 언젠가 학업을 마치고 신라로 돌아갈 의상을 위하여 여러 가지 필요한 물건을 미리 장만하여 상자에 가득 넣어 두고 기다리고 있었다. 그런데 의상이 자기 집에 들르기는 하였으나 워낙 급히 떠나는 바람에 그 상자를 주지 못하고 말았다.

선묘는 그 상자를 들고 부랴부랴 바닷가로 갔으나 그때 의상이 탄 배는 이미 출발해서 바다 가운데 있었다. 그래서 선묘는 마음속으로 빌기를 "내가 본래 진실한 마음으로 법사에게 공양하고자 하였으니, 원하옵건대 이 상자가 저 배 안으로 들어가게 하소서" 하고서 그 상자를 배를 향해 던졌다. 그러자 갑자기 세찬 바람이 불어서 그 상자를 깃털처럼 날려 배 안으로 들어가게 하였다.

그것을 본 선묘는 다시 맹세하고 기원하기를 "나는 이 몸을 큰

용으로 변하게 하여 스님이 타신 배가 무사히 바다를 건너고 귀국하여 불교를 전파하는 데 도움이 되게 하겠습니다" 하고 바다 속으로 몸을 던졌다. 선묘의 지극한 정성이 효험이 있어 그 여자는 용이 되었고, 그 배는 무사히 신라에 도착하였다.

의상은 신라에 도착하여 여러 곳을 다니면서 불법을 크게 펼칠 땅을 물색하다가 마침 매우 적합한 곳을 발견하였다. 그러나 그곳에는 이미 다른 종파의 사람들이 자리를 차지하고 있었다. 그때 늘 의상을 따라다니면서 호위하고 있던 선묘는 그의 마음을 알고 신통력을 발휘하였다. 선묘는 커다란 바위로 변하여 공중에 떠 있었다. 그러자 그곳을 차지하고 있던 사람들이 놀라 모두 도망가고 말았다. 의상은 그곳에다가 부석사를 세우고 화엄의 가르침을 널리 전파하였다.

의상이 제자들에게 화엄학을 가르치고 있을 때 이 소문은 전국에 퍼졌고 중국에까지 전해졌다. 문무왕은 이에 감사하여 땅과 노비를 내린 적이 있었다. 그때 의상은 사양하면서 말하기를 "우리의 법[佛法]은 지위의 높고 낮음을 평등하게 보고, 신분의 귀하고 천함을 없이하여 한가지로 합니다.『열반경』에는 여덟 가지 부정한 재물에 관하여 말하고 있습니다. 어찌 제가 땅과 노비를 소유하겠습니까? 저는 세상을 집으로 삼아 바리때로 농사지어 수확을 기다립니다. 불신(法身)의 혜명(慧命), 즉 지혜로운 생명이 이 몸을 빌려 잠시 살고 있는 것뿐입니다"라고 하였다.

또한 문무왕이 어느 때 경주에 성곽을 쌓으려고 관리에게 명령한 일이 있었다. 이 소식을 들은 의상은 "왕의 정치와 가르침이 밝다면 비록 풀 언덕의 땅에 금을 그어서 성이라 하여도 백성이 감히 넘지 못하고 재앙을 씻어 복이 될 것이오나, 정치와 가르침이 밝지 못하다면 비록 큰 성이 있더라도 재해를 면하지 못할 것입니다"라는 글을 올렸다. 이 글을 보고 문무왕은 역사(役事)를 중지하였다.

의상은 많은 제자를 양성하여 통일신라시대에 화엄종이 크게 번창하게 만들었다. 그에게는 3,000명의 제자가 있었고, 또 당시에 아성(亞聖)으로 불린 오진(悟眞), 지통(智通), 표훈(表訓), 진정(眞定), 진장(眞藏), 도융(道融), 양원(良圓), 상원(相源), 능인(能仁), 의적(義寂) 등 10명의 제자가 있었다.

의상은 전국에 많은 사찰을 건립하여 불교를 전국적으로 전파하는 데 큰 역할을 하기도 하였다. 의상이 건립한 사찰은 부석사를 비롯하여 팔공산의 미리사(美里寺), 지리산의 화엄사(華嚴寺), 가야산의 해인사(海印寺), 가야현의 보원사(普願寺), 계룡산의 갑사(甲寺), 삭주의 화산사(華山寺), 금정산의 범어사(梵魚寺), 비슬산의 옥천사(玉泉寺), 모악산의 국신사(國神寺) 등이다. 이밖에도 불영사(佛影寺), 삼막사(三幕寺), 초암사(草庵寺), 홍련암(紅蓮庵) 등을 창건하였다고 전하여 온다.

2) 화엄일승법계도(華嚴一乘法界圖)

의상은 실천 수행을 중시하여 저술은 많지 않은데, 그 가운데서 가장 중요한 작품은 바로 『화엄일승법계도』이다. 『화엄일승법계도』는 방대한 『화엄경』의 세계를 210자로 이루어진 간결한 도인(圖印)에 압축한 것이다.

최치원에 따르면 지엄한테 화엄을 배울 때 의상은 『대승장』(大乘章) 10권을 지었는데, 지엄은 그것에 대해 "뜻은 매우 아름다우나 글이 아직 옹색하다"라고 했다. 의상은 번거로운 내용을 삭제하고 뜻이 통하게 한 뒤 지엄과 함께 불전에 나아가 서원(誓願)을 세우고 책을 태우면서 말하기를 "글이 부처의 뜻에 맞는다면 원컨대 타지 마소서"라고 했다.

　타고 남은 210자를 의상은 주워서 다시 간절하게 서원하면서 불 속에 던져 넣었으나 끝내 타지 않았다. 지엄은 눈물을 흘리면서 찬탄하고, 남은 글자로 게송(偈頌)을 짓게 하였다. 이에 의상이 며칠 동안 방문을 걸어 잠그고 들어앉아 30구절을 만들었다.

　『법계도』는 흰 종이 위에 검은 글자를 쓰고, 그 글자들을 붉은 선으로 서로 연결해서 만들었는데, 흰 종이는 물질세계인 기세간(器世間), 검은 글자는 중생의 세계인 중생세간(衆生世間), 붉은 선은 깨달음의 세계인 지정각세간(智正覺世間)을 나타낸다.

　『법계도』는 사각형을 이루고 있고 중심의 '법'(法) 자에서 시작하여 역시 같은 중심의 '불'(佛) 자에 이르기까지 54개의 각을 이루면서 210자의 시가 한 줄로 연결되어 있다. 그 글자들이 다만 하나의 길로 되어 있는 까닭은 여래(如來)의 일음(一音)을 표시하기 위해서다. 또 그 길이 번거롭게 굴곡을 나타내고 있는 이유는 중생의 근기(根機)와 욕망이 같지 않기 때문이니 삼승교(三乘敎)가 이에 해당한다. 그리고 이 하나의 길에 시작과 끝이 없는 것은 여래의 선교 방편(善巧方便)에는 특정한 방법이 없고 대응하는 세계에 알맞게 융통성이 있음을 나타내는데 이것은 원교(圓敎)에 해당한다.

　사면과 사각은 각각 사섭(四攝)과 사무량(四無量)을 나타내었다. 이 인문(印文 : 법계도의 글을 의미함)은 삼승(三乘)에 의하여 일승을 드러내는 의미를 가지고 있다. 첫 글자 법(法)과 끝 글자 불(佛)은 각기 수행방편의 원인과 결과를 나타낸다. 이 두 글자를 중앙에 둔 것은 인과의 본성이 중도(中道)임을 보이기 위해서다.

게송은 모두 30개의 구절로 되어있는데, 처음의 18구절은 진리의 실재를 서술한 자리행(自利行)이고 다음의 4구절은 이타행(利他行) 그리고 마지막 8구절은 진리를 증득하는 과정을 서술한 수행방편으로 구성되어 있다.

앞에서는 일순간이 영원과 상통한다는 화엄사상을 밝히고, 다음에는 부처님의 공덕이 중생을 구제함을 찬양하고, 끝에서는 수행하여 진리를 깨달으면 중생이 본래 부처라는 가르침을 노래하고 있다.

『법계도』는 『법성게』(法性偈)라고도 불리는데, 현재까지도 불교의 여러 가지 의식에서 널리 애송되고 있다. 이것은 의상의 가르침이 현재에도 여전히 살아서 숨쉬고 있음을 말해 준다. 실제로 화엄종의 가르침은 워낙 심오해서 일반인들이 그것을 이해하기는 쉽지 않다. 그러한 심오한 철학을 일반인들에게 전파하고 가르치는 일은 거의 불가능하다.

그러나 의상은 그 심오한 철학을 간단한 주문(呪文)으로 압축하여서 누구나 쉽게 외울 수 있게 만들었다. 이제 이 『법성게』는 하나의 주문으로 사람들에게 희망을 주고 용기를 주는 역할을 할 수 있다. 부처에게 소원을 빌 때, 마음이 어지러울 때, 세상사는 것이 힘들 때, 사람들이 이 주문을 외우면 힘을 얻을 수 있다.

나아가서 이 주문은 우리의 전통적인 신앙인 무속과 불교를 하나로 연결하는 매개체로 작용할 수도 있었을 것이다. 대부분의 사람은 부처에게 소원 성취를 위해 기도를 한다. 아들을 낳게 해달라거나 자식이 건강하게 자라기를 기원하거나, 또는 사업이 잘되기를 빌거나 돌아가신 부모님이 극락왕생하기를 빌거나 등등이 기원의 목적이다. 죽어서 극락 가게 해달라고 기도하는 사람은 거의 없을 것 같고,

더욱이 해탈을 하려고 기도하는 일반 신도들은 더욱 없을 것 같다. 일반인들은 나는 지옥에 가도 좋으니 내 자식이 건강하고 행복하게 살면 그것으로 만족하겠다고 빈다. 이런 식의 불교는 불교의 본래 취지와는 상당히 다르다. 그러나 우리나라에 정착된 불교는 대부분 이런 식의 불교로 변형되었다. 이런 불교는 그 모양만 다르지 사실은 우리의 전통적인 무속과 다를 바 없다.

화엄일승법계도

```
一→微→塵→中→含→十  初→發→心→時→便→正→覺→生→死
↑                  ↓  ↓                          ↓
一  量←無←是←即←方  成  益←寶←雨←議←思←不←意  涅
↓  ↑              ↓  ↓                          ↓
即  劫  遠→劫  念  一  別  生  佛→普→賢→大→人  如  槃
↓  ↑  ↓  ↑  ↓  ↓  ↓  ↓                  ↓  ↑
多  九  量  卽  一  切  隔  滿  十  海←人←能←境  出  常
↓  ↑  ↓  ↑  ↓  ↓  ↓  ↓                  ↓  ↑
切  世  無  一→念  塵  亂  虛  別  印→三→昧→中→繁  共
↓  ↑  ↓  ↑  ↓  ↓  ↓  ↓                  ↓  ↑
·  十  是←如←亦  中  雜  空  分←無←然←冥←事←理  和
↓  ↑                  ↓  ↓                      ↑
即  世→互→相→即→仍→不  衆→生→隨→器→得→利→益→是
↓  ↑                  ↓                          ↑
一  相  二←無←融←圓←性  法  回←際←本←還←者←行←故
↓  ↑                  ↓  佛                      ↑
中  諸  智→所→知→非  餘  佛  息  盡→寶→莊→嚴→法  界
↓  ↑  ↓  ↑  ↓  ↓  ↓  ↓                          ↑
多  法  證  甚←性←眞  境  爲  妄  無  隨←家←歸  意  實
↓  ↑  ↓  ↑  ↓  ↓  ↓  ↓                          ↑
切  不  切  深→極→微  妙  名  想  尼  分→得→資  如  寶
↓  ↑  ↓  ↑  ↓  ↓  ↓  ↓                          ↑
一  動  一←絶←相  無  不  動  必  羅  陀←以←糧  捉  殿
↓                      ↓                          ↑
↑  本→來→寂→無→名  守  不  不→得→無→緣→善→巧  窮
↓                                                ↑
中←一←成←緣←隨←性  自  來  舊←床  道←中←際←實  坐
```

《화엄일승법계도의 내용》

○법성원융무이상(法性圓融無二相) : 천지만물의 본성은 원융하여 두 모습 없고 ○제법부동본래적(諸法不動本來寂) : 천지만물은 움직임 없어 본래 고요하네 ○무명무상절일체(無名無相絶一切) : 이름 없고 모습 없어 온갖 차별 끊겼으니 ○증지소지비여경(證智所知非餘境) : 깨달으면 알겠지만 다른 경지에선 알 수 없네 ○진성심심극미묘(眞性甚深極微妙) : 참됨이 깊고 깊어 가장 미묘해 ○불수자성수연성(不守自性隨緣成) : 자기됨을 고집 않고 인연 따라 이루나니 ○일중일체다중일(一中一切多中一) : 하나 속에 모두요, 모두 속에 하나이며 ○일즉일체다즉일(一卽一切多卽一) : 하나가 모두요, 모두가 하나이네 ○일미진중함시방(一微塵中含十方) : 가는 티끌 하나 속에 시방 세계 들어 있고 ○일체진중역여시(一切塵中亦如是) : 온갖 티끌 낱낱 속에 있는 세계 또한 그래 ○무량원겁즉일념(無量遠劫卽一念) : 한량없이 오랜 세월 눈 깜짝할 사이요 ○일념즉시무량겁(一念卽是無量劫) : 눈 깜짝할 사이 그대로가 오랜 세월 ○구세십세호상즉(九世十世互相卽) : 아홉 세계 열 세계가 서로서로 넘나드나 ○잉불잡란격별성(仍不雜亂隔別成) : 털끝만도 안 섞이고 따로따로 분명하네 ○초발심시변정각(初發心時便正覺) : 처음 마음을 일으킬 때가 바로 올바른 깨달음이요 ○생사열반상공화(生死涅槃常共和) : 생사와 열반이 항상 함께 어울리네 ○이사명연무분별(理事冥然無分別) : 본체와 현상이 하나로 분별이 없어 ○십불보현대인경(十佛普賢大人境) : 열 부처와 보현보살과 같은 경계로세 ○능입해인삼매중(能入海印三昧中) : 석가모니 부처의 해인삼매 그 가운데 ○번출여의불사의(繁出如意不思議) : 갖가지로 나타냄을 뜻대로 하는 것이 불가사의 하구나 ○우보익

생만허공(雨寶益生滿虛空) : 중생을 이롭게 하는 비와 같은 보배가 허공을 가득 채워 ○중생수기득이익(衆生隨器得利益) : 중생들은 그릇 따라 갖은 이익을 얻네 ○시고행자환본제(是故行者還本際) : 그러니 수행하는 사람들이 본래 자리 돌아갈 때 ○파식망상필부득(叵息妄想必不得) : 망상을 쉬지 않으면 반드시 얻지 못하네 ○무연선교착여의(無緣善巧捉如意) : 인연을 벗어나 최고의 방편으로 중생을 교화하니 ○귀가수분득자량(歸家隨分得資糧) : 마음자리에 돌아가매 분수따라 양식 얻네 ○이다라니무진보(以陀羅尼無盡寶) : 다라니(陀羅尼 : 주문)로 무진장의 보배로 삼고 ○장엄법계실보전(莊嚴法界實寶殿) : 장엄한 법계를 진실한 보배의 궁전으로 삼아 ○궁좌실제중도상(窮坐實際中道床) : 마침내 실제의 중도 자리에 앉으니 ○구래부동명위불(舊來不動名爲佛) : 예로부터 움직이지 않음을 부처라고 부른다.

인도에서 중국으로 들어온 불교는 중국에서 중국인의 기질에 맞는 종교로 거듭나게 되는데, 그 가운데 대표적인 종파가 바로 화엄종이다. 화엄종은 인도의 용수와 세친의 이론을 이어받지만 그것을 중국식으로 변형하고 있다.

화엄종은 용수와 세친의 상비(相非)의 사상을 상즉(相卽)의 사상으로 전환시켰다. 상비의 사상이란 끝없는 부정을 통하여 진리에 접근하는 방식을 말한다. 예를 들어 용수는 중도(中道)를 설명할 때 "이것도 아니오, 저것도 아니다. 그렇다고 저것이 아닌 것도 아니다"와 같은 논법을 사용하고 있다.

이와 반대로 상즉의 사상은 끝없는 긍정을 통하여 진리에 접근하려고 한다. 예를 들면 의상의 『법계도』에 나오듯이 "하나가 곧 모든 것이요, 모든 것이 곧 하나이다"라는 식의 설명이다.

그래서 화엄종에서는 본체와 현상이 하나가 되고, 하나와 전체가 하나가 되며, 순간과 영원이 같고, 중생과 부처가 같다고 주장한다. 이러한 화엄종의 주장은 천지만물을 공평한 것으로 보라고 설득함으로써 사람들의 불만을 해소하고 위안을 줄 수 있다.

불행한 사람은 행복한 사람을 부러워하면서 자신의 불행을 한탄하게 마련인데, 불행과 행복이 하나라고 하는 화엄의 가르침을 들으면 어느 정도 위안을 얻을 수가 있다. 하루를 사는 하루살이와 백년을 사는 거북이는 이 세상을 사는 기간이 엄청나게 차이가 나지만, 그것도 사실 똑같다고 가르친다면 하루살이에게 어느 정도 위안이 될 수 있으리라.

삼국통일 이후 통일된 나라를 하나로 만드는 데 이러한 화엄 사상이 큰 역할을 할 수 있다. 통일을 함으로써 이익을 본 사람도 있고 손해를 본 사람이 있었을 것이다. 통일이 되어 덕을 본 사람들에게는 겸손을 가르치고 손해를 본 사람들에게는 위안을 줄 수 있는 사상이 바로 화엄종의 이론이다. 잘난 사람이나 못난 사람이나 다 같이 어우러져 잘살아 보자는 가르침이 바로 의상의 화엄 사상이다.

3) 관음신앙

관음신앙은 관세음보살(觀世音菩薩)을 믿는 타력(他力)신앙인데, 이것은 자력(自力)신앙인 불교의 단점을 보완하기 위한 대책으로 생긴 종교 형태라 하겠다. 해탈을 주목적으로 하는 불교는 나약한 심성을 가진 일반인들의 종교적인 욕구를 만족시킬 수가 없다.

그래서 일반인들의 소원을 들어주고 어려움을 풀어 주는 신적인 존재가 있어야 하는데 관세음보살이 바로 그런 신적인 존재이다. 이 보살은 방대한 대승불교의 여러 경전 속에 거의 들어 있지 않은 곳이 없다고 할 정도로 널리 나타난다. 우리나라의 관음신앙은 주로 『화엄경』,『법화경』,『아미타경』(阿彌陀經),『능엄경』(楞嚴經) 등에 근거를 두고 전개되었다.

『법화경』「보문품」(普門品)에는 물과 불의 재난이나 귀신과 도적 등의 육체적인 어려움에서부터 탐(貪)・진(瞋)・치(癡) 삼독(三毒)의 의지적 어려움 그리고 자식을 얻는 일 등의 현실적인 문제에 빠진 사람이 관세음보살을 일심으로 부르면 관음이 즉시 그 음성을 듣고 모두 해결해 준다는 내용이 있다.

또한 이 경전에 따르면 관세음보살의 이름을 염불하면 큰불도 능히 태우지 못하고, 홍수에도 떠내려가지 않으며, 모든 악귀도 괴롭힐 수 없다. 칼과 몽둥이는 부러지고 수갑과 항쇄, 족쇄는 끊어지고 깨어진다.

관음보살의 능력은 일체 중생을 험한 길의 공포, 어리석음의 공포, 얽매임의 공포, 죽음의 공포, 빈궁의 공포, 살해의 공포, 악도(惡道: 지옥에 떨어짐)의 공포, 윤회의 공포 등 모든 공포로부터 구원할 수 있다.

신라시대에 관음신앙을 널리 전파한 사람이 바로 의상이다. 그는 동해의 관음굴에 들어가 직접 관세음보살을 만나고서 낙산사를 지어 관음신앙을 널리 전하였다. 의상은 당시 사람들의 고민과 문제를 잘 알았기 때문에 관음신앙을 특별히 중요하게 생각했던 것이다.

일반 백성들에게는 고상한 철학보다 당장 그들의 고통과 문제를 해결해 주는 도움이 우선적으로 필요하다. 그리고 관세음보살은 우리 민족이 오랫동안 섬겼던 여러 종류의 신들과 너무나 닮았다.
　그래서 사람들은 자연스럽게 관세음보살에게 그들의 근심을 말하고 소원을 빌었을 것이다. 복을 주고, 화를 물리치고, 재산을 주고, 자식을 주며, 건강을 주고, 장수(長壽)를 주는 관세음보살이야말로 사람들이 원하는 신이다. 관세음보살은 우리의 산신, 용신, 조왕신, 성주신, 삼신 등과 같은 역할을 할 수 있다.
　낙산사에는 의상이 관세음보살을 직접 만났다는 전설 외에도 재미있는 전설이 몇 가지 있는데, 승려 조신(調信)의 전설이 관세음보살의 능력을 잘 보여준다. 이 전설은 『삼국유사』에 자세하게 기록되어 있다.
　조신은 서라벌 세규사(世逵寺)에 속하는 명주(溟州) 날리군(㮈李郡)의 장원(莊園)을 담당하기 위하여 그곳으로 파견되었다. 조신은 장원에 가서 태수 김흔(金昕)의 딸을 깊이 연모하게 되었다.
　여러 번 낙산사의 관음보살 앞에 나아가 좋은 인연이 이루어지기를 빌었다. 그러나 몇 년 뒤에 그 여자에게 배필이 생겼다. 조신은 다시 관음보살 앞에 나아가 관음보살이 자기의 뜻을 이루어 주지 않았다고 원망하며 날이 저물도록 슬피 울었다. 그러다가 지쳐 그만 잠이 들었다.
　꿈에 갑자기 그 여자가 기쁜 모습으로 문으로 들어오더니 활짝 웃으면서 "저는 일찍이 스님의 얼굴을 본 뒤로 사모하게 되어 한순간도 잊은 적이 없었습니다. 부모의 명을 어기지 못해 다른 사람의 아내가 되었지만, 이제 같은 무덤에 묻힐 벗이 되고 싶어서 왔습니다"라고 말했다.
　조신은 기뻐서 어쩔 줄을 모르며 함께 고향으로 돌아가 40여 년을 살면서 자식 다섯을 두었다. 그러나 집이라곤 네 벽뿐이요, 콩잎이나 명아주 국 같은 변변한 끼니도 먹을 수 없어 마침내 그는 가족을 이끌고 사방으로 다니면서 입에 풀칠을 하게 되었다.

이렇게 10년 동안 초야를 떠돌아다니다 보니 옷은 메추라기가 매달린 것처럼 너덜너덜 해지고 백 번이나 기워 입어 몸도 가리지 못할 정도였다. 강릉 해현령(蟹縣嶺)을 지날 때 열다섯 살의 큰아들이 굶주려 그만 죽고 말았다. 조신은 통곡하며 길가에다 묻고, 남은 네 자식을 데리고 우곡현(羽曲縣)에 도착하여 길가에 띠풀을 엮어 집을 짓고 살았다.

부부가 늙고 병들고 굶주려 일어날 수 없게 되자, 열 살 난 딸아이가 돌아다니며 구걸을 하였다. 그러다가 마을의 개에 물려 부모 앞에서 아프다고 울며 드러눕자 부모는 탄식하며 하염없이 눈물을 흘렸다. 부인은 눈물을 씻더니 갑자기 말하였다.

"내가 처음 당신을 만났을 때는 얼굴도 아름답고 꽃다운 나이에 옷차림도 깨끗했습니다. 한 가지 음식이라도 당신과 나누어 먹었고, 몇 자 안 되는 따뜻한 옷감이 있으면 당신과 함께 해 입었습니다. 집을 나와 함께 산 지 50년에 정분은 가까워졌고 은혜와 사랑이 깊었으니 두터운 인연이라 할 수 있습니다. 그러나 몇 년 이래로 쇠약해져 병이 날로 심해지고 굶주림과 추위도 날로 더해 오는데, 곁방살이에 하찮은 음식조차 빌어먹지 못하여 이 집 저 집에서 구걸하며 다니는 부끄러움은 산과 같이 무겁습니다. 아이들이 추위에 떨고 굶주려도 돌봐 줄 수가 없는데, 어느 겨를에 사랑의 싹을 틔워 부부의 정을 즐길 수 있겠습니까? 젊은 날의 고왔던 얼굴과 아름다운 웃음도 풀잎 위의 이슬이 되었고, 지초와 난초 같은 약속도 회오리바람에

날리는 버들 솜이 되었습니다. 당신은 내가 있어서 근심만 쌓이고, 나는 당신 때문에 근심거리만 많아지니 곰곰이 생각해 보면 옛날의 기쁨이 바로 근심의 시작이었던 것입니다. 당신이나 나나 어째서 이 지경이 되었는지요. 여러 마리 새가 함께 굶주리는 것보다 짝 잃은 난새가 거울을 보면서 짝을 그리워하는 것이 낫지 않겠습니까? 힘들면 버리고 편안하면 친해지는 것은 인정상 차마 할 수 없는 일입니다만 가고 멈추는 것 역시 사람의 마음대로 되는 것이 아니고, 헤어지고 만나는 데도 운명이 있는 것입니다. 이 말을 따라 이만 헤어지기로 합시다."

조신은 이 말을 듣고 기뻐하여 각기 아이를 둘씩 나누어 데리고 떠나려 하는데 아내가 말하였다. "저는 고향으로 향할 것이니 당신은 남쪽으로 가십시오." 그래서 조신은 이별을 하고 길을 가다가 문득 꿈에서 깨어나니, 희미한 등불이 아른거리고 밤은 깊어만 가고 있었다.

아침이 되자 그의 수염과 머리카락이 모두 하얗게 세어 있었다. 조신은 망연자실하여 세상일에 전혀 뜻이 없어졌다. 고달프게 사는 것도 이미 싫어졌고 마치 100년 동안의 괴로움을 맛본 것 같아 세속을 탐하는 마음도 얼음 녹듯 사라졌다.

그는 부끄러운 마음으로 관세음보살의 얼굴을 바라보며 깊이 참회하는 마음이 끝이 없었다. 돌아오는 길에 해현(蟹縣)으로 가서 아이를 묻었던 곳을 파 보았더니 돌미륵이 있었다. 물로 깨끗이 씻어서 가까운 절에 모시고 서라벌로 돌아와 장원을 관리하는 직책을 사임하고 개인 재산을 털어 정토사(淨土寺)를 짓고서 수행하였다. 그 뒤에 아무도 조신의 종적을 알지 못하였다고 한다.

4) 정토(淨土)신앙

통일신라시대에 일반인들에게 가장 널리 알려진 불교는 정토신앙이다. 정토신앙에서는 불경을 몰라도 나무아미타불(南無阿彌陀佛)을 부르기만 하면 서방정토(西方淨土)에 간다고 한다. 정토란 불보살이 사는, 번뇌의 굴레를 벗어난 아주 깨끗한 세상으로 극락과 같은 의미인데 서쪽에 있다고 해서 서방정토라 한다. 이것은 아주 간단한 형태의 신앙이기 때문에 누구나 실천할 수 있어서 편리하다.

『무량수경』(無量壽經)에 따르면 오랜 옛날 법장이라는 비구가 48개의 서원을 세웠는데, 그 가운데 18번째 서원에서 자신이 부처가 되면 그를 믿고 그의 이름을 부르는 사람들이 모두 그가 건설한 정토에 태어나서 열반에 이를 때까지 지복(至福)을 누리며 살게 하겠다고 맹세했다. 법장은 자신의 서원을 모두 이룬 뒤 아미타불로서 서방정토를 다스리게 되었다.

우리나라의 정토신앙은 『아미타경』, 『무량수경』, 『관무량수경』(觀無量壽經) 등에 근거를 두고 있는데, 가장 널리 보급되고 신앙의 바탕이 된 경전은 『아미타경』이다. 이들 경전에서는 극락정토가 이루어지게 된 배경과 그곳의 안락함 그리고 그곳에 왕생할 수 있는 방법 등을 말하고 있다.

정토종 계열의 경전에서는 아미타불의 서방극락정토 이외에도 여러 정토를 말하고 있다. 동방 아촉불[阿佛]의 아비라제정토(阿比羅提淨土 : 妙喜世界), 미륵보살(彌勒菩薩)의 도솔천정토(兜率天淨土), 약사여래(藥師如來)의 유리광정토(琉璃光淨土) 등이 있다.

나무아미타불만 외우면 아무리 무거운 죄를 진 사람이라 할지라도 극락에 갈 수 있다는 정토종의 교리는 기독교에서 참회만 하면 구원을 받을 수 있다는 가르침과 유사하다. 이러한 교리는 불교를 전파하는 데 꼭 필요한 방법이라 할 수 있다. 간단하고 여러 복잡한 절차가 없는 종교가 바로 많은 사람의 관심을 끌 수 있기 때문이다.

귀족 중심의 불교나 난해한 철학 중심의 불교로서는 한계가 있어서 국민 전체를 대상으로 하기는 힘이 들 수밖에 없다. 통일신라 때에 바로 이러한 간단한 정토신앙이 가장 활발하였다는 사실은 그것을 잘 말해 준다.

의상은 불교를 전파하기 위하여 그리고 일반 백성들의 고통을 덜어 주기 위하여 이러한 정토신앙에 관심을 기울였다. 의상이 정토신앙과 관련이 있다는 사실은 우선 부석사를 통해서 잘 알 수 있다.

부석사는 아미타불을 모신 절이고, 그 부처를 모신 건물의 이름은 무량수전(無量壽殿)이라고 했다. 부석사의 전체 구조를 보면 밑에서 무량수전에 이르기까지 크게 삼단으로 되어 있고, 각각의 단은 다시 3개의 계단으로 만들어져 있다. 다시 말해 절 전체를 9단계로 나누어 놓았는데, 이것은 중생의 부류를 9단계로 나눈 구품왕생설(九品往生說)을 나타낸다.

아미타불을 다른 이름으로 무량수불(無量壽佛)이라고도 불렀는데, 이것은 이 부처가 사람들을 장수하도록 해 주기 때문이다. 의상이 부석사에 아미타불을 모시고 낙산사에는 관세음보살을 모신 것은 관음신앙과 정토신앙의 연관성을 보여줄 뿐만 아니라 아미타불과 관세음보살의 관계를 말해 주기도 한다. 관세음보살은 아미타불의 화신(化身)으로서 이 세상에 나타나며, 이 때문에 쓰고 있는 보관(寶冠)에는 아미타불의 모습이 새겨져 있다.

아미타불은 장수와 관련이 있어서 사람들이 서방정토에 가기 위해서 뿐만 아니라 무병장수하기 위해서도 섬겼으리라 짐작이 된다. 나아가서 사람들은 아미타불이 죽어서 정토에 가도록 해 주기도 하지만 죽지 않고 바로 정토에 가도록 해 주기도 한다고 믿었다.

 이러한 믿음은 바로 지금 살고 있는 이 땅에 부처와 보살이 살고 있다는 불국토(佛國土) 사상으로 발전하였을 것이다. 이것은 결국 현실이 바로 정토라는 화엄 사상과 만나게 된다. 원효도『유심안락도』(遊心安樂圖) 등의 저술을 통해 정토와 예토(穢土 : 더러운 땅. 이승을 가리킴)가 따로 없음을 천명했다. 의상도 같은 맥락에서 정토신앙을 강조했다고 볼 수 있다.

6장

의천의 천태종

1) 의천의 생애
2) 천태종의 전래
3) 교종과 선종의 통합
4) 불교와 무속

의천의 천태종

1) 의천의 생애

의천(義天)은 고려 제11대 왕인 문종(文宗, 재위 1046~1083)의 넷째 아들로, 어머니는 인주 이 씨(仁州李氏) 가문 출신의 인예태후(仁睿太后)이다.

김부식(金富軾, 1075~1151)은 영통사비(靈通寺碑)에서 "국사(國師)는 어머니 인예태후 이 씨가 꿈에 용이 품안에 안겨드는 태몽을 얻고 태기가 있어 을미년(1055) 9월 28일에 궁궐에서 태어났다. 그때 방안에는 상서로운 향기가 자욱하여 오래도록 가시지 않았으며, 국사는 어려서부터 뛰어나게 슬기롭고 책을 읽고 글을 지음에 너무 정요(精要)롭고 민첩하니 전생(前生)에 배운 것이 틀림없었다"라고 하였다.

의천은 11세에 경덕국사(景德國師)를 은사로 삼아 출가하여, 영통사(靈通寺)에서 공부하다가 그해 10월 불일사(佛日寺)에서 구족계를 받았다. 고려 때에는 불교를 매우 숭상하여 왕실에서도 출가한 사람들이 많았고, 법으로 출가를 의무화하기도 하였다.

정종(靖宗) 때부터는 아들이 네 명이면 그중의 한 명은 반드시 출가시켜야 한다는 4자(子) 출가 제도를 만들었고, 문종 때에는 3자 출가 제도를 실시하였다. 경덕국사도 사실은 문종의 외삼촌이었으니 당시 왕실과 불교의 관계를 짐작할 수 있다.

의천은 중앙 사찰이었던 영통사에서 공부했는데 매우 뛰어난 능력을 보였다고 한다. 그래서 경덕국사가 죽자 어린 나이로 그의 강의를 대신 맡았으며, 훌륭한 강의는 그의 명성을 온 나라에 드날리게 하였다.

1067년에는 왕으로부터 우세(祐世)라는 호(號)와 함께 승통(僧統)의 직책을 받았다. 어린 나이에 이런 높은 지위에 오르게 된 것은 의천이 똑똑하기도 했지만 아버지인 문종의 특별한 배려도 있었으리라. 그는 자신의 이러한 위치를 최대한 이용하여 불교를 위해 큰일을 했다고 평가할 수 있다.

당시 의천이 속한 불교의 종파는 화엄종이었는데, 왕실에서는 이 종파를 지원하고 있었다. 화엄종은 통일신라 초기에 의상에 의해 창립된 뒤 신라 말기까지 주도적인 위치를 차지하였고, 고려시대에도 계속해서 큰 힘을 가지고 있었다. 특히 고려의 광종(光宗, 925~975) 때부터는 호족 세력을 견제하기 위하여 왕실에서 의도적으로 화엄종을 지원하였다. 이때 균여(均如, 923~973)는 화엄종을 대표해서 광종의 왕권 강화 정책을 적극적으로 도왔다.

왕실이 지원하는 종파가 교종(敎宗)인 화엄종이라면, 여기에 대항하는 세력이라고 할 수 있는 호족들은 선종을 지원하고 있었다. 그래서 광종의 왕권 강화 정책은 자연히 선종을 억압하는 방향으로 나갈 수밖에 없었다.

선종은 신라 말기에 들어왔는데, 그 간략함이 사람들의 관심을 끌기에 충분하였다. 당시에 신라에는 구산선문(九山禪門)이라고 해서 아홉 사람의 유명한 선사(禪師)가 있었는데, 이들은 모두 당나라의 유명한 선사 마조도일(馬祖道一, 709~788)로부터 선(禪)을 배워 왔다.

선종은 기존의 왕실 중심적이고 귀족적인 교종에 반대하였으며, 거대한 교단을 조직하기보다는 여러 곳에 분산되어 각자가 독립된 형태를 유지하였다. 그리하여 선종의 승려들은 자연 그 지역의 실력자인 호족의 비호를 받을 수밖에 없었다. 교종과 선종의 갈등은 의천이 살던 시대에 커다란 국가적인 문제였다. 이 문제를 해결하려고 노력했던 사람이 바로 의천이다.

1073년 그의 나이 19세 때, 그는 대단한 결심을 하게 된다. 의천은 아버지 문종에게 대세자집교장발원소(代世子集敎藏發願疏)를 올려 불경에 대한 승려와 학자들의 저술을 집대성할 것을 맹세했다. 이것은 자신이 세자를 대신해서 삼장(三藏)에 대한 해설서와 연구서인 교장(敎藏)들을 수집할 수 있도록 허락해 달라는 상소문이다.

그러나 문종이 허락하지 않아서 그는 때를 기다리는 수밖에 없었다. 문종은 1083년에 세상을 떴고, 의천의 큰형인 순종(順宗)이 즉위하였으나 바로 그해에 죽고 말았다. 둘째형인 선종(宣宗)이 왕위를 계승하자 그는 다시 대선왕제종교장조인소(代宣王諸宗敎藏雕印疏)를 올려 불경에 대한 주석서들을 수집할 수 있도록 해달라고 요청하였으나 마찬가지로 뜻을 이루지 못했다.

의천은 송나라의 불교를 배우고 싶었다. 그가 이렇게 열심히 책들을 수집하고자 상소문을 올린 이면에는 송나라에 가서 직접 그곳의 불교를 접하고 승려들도 만나고 싶은 간절한 마음이 있었다.

그는 1085년 4월 왕과 어머니께 올리는 편지를 남기고 제자 두 사람을 데리고 몰래 밤에 예성강가에 있는 정주(貞州)에서 송나라의 상선을 타고 중국을 향해 출발했다. 선종은 나중에 이 사실을 알고 사람들을 보내어 추적하였으나 이미 늦고 말았다.

왕실에서 이렇게 의천이 송(宋)나라로 가는 것을 적극적으로 반대한 표면적인 이유는 왕자의 몸인 의천의 안전을 염려해서라고 하였지만 그 내면에는 요(遼, 916~1125)나라와의 관계를 악화시키지 않으려는 왕실의 우려가 있었다.

고려는 헌종 11년(1020) 요나라와 상호평화조약을 맺었고 송나라와는 외교 관계를 이미 단절한 상태였다. 그런데 왕자인 의천이 송나라로 들어가면 요나라에서 의심을 할 수 있으므로 왕실에서는 그것을 걱정하였다. 외교적인 면에서는 송나라와 교류를 하면 안 되는 상황이었지만 문화적으로는 송나라의 도움이 필요한 것이 고려의 입장이었다. 의천 또한 종교적인 문제로 송나라의 도움이 절실히 필요하였다.

의천과 제자들은 5월 2일 송의 판교진(板橋鎭)에 도착하자 바로 밀주지사(密州知事)에게 편지를 보내어 도움을 청하였다. 의천의 편지를 받은 밀주지사는 곧 조정에 보고하였다.

송나라의 황제 철종(哲宗, 재위 1085~1100)은 즉시 사람을 보내어 송나라의 수도인 개봉(開封)으로 일행을 안내하였다. 그들이 개봉에 도착하자 황제는 교외까지 신하들을 파견하여 국빈의 예로써 맞이하였다. 일행은 계성사(啓聖寺)에 머물게 되었는데, 황제는 다시 이곳에 사람을 보내어 여행으로 지쳐 있는 이들을 위로하게 하였다.

며칠 뒤 의천은 황궁으로 들어가 수공전(垂拱殿)에서 황제를 만났다. 당시 철종은 열 살의 어린 나이였고, 그의 할머니인 황태후 고(高)씨가 섭정을 하고 있었다. 황제와 황태후는 의천을 잘 대접했고 예물을 주기도 하였다.

그리고 의천을 상대할 승려로 화엄승인 유성(有誠)을 선발하여 교류하게 하였다. 의천은 그를 만나서 화엄종과 천태종의 같은 점과 차이점에 대해 대화를 했다고 한다. 의천은 약 한 달 동안 개봉에 머물면서 사람들을 사귀었고, 상국사(相國寺)와 흥국사(興國寺)를 방문하기도 하였다.

의천은 다시 황제의 허락을 얻어 항주(杭州)에 있는 정원법사(淨源法師, 1011~1088)를 만나기 위해 출발하였다. 황제는 특별히 양걸(楊傑)이라는 관리를 보내어 안내하도록 했다. 의천 일행은 배를 타고 대운하를 따라 회수(淮水), 사수(泗水)를 거쳐 항주로 향했다.

도중에 의천은 윤주(潤州)에서 금산사(金山寺)에 있던 불인요원(不印了元)도 만났다. 요원(了元)은 운문종(雲門宗)의 선승인데 의천에게 준 시(詩)는 아직까지 남아 있다.

항주에 도착하여 의천은 대중상부사(大中祥符寺)로 찾아가 그렇게 만나고 싶어 했던 정원법사를 만났다. 그가 중국에 가기 전부터 이미 서신을 주고받아서 아는 사이였다. 의천은 그해 겨울을 지내면서 정원에게 화엄학 강의를 들었다. 그때 의천은 화엄과 천태의 조화와 교관병수(敎觀幷修)의 문제에 대해 확신을 갖게 되었다. 다음 해 정월에 정원이 혜인원(慧因院)으로 가자 그도 함께 가서 강의를 계속 들었다.

의천은 혜인원에 머무는 동안에 그 지방에 있는 많은 승려를 만나기도 하였다. 당시 항주 지방에는 천태종의 본산인 천태산 국청사(國淸寺)가 있었고, 천태종이 주류를 이루고 있었다. 그래서 의천이 만난 승려들은 대부분 천태종에 몸담고 있는 사람이었다. 의천은 항주지사 포종맹(蒲宗孟)의 소개로 상천축사(上天竺寺)의 주지로 있던 종간(從諫)에게 천태종을 배우기도 했다.

의천이 이렇게 열심히 항주에서 화엄학과 천태학을 배우고 있을 때 고려의 선종은 인예태후의 뜻을 받들어 송나라로 가는 사신을 통하여 송의 철종에게 의천을 빨리 귀국시켜 달라는 뜻을 전하였다. 철종은 의천에게 연락을 하여 다시 개봉으로 오라고 명령하였고, 의천은 하는 수 없이 개봉으로 가서 철종을 만났다. 그는 개봉에서 5일 동안 머물면서 철종에게 하직 인사를 하고 고려를 향해 출발하였다.

그 도중에 다시 항주에 들러 혜인원에서 정원의 화엄학 강의를 듣고 그곳을 떠나면서 천태산에 있는 지자대사(智者大師)의 부도(浮屠)에 예배하고 다음과 같이 맹세하였다.

> 우리 조사(祖師) 화엄소주(華嚴疏主:淸凉澄觀)께서 말씀하시기를 현수대사의 오교(五敎)는 천태대사(天台大師)의 교법(敎法)과 크게 같다고 했습니다. 가만히 생각하옵건대 우리나라에도 옛적에 체관법사(諦觀法師)가 있어서 대사의 교관(敎觀)을 다른 나라에까지 유통시켰으나, 그 전하여 익히는 계통이 끊어져서 지금은 없어졌으니, 불초한 이 의천이 분발하여 몸을 잊어버리면서까지 스승을 찾고 도를 물어서 이제 이미 전당(錢塘) 자변대사(慈辯大師)의 강하(講下)에서 대사의 교관을 이어받고 그 대략을 알게

되었습니다. 이에 의천은 다른 날 고국에 돌아가면 목숨 바쳐
선양하여 대사에게 중생을 위해 가르침을 베푸신 노고의 덕에
보답하고자 이에 서원합니다. [「선봉사대각국사비」(仙鳳寺大覺
國師碑)]

여기서 중요한 내용은 역시 천태학과 화엄학이 만날 수 있다는
믿음과 의천이 고려에 가면 천태학을 선양하겠다는 결심이다. 화엄과
천태의 이론이 서로 합치한다는 사실을 의천은 송나라에서 여러
승려들과 정원법사의 가르침을 통해서 확인했다. 이것은 나중에
의천이 고려로 와서 천태종을 창립하고 화엄종과 천태종을 하나로
묶을 수 있었던 근거가 되었다. 그는 천태학에서 교종과 선종이
만날 수 있는 가능성을 본 것이 분명하다.

의천은 1086년 5월 19일 배로 고려를 향해 출발했고, 6월 18일
마침내 예성강에 도착하였다. 그가 중국에서 만난 승려들은 50명이
넘고, 가지고 온 책은 3,000여 권이었다. 교장(敎藏)을 만들기 위해서
중국에 13개월 머무르는 동안 열심히 책을 모았음을 잘 알 수 있다.
또한 항주에 있으면서 그는 은 3,000냥(兩)을 들여 주화엄경판(注華嚴
經板) 2,900여 장을 만들어 줄 것을 주문하기도 하였다. 이 경판(經板)
은 1087년에 송나라 상인들이 배에 싣고서 고려로 가지고 왔다.

당시에 항주 지사는 시인으로 잘 알려져 있는 소식(蘇軾)이었는데,
그는 고려를 싫어했던 사람이라 이러한 고려와의 대규모 교역이
이루어지는 일을 반대하여 여러 차례 조정에 상소를 올려 엄하게
단속하라고 요청하였다. 아마 당시에는 경판과 책의 거래가 합법적인
무역을 통해서가 아니라 암암리에 이루어졌던 모양이다. 이러한

상황에서도 굴하지 않고 의천은 책을 모으려고 노력하였다.

의천은 귀국한 뒤 흥왕사(興王寺) 주지가 되어 천태교학을 정리하고 제자들을 양성하는 한편, 송나라의 고승들과 서적, 편지 등을 교환하면서 학문에 더욱 몰두하였다. 1089년에는 천태종의 본거지가 될 국청사(國淸寺) 공사를 개시했다. 1091년 흥왕사에 교장사(敎藏司)를 설치하고 중국, 일본, 거란 및 국내에서 수집한 전적을 모아『교장』(敎藏) 간행에 착수했으며, 그 예비 목록으로『신편제종교장총록』(新編諸宗敎藏總錄) 3권을 간행했다.

이것은 삼장(三藏) 외에 그 주석서인 장소(章疏)만을 수집하여 목록을 작성한 책으로 우리나라 최초의 일이다. 이『신편제종교장총록』의 상권에는 경의 장소, 중권에는 율의 장소, 하권에는 논의 장소가 각각 수록되었는데, 모두 합쳐 4,822권이나 된다. 교장의 간행은 1091년에 시작되어 의천이 입적한 다음 해인 1102년에야 완성되었다.

1092년에는 의천의 어머니이며 후원자였던 인예태후가 세상을 떠났고, 1094년에는 그의 형인 선종도 세상을 하직하고 말았다. 선종의 뒤를 이은 사람은 11살의 어린 헌종(獻宗)이었다. 이때 의천은 선종의 뜻에 따라 홍원사(洪圓寺) 주지로 임명되었고, 조금 있다가 다시 해인사로 갔다.

아마 당시에 그는 외척들의 세력에 밀려서 제대로 일을 할 수 없었던 모양이다. 외척 이자의(李資義)는 어린 헌종을 폐위하고 자신의 조카인 왕자 균(昀)을 옹립하려 하다가 의천의 형인 계림공(鷄林公)에게 발각되어 성공하지 못하고 살해되었다. 계림공이 헌종의 뒤를 이어 즉위하니 곧 숙종(肅宗)이다.

1096년 의천은 숙종의 권유로 다시 흥왕사로 돌아왔고, 다음 해 1097년 국청사가 완공되자 그곳의 주지가 되어 천태학을 강의하였다. 이리하여 우리나라에 천태종이 서게 되었고, 구산선문의 선종과 화엄종의 유능한 승려들이 대부분 천태종으로 오게 되었다. 왕실의 협력에 힘입어 의천은 화엄종과 천태종의 통일은 물론 교종과 선종의 통일까지도 이루려고 했다.

 1099년 천태종 자체에서 행한 첫 승선(僧選 : 승과 고시)을 실시하였고, 1101년 국가의 주관 아래 천태종의 대선(大選)인 천태선(天台選)이 시행됨에 따라 국가의 공인을 받은 한 종파로 성립되었다. 당시 천태종은 개성의 국청사를 중심으로 오대산(五臺山), 수암산(水巖山), 조연산(槽淵山), 안락산(安樂山), 마리산(瑪璃山), 남숭산(南崇山) 등 전국에 6대 본산(本山)을 두어 천태교학을 널리 전파하였다. 이후 천태종은 대표적인 종파로서 조선시대 초기까지 교세가 활발하였다.

 1101년 10월 5일 의천은 형인 숙종에게 "원하는 것은 정도(正道)를 중흥하는 것인데 병마(病魔)가 그 뜻을 빼앗았습니다. 바라옵건대 지성으로 불법을 보호하시어 부처님께서 국왕과 대신들에게 불법을 보호하라 하시던 가르침을 받드시면 죽어도 유감이 없나이다"라는 유언을 남기고 입적하였다.

2) 천태종의 전래

 천태종의 근본 경전인 『법화경』은 『묘법연화경』(妙法蓮華經)이라고도 하는데, 여기서 가장 중요한 가르침은 회삼귀일사상(會三歸一思想)이다. 이것은 삼승(三乘)이 결국은 일승(一乘)으로 귀일(歸一)한다는 사상이다.

　삼승이란 성문승(聲聞乘), 연각승(緣覺乘), 보살승(菩薩乘)을 말한다. 이 세 가지는 해탈을 위한 공부 방법에 따라서 분류한 것이다. 성문승은 부처님이 설한 사성제의 법문을 듣고서 해탈에 이르려는 방법이다. 연각승은 스승의 가르침을 받지 않고 스스로 12인연법을 관(觀)하여 깨달음의 세계로 가는 방법이다. 보살승은 6바라밀에 의지하여 자신과 남을 해탈하게 하는 방법을 말한다.

　『법화경』은 이러한 세 가지 방법을 모두 인정하는 종합적인 방법 일승(一乘)을 주장하였다. 앞의 세 가지는 모두 깨달음을 위한 방편일 뿐이고 결국은 모두 일불승으로 들어오는 길이기 때문에 어느 길을 선택했다 하더라도 그것이 논란이나 대립의 조건이 될 수 없다고 가르쳤다.

　원래 대승불교 초기에는 성문과 연각을 소승(小乘)이라고 매도하며 성불(成佛)에 이를 수 없는 존재로 멸시하였으나 『법화경』에서는 그들도 궁극적으로는 대승불교의 보살과 마찬가지로 성불에 이르게 된다고 하는 일승묘법(一乘妙法)의 사상을 펼치고 있다.

　고려에서 천태종이 하나의 종파로 확립된 것은 의천에 의해서이지만 삼국시대에 이미 천태종이 전해졌다. 백제 성덕왕(成德王) 24년(577) 경에 고승 현광(玄光)이 중국에서 법화삼매(法華三昧)를 증득(證得)하고 귀국하여 『법화경』(法華經)의 진리를 널리 전파하였다.

　현광은 천태종을 성립한 지의(智顗)의 스승인 진(陳)의 혜사(慧思, 514~577)에게 『법화경』의 「안락행법문」(安樂行法門)을 은밀히 받고 정진 수행하여 법화삼매를 증득하였다. 혜사는 현광의 능력을 인정했고, 그에게 귀국하여 널리 대중에게 불교를 펼 것을 당부하였다.

그는 스승의 분부대로 귀국 길에 올라 배를 타고 오는 도중에 바다에서 천제(天帝)의 부름을 받고 용궁으로 들어가 교법을 설하고는, 고향인 웅주(熊州)의 옹산(翁山)으로 돌아와 절을 짓고 크게 교화하였다. 그에게는 중국의 선사 혜민(慧旻)을 비롯하여 많은 제자가 있었다고 한다.

신라의 연광(緣光)은 수나라에 가서 지의에게 천태종을 배우고 크게 깨달음을 얻었으며, 귀국하여 천태교학과 『법화경』의 진리를 전하고 펼치는 데에 힘을 썼다. 신라의 법융(法融), 이응(理應), 순영(純英)도 당나라에 건너가서 천태종의 제8조 현랑(玄朗)으로부터 천태교법을 배우고 730년 귀국하여 가르침을 전하는 데 힘썼다.

고려의 광종(光宗) 때에는 중국의 오월왕(吳越王)이 사신을 보내 천태종의 전적(典籍)을 구하려고 하였는데, 고려에서는 고승 체관(諦觀)으로 하여금 천태교학의 서적을 가지고 가서 당시 침체했던 중국의 천태종 부흥에 큰 기여를 하게 하였다. 『불조통기』(佛祖統記)에는 체관에 관한 다음과 같은 기록이 있다.

일찍이 오월왕이 『영가집』(永嘉集)을 읽다가 동제사주(同除四住)라는 술어를 덕소국사(德韶國師)에게 물었다. 덕소는 "이 교의는 천태종의 의적(義寂, 919~987)에게 물어 보는 것이 좋겠습니다"라고 하였다. 곧 의적한테 물어 보니, "이것은 지자(智者)의 『법화현의』(法華玄義) 중에 있는 글인데, 당나라 말에 교적(敎籍)이 해외로 흩어져 지금은 없습니다"라고 대답하였다. 이에 오월왕이 사신을 고려에 파견하여 서신과 50종의 보물로써 이것들을 구하니 그 나라에서는 체관(諦觀)으로 하여금 교적을 바치게 하였다. 그러나 『지론소』(智論疏), 『인왕소』(仁王疏), 『화엄골목』(華嚴骨目), 『오백문』(五百門) 등은 금지하여 전하지 못하게 하였다. 또 체관에게 중국에서 법사를 구하여 질문하고 대답하지 못하면 전적을 빼앗아 돌아오도록 하였다. 체관이 중국에 도착하여 의적이 강의를 잘 한다는 소문을 듣고 찾아가 그를 보고 곧 심복(心服)하여 스승의 예로 대하였다. 일찍이 『사교의』(四敎儀)를 저술하여 광주리에 감추어 두었는데 사람들이 알지 못하였다. 체관이 나계(螺溪)에 머문 지 10년이 지난 어느 날 입적하였다. 후인이 그 광주리에서 빛이 발함을 보고 열어 보자 이 책이 있었는데, 이로써 널리 세상에 알려지게 되었다.

중국에서 고려에 천태종 관련 서적을 구하러 왔다는 이야기는 당시 고려의 천태종 수준이 상당히 높았음을 말해 준다. 오월왕의 이름은 전숙(錢俶)으로 불교에 관심이 많은 군주였던 모양이다. 오월(吳越)이라는 작은 나라는 중국에서 907년 당나라가 멸망하고 960년 송나라가 중국을 다시 통일하기까지 그 사이에 존재하였던 5대10국 가운데 한 나라이다. 859년 전류(錢鏐)가 나라를 세웠고, 전숙이 978년 송나라에 항복하기까지 84년 동안 존속하였다.

체관과 거의 동시대 인물로 중국에 들어가 천태종의 제16조가 된 의통(義通, 927~988)은 원래 고려 사람이다. 그의 속성은 윤(尹)씨이고, 어려서 구산원(龜山院)의 석종(釋宗)에게 출가하여, 20세가 된 946년에 구족계를 받았다. 그는 947년 바닷길을 통하여 중국으로 들어갔다. 중국에 간 의통은 처음에 덕소(德韶)가 거주하던 운거사(雲居寺)에서 남종선(南宗禪)을 배웠다. 다시 그는 천태종의 대가인 나계

존자(螺溪尊者) 의적(義寂)을 찾아가 그 제자가 되었다.

의적은 천태종의 제15조였는데, 의통은 일심삼관(一心三觀)의 뜻을 듣고 깊은 뜻을 깨우쳤으며, 마침내 천태종 제16조가 되었다. 968년 조사(漕使) 고승휘(顧承徽)의 사택을 기증 받아 이를 전교원(傳敎院)으로 삼았고, 뒤에 송나라 조정으로부터 보운선원(寶雲禪院)이라는 사액을 받아서 이때부터 보운존자(寶雲尊者)라 칭하게 되었다.

의통은 송나라의 천태교학을 중흥시킨 장본인으로 문하에 지례(知禮)와 준식(遵式) 등의 훌륭한 제자를 배출하였다. 그는 고려로 귀국하려 하였으나 배움을 구하는 그곳 불자(佛子)들 때문에 끝내 귀국하지 못하였다. 그의 저서로는 『관무량수경소기』(觀無量壽經疏記), 『광명현찬석』(光明玄贊釋)이 있으나 전하지 않는다.

의천이 중국에 갔을 때 자변종간(慈辯從諫)으로부터 천태교관을 전수 받고 천태산의 지자대사탑 앞에서 귀국 후 고려에 천태교관을 펴겠다고 서원(誓願)하였는데, 종간은 바로 의통의 3대 법손(法孫)이 된다. 의통의 제자가 지례이고, 지례의 제자가 범진(梵臻)이고, 범진의 제자가 바로 종간이다.

3) 교종과 선종의 통합

신라 후기에 이르면 이미 신라에 있던 유식, 화엄, 정토 등 교종(敎宗) 이외에 중국에서 새로이 선종(禪宗)이 들어오게 된다. 불립문자(不立文字)와 교외별전(敎外別傳)을 주장하는 선종이 들어오자, 그 동안 너무 현학적이고 관념적인 불교에 식상한 많은 사람이 관심을 보였다.

이러한 선종은 그때까지 기득권을 누리고 있던 교종과 자연 대립을 할 수밖에 없었다. 그리고 깨달으면 누구나 부처가 될 수 있다는 선종의 가르침은 자연스럽게 절대 왕권을 부정하는 성향을 가지게 되었다. 이러한 이유로 선종은 절대 왕권에 도전하려는 지방 호족들의 주목을 받았다. 특히 호족의 협력으로 고려 왕조가 서자 선종도 덩달아 세력이 커지게 되었다.

호족의 도움으로 삼국을 통일한 태조(太祖)는「훈요」(訓要)에서 각각의 종파를 인정하고 이들 간에 서로 바꾸거나 빼앗는 일이 없도록 경계하였다. 또한 선종 출신 승려뿐만 아니라 교종의 승려도 우대하여 균형 있는 태도를 취하였고 종파를 초월하여 지원하였다. 그래서 교종과 선종이 나란히 함께 발전하게 되었다.

그러나 고려의 4대 왕인 광종은 지방의 호족을 억압하고 왕권을 강화하려고 노력한 임금이다. 광종은 교종을 화엄종 중심으로 정비하고, 선종은 법안종(法眼宗)을 새로 도입하여 통일하려 하였다. 광종 때 지종(智宗)은 중국에 가서 선종의 한 종파인 법안종을 배우고 돌아오자 광종이 그를 우대해 금광선원으로 초빙하고 중대사(重大師)에 임명했다. 법안종이 화엄과 선을 융합한 종파이므로 선종을 하나로 통일시키기 위하여 국가에서 의도적으로 지원을 하였던 것이다.

그리고 교종에서는 균여가 나와서 남악파(南岳派)와 북악파(北岳派)로 분열된 화엄종단을 통합하였고, 화엄종의 교리를 재정리하여 화엄 제일주의의 입장을 천명함으로써 다른 교파들을 통일하려 하였다. 광종은 호족 세력을 약화시키기 위하여 과거제도를 도입하였는데, 이때에 승과(僧科)제도도 아울러 시행하였다. 승과제도를 관장한 사람은 바로 균여였다.

의천은 원래 화엄종에 속한 사람이었지만 거기에 머무르지 않고 천태종을 창종(創宗)하였다. 그는 원효와 마찬가지로 한 종파에 만족하지 않고, 모든 종파를 하나로 통합하려는 원대한 포부를 가지고 있었다.

당시 고려에는 신라시대부터 이어져 온 화엄종이 있었고 법상종이 있었으며 여러 파의 선종도 존재했다. 의천은 그 목적을 달성하기 위하여 천태종을 내세웠다. 특히 선종을 교종으로 포용하는 데 천태종의 이론이 가장 적합하다고 생각했다.

그 이유 가운데 하나가 바로 천태종에서 강조하는 지관(止觀)인데, 이것은 실제로 선종의 명상법과 크게 다르지 않다. 이러한 지관법은 지의(智顗)가 지은 『마하지관』에 잘 설명되어 있다. 마하지관은 '위대한 지관'이란 뜻이다. 지의가 이 책을 저술하기 전까지 중국에는 이론과 실천을 함께 공부하는 정혜쌍수의 불교 전통이 아직 만들어지지 못하였다. 『마하지관』은 불교 수행에서 하나의 통일된 이론 체계를 마련하고 이를 근거로 정혜쌍수의 불교 전통을 확립하기 위한 책이다.

지관은 크게 세 가지로 분류할 수 있다. 첫째는 선정을 닦아 차례로 실상의 진리를 깨닫는 점차지관(漸次止觀)이고, 둘째는 수행자의 성격이나 능력에 따라 실천의 순서가 정해져 있지 않은 부정지관(不定止觀)이며, 셋째는 처음부터 실상을 대상으로 삼아 원만하게 결핍됨이 없이 즉시 깨닫는다고 하는 원돈지관(圓頓止觀)이 있다.

원돈지관이 가장 높은 수준의 지관인데, 『마하지관』에서 핵심은 바로 이 원돈지관이라고 할 수 있다. 지의는 이것을 다음과 같이 설명했다.

원돈(圓頓)이란 처음부터 실상을 연(緣)하는 지관으로서, 그 경지에 들면 그대로가 중도이며 모두가 진실이 된다. 직접 진리의 세계와 관계하며 진리의 세계와 일체화하기 때문에 하나의 색과 형, 하나의 향기도 중도와 관계를 맺지 않은 것이 없다. 자기의 세계도 부처의 세계도 중생의 세계도 그대로이다. 우리를 존립시키는 모든 요소는 모두 진리 그 자체이기 때문에 버려야만 하는 고(苦)는 존재하지 않는다. 근본적인 무지나 여러 가지의 번뇌는 그대로 깨달음이기 때문에 끊어야만 할 고의 원인은 존재하지 않는다. 편협한 견해, 비뚤어진 사상도 모두 중정(中正)이기 때문에 닦아야만 할 도(道)는 존재하지 않는다. 생사의 세계가 곧 열반의 세계이기 때문에 증득(證得)해야만 할 평온함은 존재하지 않는다. 고(苦)도 그 원인도 없기 때문에 세간(世間)은 없다. 평온함도 그곳에 도달하는 도도 없기 때문에 출세간(出世間)도 없다. 순일한 실상이 있을 뿐이므로 실상 이외에 어떠한 법도 존재하지 않는다. 이 지관에 있어서는 진리 그 자체가 고요하게 있는 것을 '지'(止)라고 이름하며, 이것이 고요한 채로 언제나 비추고 있는 것을 '관'(觀)이라고 부른다. 시작과 끝을 말하지만 그들이 두 개로 나뉘어 있지 않다. 이것을 '원돈지관'이라고 이름한다.

여기에는 현실과 진리의 세계를 하나로 보는 관점이 뚜렷하니 화엄종의 가르침이나 선종의 가르침과 다를 것이 없다. 지관법은 수행법으로 선종의 좌선과 다르지 않으니 천태종으로 선종을 통합하려는 의천의 시도는 그 근거가 이미 충분하다. 천태종이 좌선을 중요하게 생각하였기 때문에 조선시대에 천태종은 선종의 한 종파로 분류되었다.

의천이 천태종을 중시한 데에는 고려의 역사적인 상황과도 관련이 있다. 천태종에는 일심삼관 사상(一心三觀思想)과 회삼귀일 사상(會三歸一思想)이 있다. 이것들은 모두 세 가지를 하나로 통합하려는 사상인데, 이것을 고려의 삼국통일과 관련시켰다.

예를 들어 능긍(能兢)은 삼국통일을 위해서 이 두 가지 사상을 크게 유행시킬 것을 태조 왕건(王建)에게 건의했다고 한다. 이것은 천태종에서 말하는 불교의 내용보다는 셋을 하나로 통일하려는 의도가 고려가 삼국을 통일하려는 의도와 유사하기 때문이었다.

의천이 필요했던 것은 나라의 통일이 아니라 모든 종파의 통합이었지만, 그것을 통합할 수 있는 능력을 가지고 있는 종파는 역시 천태종이라고 보았다. 물론 교종과 선종을 통일하려는 움직임은 화엄종에서도 있었다.

화엄종의 승려 종밀(宗密, 780~840)은 교선일치론(敎禪一致論)을 주장하면서 선종의 세 종파와 교종의 세 종파를 대응시키기도 했다. 예컨대 북종선(北宗禪)은 소승(小乘)이나 유식종과 같고, 석두선(石頭禪)과 우두선(牛頭禪)은 교종의 중관(中觀) 계통과 같고, 홍주종(洪州宗)과 하택종(荷澤宗)은『화엄경』,『법화경』,『열반경』,『기신론』등의 가르침과 같다고 주장했다.

의천은 직접 중국에 가서 종밀의 가르침을 따르는 정원(淨源, 1011~1088)에게 화엄학을 배웠으니 종밀의 가르침을 잘 알고 있었을 것이다. 그러나 그는 교종과 선종이 동일하다는 종밀의 주장에 만족하지 않고 교종 안에 선종을 끌어들여 흡수하려고 생각했던 것 같다. 그렇게 하는 데는 천태종이 화엄종보다 더 좋았으리라.

실제로 천태종은 나중에 선종인 법안종을 흡수하였다. 그러나 의천의 원래 생각과는 달리 천태종은 교종의 성격보다는 선종에 가까운 종파가 되고 말았다.

　의천은 불교의 각 종파를 통합하는 과정에서 신라의 원효를 높이 평가하고 그의 방법을 본받으려고 노력하였다. 그리고 의천은 우리나라에 천태종을 전한 사람이 바로 원효라고 주장하였다. 이것은 의천 자신이 원효의 맥을 잇는 통불교의 후계자임을 분명히 밝힌 것이다. 원효의 화쟁 사상을 의천이 높이 평가했고, 그러한 정신을 의천이 이으려 하였음을 알 수 있다.

　그래서 숙종 6년(1101)에는 원효의 비석을 세우고 국사로 추증하여 원효를 화쟁국사(和諍國師)로 받들었다. 의천이 원효를 인정하고 추앙한 일은 커다란 의미를 지닌다. 의천이 아니었으면 원효는 한국 불교사에서 잊혀진 인물이 될 수도 있었다.

4) 불교와 무속

　불교는 삼국시대에 전래되어서 통일신라시대를 거치면서 외래 종교가 아니라 우리 종교로 점차 자리를 잡아갔다. 이 과정에서 불교는 우리 민족의 전통적인 행사들을 흡수하여 불교의 행사로 만들었다. 그 대표적인 행사가 바로 팔관회(八關會)와 연등회(燃燈會)이다.

　팔관회는 원래 불교 의식의 하나로 하루 동안 팔계(八戒)를 지키는 불교 행사였다. 이것은 이슬람교나 기독교에서 특정한 날을 금식일(禁食日)로 정해서 금식을 하는 종교 활동과 같다. 그러나 불교의 팔관회는 우리의 전통적인 행사와 합쳐져서 불교의 행사가 아니라 민족의 축제로 발전하였다.

　팔관회는 신라 진흥왕 12년(551)에 거칠부(居柒夫)가 고구려에서 데리고 온 승려 혜량(惠亮)이 처음으로 백좌강회(百座講會)와 팔관법(八關法)을 설치한 데서 비롯되었으며, 진흥왕 33년(572) 10월 20일에는 전몰한 장병을 위한 팔관회를 7일 동안 베풀었다고 한다.

『삼국유사』에는 636년에 당나라에 유학 간 자장(慈藏)이 신인(神人)을 만나서 나눈 이야기가 나온다. 그 신인은 자장한테 말하기를 "황룡사의 호법룡(護法龍)은 바로 나의 큰아들인데, 범왕(梵王)의 명령을 받고 가서 절을 보호하고 있는 것이다. 본국에 돌아가서 절 안에 구층탑을 세우면, 이웃 나라들이 항복하고 동방의 아홉 나라가 와서 조공을 바치며, 왕 없이도 영원히 편안할 것이다. 그리고 탑을 세운 뒤 팔관회를 열고 죄인을 풀어 주면 밖의 적이 해를 끼치지 못할 것이다. 다시 나를 위해 서울 남쪽 언덕에 정사(精舍)를 하나 짓고 함께 나의 복을 빌어주면 나 역시 덕을 갚을 것이다"라고 하였다. 실제로 선덕여왕 14년(645)에 황룡사 구층탑이 완공되었으니, 이때도 팔관회가 개최되었을 것이다.

고려를 세운 태조는 불교를 숭상했을 뿐만 아니라 팔관회와 연등회에도 많은 관심을 보였다. 『고려사』(高麗史)에 따르면, 태조 원년(918) 11월에 해당 기관에서 "전 임금은 매번 중동(仲冬)에 팔관회를 크게 배설하여 복을 빌었습니다. 그 제도를 따르기를 바랍니다"라고 하니 왕이 그의 말을 좇았다.

그리하여 궁궐 뜰에 윤등(輪燈) 하나를 달고 향등(香燈)을 그 사방에 달고, 또 비단으로 엮은 2개의 가설무대를 각 5장 이상의 높이로 매고 그 앞에서 각종 잡기와 가무를 펼쳤다. 사선악부(四仙樂部)와 그들을 각각 태운 용(龍), 봉(鳳), 상(象), 말[馬]의 형상으로 장식한 배 모양의 수레들은 다 옛 신라 때의 행사모습과 같았다.

백관들은 도포를 입고 홀을 가지고 예식을 거행하였는데 구경꾼들이 거리에 쏟아져 나왔다. 왕은 위봉루(威鳳樓)에 좌정하고 이것을 관람하였으며 이것을 매년의 행사로 하였다. 사선악부란 신라의 가장 유명한 화랑 네 사람이 이끄는 악대라는 뜻이니 화랑의 전통을 살린 것이다.

태조는 「훈요십조」(訓要十條)에서 말하기를 "나의 지극한 관심은 연등과 팔관에 있다. 연등은 부처를 섬기는 것이요, 팔관은 하늘의 신령과 5악(岳), 명산, 대천, 용신을 섬기는 것이다. 함부로 증감하려는 후세 간신들의 건의를 절대로 금지한다. 나도 당초에 이 모임을 국가 기일(忌日)과 상치되지 않게 하고 임금과 신하가 함께 즐기기로 굳게 맹세하여 왔으니 마땅히 조심하여 이대로 시행할지어다"라고 했다. 여기서 태조가 팔관을 천신, 산신, 수신, 용신 등 우리 민족의 전통적인 신들을 섬기는 행사로 이해한 점에 주목할 필요가 있다.

팔관회의 개최일은 서울인 개경에서는 11월 15일, 서경에서는 10월에 팔관 휴가로 전후 3일을 주었다. 간혹 개최 일에 변동이 있어, 1083년(선종 즉위 년)에는 문종의 국상(國喪) 때문에 12월에 하였고, 1200년(신종 3)과 1357년(공민왕 6)에는 불길한 날로 보는 묘일(卯日)을 피하여 11월 14일에 열기도 하였다.

이것은 고구려의 민족 축제인 동맹이 10월에 열렸고, 예맥(濊貊)의 무천도 10월에 열렸다는 사실과 관련이 있다. 이러한 가을 축제는 대체로 가을 농사를 끝내고서 천지신명에게 감사하는 행사이고, 풍요로운 수확을 축하하는 놀이이다. 이런 민족의 전통적인 행사가 불교적인 행사로 새롭게 변형되었다.

연등회는 정월 보름에 등불을 달고 부처에게 복을 비는 불교적 성격을 가진 국가적 행사이다. 『삼국사기』에 따르면 경문왕(景文王) 6년(866) 정월 보름에 왕은 황룡사에 행차하여 연등을 보고 백관(百官)들에게 잔치를 베풀었다고 한다. 진성왕(眞聖王) 4년(890)에도 정월 보름에 왕은 황룡사에 행차하여 연등을 구경하였다고 했다.

이러한 행사는 고려시대에도 계속해서 시행되었다. 그 행사의 모습은 팔관회와 다름이 없었고, 다른 점은 팔관회는 서경과 개경에서만 이루어졌으나 연등회는 전국적으로 이루어졌다는 것이다.

연등회는 결국 전통적으로 우리나라에 있었던 정월 보름의 행사를 불교에서 하나의 국가적인 행사로 만들어 낸 것이라고 볼 수 있다. 지금까지도 대보름에는 여러 가지 전통적인 민속 행사가 행해지고 있는데, 이것은 그 역사가 매우 오래되어서 불교가 들어오기 이전으로 거슬러 올라간다. 이날에는 약밥, 오곡밥, 부럼, 귀밝이술 등을 먹으며, 지신밟기, 쥐불놀이 등을 하고 지방에 따라서 고싸움, 나무쇠싸움 등의 각종 편싸움을 하기도 한다.

이런 여러 가지 집단적인 축제는 보통 동제를 지내는 행사로부터 시작되는데, 이 동제는 주로 마을의 안녕과 풍농(豊農)을 기원하고, 어촌에서는 마을의 안녕과 풍어(豊漁)를 기원하는 제사이다. 동제는 지역에 따라 동신의 구체적인 명칭을 들어 산신제, 서낭제, 용신제 등으로 부르기도 한다. 호남 지방에서는 당산제(堂山祭), 당제(堂祭)라고도 하고, 중부 지방에서는 도당굿, 제주 지방에서는 당굿이라고도 부른다.

불교의 연등회는 이러한 행사들을 불교 방식으로 변형한 것이라 할 수 있다. 그래서 이 행사의 성격도 우리 민족의 전통적인 제사나 굿의 성격에 더 가깝다. 고려시대의 연등회는 시조(始祖)에 대한 제사의 기능이 있고, 호국을 위한 제사의 기능이 있으며, 재앙을 막고 복을 구하는 기능도 함께 가지고 있었다.

고려의 팔관회와 연등회는 불교의 행사에 왕이 직접 참석함으로써 불교가 국가의 주도적인 이념임을 보이고, 불교를 통해서 민심을 하나로 모으려는 의도가 있었다. 왕실은 불교를 한편으로는 돕고 또 한편으로는 불교의 도움을 받아서 왕권을 강화할 수 있었다.

고려는 팔관회와 연등회를 11월과 정월 대보름에 각각 개최함으로써 우리 민족이 오랫동안 지켜온 전통적인 축제를 불교적인 행사와 종합하였다. 그리고 왕이 직접 참석하여서 그 권위를 높였다. 여기서 우리는 불교와 무속의 결합을 볼 수 있다.

또한 우리나라의 불교는 일반인들의 무속적인 신앙심을 만족시켜 주기 위해서 전통적인 신들을 사찰 안으로 끌어들이기도 했다. 지금도 대부분의 사찰에는 삼성각(三聖閣)이라는 법당이 있다. 삼성각은 절에 따라 칠성각(七星閣), 산신각(山神閣), 독성각(獨聖閣) 등으로 다르게 부르지만 여기에 모셔진 신들은 칠성, 산신, 독성(獨聖)으로 모두 같다.

칠성신(七星神)은 북두칠성 신인데 고대부터 인간의 수명과 복을 관장한다고 믿어왔다. 인간의 생명은 삼신이 주지만 수명장수와 길흉화복은 칠성신이 관장한다고 믿었다. 그래서 옛날부터 어머니들은 장독대에 정화수를 떠놓고 칠성신에게 집안의 평안과 자식들의 복을 빌었던 것이다. 무당들도 칠성신을 제일 큰 신으로 받들어서 굿거리 가운데 칠성거리를 제일 큰 거리로 여기고 있다.

산신(山神)은 이름 그대로 산을 지키는 신으로 이미 단군신화에서도 단군이 아사달의 산신이 되었다고 하였다. 산신 숭배는 이미 고대시대부터 존재했던 민간신앙이다. 이것을 불교가 받아들여 사찰에서도 산신을 모셔서 신도들의 산신숭배에 부응하였다. 현재도 산신각에서는 자식을 원하는 사람과 재산이 일기를 기원하는 신도들의 산신기도가 많이 행해지고 있다.

산신은 산신령으로도 불리는데 인자한 백발노인으로 표현되고 항상 곁에 호랑이를 데리고 나타난다. 탱화에 나오는 호랑이는 무서운 짐승이 아니라 친근하고 익살스러운 동물로 표현되어 있다. 이것은 산신의 능력을 보여주려는 의도도 있고 무서운 호랑이를 친근한 존재로 만들어 버리는 우리 조상들의 여유와 해학의 표현이기도 하다.

독성(獨聖)이 어떤 신인지는 그렇게 확실하지 않으나 일반적으로 남인도 천태산(天台山)의 나반존자(那畔尊者)로 알려져 있다. 그는 과거, 현재, 미래의 일을 꿰뚫어 알고, 자신과 남을 이롭게 하는 능력을 가지고 있기 때문에 말법시대의 중생에게 복을 주고 소원을 성취시켜 준다고 한다.

그런데 일부 학자들은 독성이 환웅(桓雄)일지도 모른다고 추정한다. 또는 독성이 단군(檀君)이라고 주장하는 학자들도 있다. 단군신화에서 단군은 이미 산신이 되었다고 했으니 앞의 주장이 더 근사하다. 그래서 칠성신은 환인이고, 산신은 단군, 독성은 환웅이라고 생각하는 학자들도 있다.

7장

지눌의 조계종

1) 지눌의 생애
2) 정혜쌍수(定慧雙修)
3) 돈오점수론(頓悟漸修論)
4) 간화선(看話禪)

지눌의 조계종

1) 지눌의 생애

지눌(知訥)은 의종(毅宗) 12년(1158) 황해도 서흥(瑞興)에서 태어났고, 아버지는 지금의 국립대학에 해당하는 국학(國學)의 학정(學正)을 지낸 정광우(鄭光遇)이고 어머니는 조 씨(趙氏)였다.

그는 어릴 적에 몸이 몹시 허약하고 병이 잦아 백방으로 약을 구해 썼으나 효험이 없었다. 그래서 아버지는 절에 가서 기도하기를 병만 나으면 자식을 부처님께 바치겠다고 맹세하였다. 그 뒤 병이 깨끗이 나았고 8세 때 부모가 약속한 대로 출가하여 구산선문 중 사굴산파(闍崛山派)에 속했던 종휘(宗暉)에게 구족계를 받았다. 일정한 스승은 없었지만 열심히 공부해서 1182년(明宗 12) 그의 나이 25세 때 승과에 합격하였다.

이 승과 시험은 개경의 보제사(普濟寺)에서 담선법회(談禪法會)의 형식으로 이루어졌는데, 지눌은 그곳에 모인 승려들과 함께 정혜결사(定慧結社)를 맺어 명리(名利)를 멀리하고 습정균혜(習定均慧)의 수행을 기약하였다. 그는 이 일에 대해서 다음과 같이 이야기하였다.

하루는 동학(同學) 10여 명과 더불어 약속하기를, 이 모임이 파한 뒤 우리는 마땅히 명예와 이익을 버리고 산림에 은둔하여 결사(結社)를 만들어서 항상 정(定)과 혜(慧)를 고르게 닦는 일에 힘쓰도록 하자. 예불하고 경전을 읽는 일부터 시작하여 노동하고 운력(運力)하는 일에 이르기까지 각자 그 맡은 것에 따라 하며 상황에 따라 심성(心性)을 기르며 평생을 자유롭게 지내면서 달사(達士)와 진인(眞人)의 높은 수행을 멀리서 좇으면 어찌 기쁘지 않겠는가? [법어(『法語』)]

지눌은 승과에 응시했지만 다른 승려들과는 다르게 진정한 불교의 모습과 승려로서 무엇을 할지에 대해 고민을 많이 하였다. 불교계의 문제점을 해결하기 위하여 그는 직접 나섰다. 그래서 그는 그곳에 모인 승려들과 함께 결사를 형성하여 명리를 멀리하고 수행에 전념하자고 약속하였다. 지눌이 생각한 취지는 승려로서 세속적인 일에 관여하지 말고 제대로 공부를 좀 해보자는 것이다. 이것은 또한 기존의 불교계에 대한 강한 불신과 비판에서 나온 행동이라고 볼 수 있다.

지눌이 바로 정혜결사를 실행한 것은 아니다. 지눌은 승과에 합격하였지만 제대로 공부하기 위하여 창평(昌平 : 전남 담양군)의 청원사(淸源寺)로 내려갔다. 그는 권력 주변에 머물지 않고 그런 것과는 거리가 먼 조용한 시골로 내려갔다. 거기서 홀로 수행하던 중 그의 삶에 전기가 되는 종교적 체험을 하게 된다.

어느 날 그는 『육조단경』(六祖壇經)을 읽다가 "진여자성(眞如自性)이 생각을 일으킴에 육근(六根)이 보고 듣고 깨달아 알지만, 그 진여자성은 바깥 경계들 때문에 물들어 더럽혀지는 것이 아니며 항상 자유롭고 자재하다"라는 구절을 보고는 크게 깨달았다. 이것을 지눌의 제1차 심기일전(心機一轉)이라 한다. 그 뒤 그는 평생 동안『육조단경』을 지은 혜능(慧能)을 존경하여 스승으로 여겼다.

청원사에서 3년 정도를 머문 다음 1185년 예천(醴泉 : 경북 소재)에 있는 하가산(下柯山) 보문사(普門寺)로 가서 그곳에서 공부하였다. 그의 관심은 선종과 교종을 종합하는 이론적인 근거를 찾는 것이었다.

지눌은 이때의 일에 대하여 "물러나 산으로 돌아와 대장경(大藏經)을 열람하며 부처의 말씀[敎]이 마음의 종지[禪]에 합치되는 것을 찾기 3년,『화엄경』의「여래출현품」(如來出現品)에서 '한 티끌이 천 권의 경전을 머금었다'는 비유와 뒤에 종합해서 말한 '여래의 지혜 또한 이와 같아서 중생의 몸 가운데 갖추어져 있건만 다만 어리석은 범부들이 알지 못하고 깨닫지 못한다'는 구절을 읽게 되었다. 나는 이 경전을 머리에 이고 나도 모르게 눈물을 흘렸다"[「화엄론절요서」(華嚴論節要序)]라고 말하였다. 이것이 그의 두 번째 커다란 깨달음이었다. 여기서 그는 선(禪)과 교(敎)가 둘이 아니라 하나임을 확신하게 되었다.

지눌이 이렇게 보문사에서 열심히 공부하고 있는데, 1188년 봄에 담선법회에서 결사를 약속했고 당시에 팔공산 거조사(居祖寺)에 있던 득재(得才)라는 친구가 그곳으로 와서 결사를 실행하자고 청하였다. 그래서 그는 1190년 거조사로 가게 되었고, 거기서 전국 불교계를 향하여 공개적으로 결사의 취지문을 띄우게 되니 이것이 바로「권수정혜결사문」(勸修定慧結社文)이다.

신라시대부터 시작된 선종과 교종의 갈등은 고려시대에도 계속되었고, 의천의 노력에도 불구하고 그들 간의 알력은 해소되지 못하였다. 의천은 왕실의 협조에 힘입어 천태종을 개창하고 선종과 교종을 통합하려 하였으나 그것이 완전히 성공한 것은 아니었다.

그러다가 1170년에는 정중부(鄭仲夫)가 이의방(李義方)과 함께 반란을 일으켜 정권을 장악하고, 의종을 폐하고 명종(明宗)을 새로 옹립하여 무인정권(武人政權)시대를 열었다. 무신들의 등장으로 왕실의 비호를 받았던 교종은 상당한 타격을 받지 않을 수 없었다.

지눌은 「권수정혜결사문」에서 "그러나 우리가 날마다 하는 소행의 자취를 돌이켜보면 어떠한가? 불법을 빙자하여 나와 남을 구별하고, 이익 추구에만 급급하고 세속적인 일에 골몰해서 도덕은 닦지 않고 의식(衣食)만 허비하니 비록 출가했다 하나 무슨 덕이 있겠는가?"라며 당시 불교계의 타락을 개탄하였다.

옛날이나 지금이나 사람들이 사는 모양은 비슷했던 모양이다. 승려들도 일반인들이나 마찬가지로 돈을 모으고 권력을 잡기 위해 갖가지 추태를 보였으리라. 권력에 아부하고 돈을 모으기에 급급하고 끼리끼리 뭉쳐서 다른 사람들을 헐뜯고 자기들끼리도 서로 다투느라 당시의 승려들도 정신이 없었다. 이러한 불교계의 모습을 보고 지눌은 크게 실망했다. 그래서 본분을 망각한 승려들에게 본래의 자리로 돌아가자고 용감하게 호소하였다.

지눌이 살던 때는 극도로 혼란한 시대였다. 조정에서는 문신과 무신들이 싸우고, 굶주린 농민들은 더 이상 견디지 못하고 곳곳에서 반란을 일으켰고, 심지어 노비들도 반란을 일으켰다. 그리고 승려들이 무신들과의 싸움에 참가하여 전투를 벌이기도 했다. 이러한 혼란의 시대에 불교계에서는 교종과 선종의 갈등이 그 어느 때보다도 심각하였다.

　이 문제에 대한 지눌의 고민은 심각했고, 드디어 그는 교종과 선종이 다르지 않고 하나라는 확신을 갖기에 이르렀다. 교종과 선종이 다르지 않으니 불법을 공부하는 사람이라면 마땅히 이 두 가지를 동시에 닦아야 한다고 지눌은 믿었다.

　지눌의 정혜결사운동은 전국 각지에서 많은 사람의 호응을 얻었다. 왕족 및 관리를 비롯하여 승려 수백 명이 결사에 참여하여 함께 수도하였다. 그러나 결사원 사이에 분쟁이 생기고 결사 정신이 지켜지지 않자, 1197년에 거조사를 떠나 지리산 상무주암(上無住庵)으로 은둔했다.

　여기서 오로지 수행에 정진했는데, 하루는 『대혜어록』(大慧語錄)을 보다가 "선정(禪定)은 고요한 곳에도 있지 않고 또 시끄러운 곳에도 있지 않으며, 일상적인 사물을 대하는 곳에 있지도 않고, 생각하고 분별하는 곳에 있지도 않다. 그러나 무엇보다도 조용한 곳, 시끄러운 곳, 일상적 사물을 대하는 곳, 생각하고 분별하는 곳을 버리지 않고 닦아야 한다. 그리하여 만일 홀연히 눈이 열리기만 하면 선정은 그대와 함께 있다"라는 구절을 접하고 세 번째 깨달음을 얻었다.

　지눌은 이때의 심경을 "내가 보문사 이래로 10여 년 동안, 일찍이 방심한 일 없이 마음에 만족한 수행을 해 왔건만 오히려 정견(情見)을 놓아 버리지 못한 채 한 물건이 가슴에 걸려 원수와 함께 있는 것 같았다. 지리산에서 『대혜어록』을 보다가 홀연히 눈이 열리어 당장에 안락해졌다"라고 뒷날 술회하였다.

　대혜(大慧)는 선종 가운데 임제종(臨濟宗)의 선사로 간화선(看話禪)의 불법을 널리 전파한 사람이다. 지눌은 상무주암에서 바로 대혜선사

(大慧禪師, 1089~1163)의 간화선을 배웠고, 실제로 화두(話頭)를 통해서 커다란 깨달음에 도달하였다.

화두는 공안(公案)이라고도 하는데 간단한 문장으로 되어 있다. 그 기원은 당나라 때 조주종심선사(趙州從諗禪師)의 "개에게는 불성이 없다"[狗子無佛性]라는 화두이다. 지눌을 깨달음으로 인도한 화두는 바로 『대혜어록』의 한 구절이었다.

불교는 원래 현실 세계를 벗어나려는 경향이 있다. 그 대표적인 예가 바로 결혼을 해서 가정을 가지지 않는 전통이다. 가정과 복잡한 사회를 벗어나 조용한 곳에 살면서 해탈을 목표로 공부하는 생활이 바로 불교의 모습이다.

그렇기 때문에 사회에서 일어나는 일에 대해서도 될 수 있으면 관심을 보이지 않으려 한다. 지눌의 세 번째 깨달음은 바로 이러한 기존의 세간과 출세간, 진(眞)과 속(俗)의 구별을 초월하였음을 보여준다. 말하자면 불법을 공부하고 실천하는 데는 장소를 따질 필요가 없다는 생각이다.

지눌은 불교를 제대로 공부하기 위하여 복잡한 개경을 떠나 한적한 곳으로 갔다. 이것은 당시의 승려들이 너무 왕실 주변에서 권력과 밀착되어 있었기 때문에 불교 본연의 자세로 돌아가자는 취지에서 그랬을 것이다. 그래서 지눌은 현실에 너무 가까이 가면 안 된다는 강박 관념에 시달렸을지도 모른다. 『대혜어록』을 읽고서 그는 그러한 강박 관념에서 완전히 벗어날 수 있었던 것 같다. 시장통에서도 공부할 수 있고, 첩첩산중에서도 공부할 수 있으니 굳이 장소를 가릴 필요가 없다.

1200년(神宗 3)에 지눌은 정혜결사를 거조사에서 송광산(松廣山)

길상사(吉祥寺)로 옮기고 다시 결사운동에 직접 참여하였다. 송광산에는 길상사라는 낡은 절이 있었는데, 지눌은 1197년에 이미 그곳으로 결사를 옮길 생각을 하고 그 절을 고치기 시작했다. 이 절이 바로 고려시대에 많은 국사를 배출한 송광사이다. 1205년(熙宗 1)에 길상사가 준공되자, 왕은 절의 이름을 조계산 수선사(曹溪山修禪社)로 고치게 하고 가사를 하사했으며 120일 동안 낙성법회(落成法會)를 열게 했다.

지눌은 이 절에서 1210년에 입적하기까지 10여 년 동안 제자들을 기르고 불법을 전파하였다. 승려들과 속인들이 그의 선풍(禪風)을 듣고 몰려와 결사에 동참하였다. 이름과 벼슬을 던지고 처자를 버리고 승복을 입고 삭발해서 친구들과 함께 오는 사람들까지 있었으며, 그의 인격에 감화되어 왕공(王公)과 사서(士庶)를 비롯한 수많은 사람이 결사에 동참했다고 전한다.

입적하던 날 새벽 그는 목욕재계하고 법당에 올라가 향을 사르고 큰북을 쳐 송광사의 대중을 법당에 모이게 했다. 그리고는 육환장(六環杖)을 들고 법상에 올라 제자들과 일문일답으로 자상하게 진리에 대한 대화를 하였다. 마지막으로 한 제자가 "옛날에는 유마거사가 병을 보이었고, 오늘은 스님께서 병을 보이시니 같습니까, 다릅니까?" 하고 물었다. 그러자 지눌은 육환장을 높이 들어 법상을 두어 번 내리친 다음 "일체의 모든 진리가 이 가운데 있느니라" 하고는 법상에 앉은 채 조용히 숨을 거두었다. 이때가 1210년 3월 27일, 지눌의 나이 53세였다.

지눌이 입적하자 그의 제자 혜심(慧諶)이 왕명에 의하여 조계산 수선사의 제2대 사주(社主)가 되었다. 수선사에 대한 무신 정권의 배려는 각별하였다. 1196년에 정권을 장악한 최충헌(崔忠獻)은 물론이고 그의 아들 최우(崔瑀)도 수선사에 지원을 많이 했는데, 특히 최우는 그의 두 아들을 진각국사(眞覺國師) 혜심 밑에 출가시키기도 하였다. 이러한 무신 정권의 도움은 선종의 발전에 많은 도움을 주기도 했다.

지눌의 정혜결사는 정치에 직접적으로 관여하지 않고 정치의 중앙에서 멀리 떠나 수행에 전념하자는 취지로 출발했지만, 그들의 이러한 태도는 결과적으로 무신 정권에 도움을 주게 되었다. 이와는 대조적으로 왕실의 도움을 받았던 화엄종과 법상종 승려들은 무신 정권에 대항해서 수차에 걸쳐 전투를 벌이기도 해 무신들의 미움을 받았다.

2) 정혜쌍수(定慧雙修)

의천은 교종과 선종의 대립을 해결하려고 천태종을 개창하였으나, 그가 일찍 세상을 뜨고 무신 정권이 들어서는 바람에 성공하지 못하였다. 지눌은 의천보다 약 100년 뒤에 태어났지만 교종과 선종의 대립은 여전하였다. 의천이 교종을 중심으로 통합을 시도하였지만 지눌은 선종을 중심으로 통합하려고 한 사실을 보면 당시에는 이미 교종보다 선종이 우세했던 모양이다. 무신 정권이 들어섬으로써 왕실의 보호를 받던 교종이 큰 타격을 받았을 것이다.

그래서 지눌의 방법은 선종 내에 교종의 공부 방법을 도입해서 선종을 새롭게 하는 것이었다. 결국 선종을 중심으로 교종을 흡수하기 위해 노력했다고 볼 수 있다. 물론 선종이 교종을 흡수했다고 해서 다른 교종들이 다 없어지지는 않는다. 하지만 선종이 교종의 방법까지 종합했기 때문에 자연 교종의 힘은 약화될 수밖에 없다.

지눌이 정혜쌍수를 강조한 시점은 그가 승과 시험을 보기 위해 1182년 보제사(普濟寺)의 담선법회에 참석하였을 때다. 원래 정(定)과 혜(慧)는 계(戒)와 함께 3학(三學)이라고 불리는데, 불교에서 깨달음에 이르고자 수행하는 사람이 반드시 닦아야 하는 세 가지 공부이다. 계학(戒學)은 불교에서 정한 계율을 잘 지키는 공부이고, 정학(定學)은 선정(禪定)을 닦아 마음의 흔들림이 그쳐 고요하고 평안한 경지에 이르게 하는 공부이고, 혜학(慧學)은 번뇌가 없는 평정된 마음에서 진리를 있는 그대로 보도록 하는 공부이다.

원래 불교에서는 기본적으로 이 세 가지를 모두 공부해야 하는데, 불교가 중국에 들어온 이후 선정을 강조하는 종파와 혜학을 강조하는 종파가 생김으로써 이 두 가지가 대립적인 위치에 놓이게 되었다. 그래서 정(定)은 선종의 주된 공부 방법이 되고, 혜(慧)는 교종의 방법이 되고 말았다.

지눌이 정혜쌍수를 주장한 취지는 곧 원래 불교의 공부 방법을 회복하자는 것이요, 선종과 교종이 다르지 않고 하나라는 말이다. 그런데 정과 혜를 대립하는 방법으로 보아 하나만을 전적으로 하게 되면 완전한 공부가 되지 못한다.

일찍이 선사이면서 화엄의 대가인 규봉(圭峰) 종밀(宗密, 780~840)은 헛되이 침묵만 지키는 멍청이 선[痴禪]과 단지 글만 파고드는 미치광이 지혜(狂慧)의 양극단을 피해야 한다고 주장하면서 선과 교를 균형 있게 공부하라고 강조하였다. 그는 이것을 습정균혜(習定均慧)라고 표현했는데, 지눌은 바로 종밀의 이 사상을 이어받고 있다. 먼저 지눌은 교학에만 치중한 사람들을 이렇게 비판하였다.

슬프다. 요즘 사람들은 미혹해 온 지 오래되어 자신의 마음이 참부처인 줄 알지 못하고 자신의 본성이 참 진리인 줄 몰라서, 진리를 구하려 하면서도 멀리 성인들에게 미루고 부처를 구하려 하면서도 자기의 마음을 보지 않는다. 만일 마음 밖에 부처가 있다 하고 본성 밖에 진리가 있다고 하여 이 생각을 굳게 고집하면서 불도(佛道)를 구하려 한다면, 비록 티끌처럼 많은 겁(劫)이 지나도록 몸을 사르고 팔을 태우며 뼈를 부수어 골수를 내고 피를 뽑아 경전을 쓰며, 언제나 앉아 눕지 않고 하루에 한 번만 먹으면서 나아가서는 대장경 전부를 다 읽고 갖가지 고행을 닦더라도, 그것은 모래를 삶아 밥을 지으려는 것과 같아서 다만 수고로움만 더할 뿐이다. 자기의 마음만 알면 황하의 모래처럼 많은 법문(法門)과 한량없는 묘한 이치가 구하지 않더라도 얻어진다. [『수심결』(修心訣)]

경전 속의 글이란 진리를 전하기 위한 방편에 불과할 뿐인데, 교학자들은 거기에 빠져서 자신의 마음속에 이미 갖추어져 있는 부처를 보지 못한다고 지눌은 비판하고 있다. 사람이 글에 빠지게 되면 나도 바로 부처가 될 수 있다는 자신감을 상실하게 되어서 불안한 마음을 갖게 된다.

실제로 교종은 형이상학적인 이론을 세우기에 급급하여 점차 어렵게 되었고, 복잡한 이론을 전개함으로써 일반인들로부터 멀어지게 되었다. 불교의 근본 목표는 사람들을 고통으로부터 해방시켜 주는 일인데, 어려운 불교 이론이 그러한 근본으로부터 너무 멀어져 버리고 말았다.

말이나 글은 언제나 또 다른 말과 글을 낳게 되니, 이것이 쌓이고 쌓이면 끝없이 많아지게 된다. 일반인들이 이 모든 글을 다 읽고 이해해서 깨달음을 얻는 해탈은 불가능하다. 뿐만 아니라 불교를 전문적으로 공부하는 승려들조차도 모든 내용을 다 공부할 수가 없다. 공부하려는 사람이 방대한 책을 보면 먼저 기가 질려서 자신감을 잃고 만다. 언제 저것들을 다 읽고 깨달아서 고통으로부터 해방될 수 있을까를 생각하면 자연히 자신감이 위축될 것이다.

선종의 등장은 이러한 교종의 문제에서 비롯되었다. 잡다한 형식에 구속되지 않고 바로 본성을 보아서 부처가 된다는 견성성불(見性成佛)의 구호는 불교의 발전에서 분명히 새로운 장을 열었다. 선종은 복잡한 불교의 가르침을 간단하게 압축하였다. 선종의 성격을 잘 말해 주고 있는 이야기는 바로 혜능(慧能)이 글을 몰랐다는 전설이다.

그가 정말 글을 몰랐는지 아니면 누가 꾸며 낸 이야기인지는 모르겠지만 글에 구속될 필요가 없는 선종의 성격을 잘 보여준다. 실제로 대부분의 일반인이 문맹인 시대에 글을 몰라도 부처가 되는 데 아무런 장애가 안 된다는 선종의 가르침은 매력적이라 할 수 있다. 우리나라에서 선종의 득세는 이러한 여러 가지 상황과 관련이 있다.

선종의 간단함은 장점이 될 수 있지만 그렇다고 문제가 없지는 않다. 자신의 본성만 제대로 보면 바로 부처가 될 수 있다는 정신은 좋지만 지나치면 자만심에 빠질 위험이 있다. 그래서 전혀 경전이나 책을 읽지 않는다면 우물 안의 개구리가 되어 버리고 만다. 스스로 깨달았다고 착각하지만 실제로는 다른 사람들보다 더 어리석은 사람이 될 수 있다.

이런 폐단을 지눌은 "내가 보기에, 요즈음 마음 닦는 사람들은 문자가 가리키는 것에 의거하지 않고 바로 비밀스러운 뜻을 서로 전하는 것만을 도(道)라고 하여 헛되게 수고하며 앉아 졸기도 하고, 혹은 관행(觀行)함에 있어서 정신이 뒤섞이어 어지럽게 되기도 한다"[「법집별행록절요병입사기」](法集別行錄節要幷入私記)]라고 잘 지적하고 있다.

지눌은 선사였지만 그가 공부하는 과정을 보면 그의 중요한 세 차례의 깨달음은 모두 책을 통하여 이루어졌다. 이것은 그가 선종의 승려였지만 책을 멀리하지 않았음을 잘 보여주고 있다. 첫 번째 깨달음은 『육조단경』을 통해서 이루어졌고, 두 번째 깨달음은 『화엄경』을 통해서이고, 세 번째 깨달음은 『대혜어록』을 보고 이루어졌다.

지눌은 선정의 공부를 하면서도 끊임없이 자신의 문제를 해결하기 위하여 책을 읽었다. 이렇게 책에 의존하는 공부 방법은 다른 선사들과는 아주 다르다. 김부식의 손자 김군수(金君綏)가 쓴 비문에는 그가 제자들에게 공부시키는 방법을 이렇게 기록하고 있다.

> 사람들에게 권하여 암송하는 것은 늘 『금강경』(金剛經)으로 했고, 법을 세우고 뜻을 설명하는 것은 반드시 『육조단경』으로 했으며, 또한 이통현(李通玄, 636~673)의 『화엄론』과 『대혜어록』을 양 날개로 삼았다. 가르침의 문을 여는 데 세 종류가 있으니 곧 성적등지문(惺寂等持門), 원돈신해문(圓頓信解門), 경절문(徑截門)이다. 이에 의거하여 수행하여 믿어 들어가는 자가 많았으니 선학의 융성함이 옛날이나 근래에나 이에 비함이 없었다. (『법어』)

『금강경』은 혜능 이후 선종에서 많이 읽는 경전이고, 『육조단경』은 혜능선사의 어록이다. 이통현의 『화엄론』은 『화엄경』을 해설한 책이고, 『대혜어록』은 간화선을 널리 전파한 대혜선사의 어록이다.
　지눌이 『화엄경』을 많이 읽은 이유는 그가 화엄종을 좋아했기 때문이다. 지눌은 교종과 선종을 하나로 통합하려고 했지만, 거기서 교종은 주로 화엄종을 생각하고 있음을 알아야 한다. 화엄종이 교종 가운데서는 가장 우세하였기 때문에 지눌도 그 영향을 많이 받았을 것이다. 지눌은 화엄학을 이통현의 『화엄론』으로 주로 공부하였기 때문에 이 책을 대단히 소중하게 생각하였고, 이 책을 통해서 두 번째 깨달음에 이르기도 하였다.
　그때 지눌은 선과 교가 하나임을 드디어 확신하게 되어 말하기를 "세존(世尊)이 입으로 말하면 교(敎)이며, 조사(祖師)들이 마음으로 전하면 선(禪)이다. 부처와 조사의 마음과 입은 결코 서로 위배되지 않는다. 어찌 그 근원을 궁구하지 않고 각기 자기가 익숙한 데만 안주하여 쓸데없이 쟁론을 일으켜 헛되이 시간을 낭비하는가?"[『화엄론절요』(華嚴論節要)]라고 하였다. 이것은 지눌이 예천에 있는 보문사에서 3년 동안 공부해서 깨달은 내용이기도 하다.
　석가의 가르침을 언어와 문자로 나타내면 교가 되고, 마음으로 전달하면 선이 되지만 결국은 같은 내용인데, 누가 옳고 누가 그르다고 싸울 필요가 없다는 말이다. 실제로 선종은 언어로 전달될 수 없는 진리를 이심전심이나 교외별전이란 구호 아래 마음이나 다른 방법으로 전수한다고 주장한다. 그러나 일정한 스승이 없었던 지눌은 책을 통해 훌륭한 옛날 사람들의 생각을 배울 수밖에 없었다. 지눌이 말하는 정혜쌍수는 선종의 승려들에게 책도 좀 읽으라는 충고였다.

3) 돈오점수론 (頓悟漸修論)

정(定)과 혜(慧)가 선종과 교종 사이의 문제라면 돈오(頓悟)와 점수(漸修)는 선종 내에서의 문제이다. 선종의 5조(五祖) 홍인(弘忍)의 문하에서 혜능과 신수(神秀) 두 사람의 유능한 제자가 나왔다. 이들은 각기 갈라져서 남종선(南宗禪)과 북종선(北宗禪)을 이루게 된다.

전통적인 선의 전통을 잇는 수행법은 사실 신수가 주장하는 점수의 선법이다. 이것은 마음의 본성은 깨끗한 부처의 본성이라는 전제 아래 거기에 끼인 때를 깨끗이 함으로써 불성을 회복해서 성불하려는 방법이다. 이 과정은 점진적이기 때문에 오랫동안의 수행이 필요하다 해서 점수라고 한다.

그러나 혜능이 생각한 선법은 신수와는 많이 달랐다. 마음의 본성과 마음에 끼인 때를 구분하는 생각 자체가 이미 잘못되었다. 부처의 본성과 보통 사람들의 마음을 구분하는 일도 무의미하다. 보통 사람이 부처요, 부처가 보통 사람이다. 현실 세계가 진리의 세계요, 진리의 세계가 현실 세계라는 사실의 깨달음이 바로 해탈이다. 그런데 그것을 깨닫는 순간의 과정은 점진적인 진행이 아니라 어느 때에 갑자기 이루어지기 때문에 돈오라고 불렀다. 이것은 불을 켜면 갑자기 방안이 환하게 밝아지는 현상과 비슷하다.

그런데 이제 지눌이 말하려는 돈오는 혜능이 생각한 개념과는 상당히 다르다. 지눌은 혜능 이후 선종 안에서 발생하는 문제점을 직접 체험하고 그것을 해결하기 위해서 돈오점수론을 제시했다. 그렇기 때문에 돈오에 대한 개념도 혜능이 생각한 내용과는 다를 수밖에 없었다. 지눌은 선종의 문제점과 교종의 문제점을 체험하고 그 문제점을 해결하기 위하여 정혜쌍수를 제시해서 그것을 해결하려고 노력하였다.

  교종의 승려들은 책에만 매달리지만 내 마음에 이미 부처가 있다는 사실을 체험하려는 노력을 하지 않고 있으며, 선종의 승려들은 불교의 기본 이론도 모르면서 참선을 한다면서 세월만 죽이고 있으니 한심하다. 그래서 선종의 승려들도 책을 읽어서 꾸준히 불법을 공부할 필요가 있다는 점을 강력하게 주장하였다. 그것이 바로 정혜결사운동이니 말로만 주장하지 않고 지눌은 직접 실천하였다.

  나아가서 지눌은 주로 혜능의 전통을 잇는 고려의 선승들이 돈오만을 주장하면서 수행을 소홀히 하는 폐단을 경계하여 돈오점수를 제시하였다. 지눌은 돈오를 혜능의 성불(成佛)과 같은 단계로 보지 않는다. 지눌은 돈오를 이렇게 설명하였다.

> 돈오란 보통 사람이 미혹했을 때에 네 가지 물질적인 요소로 몸을 삼고 망상으로 마음을 삼아, 자신의 본성이 참법신(法身)인 줄 모르며 자기의 신령스럽게 아는 지[靈知]가 참부처인 줄 모른다. 그래서 마음 밖의 부처를 찾아 이리저리 달리다가 홀연히 선지식의 가르침을 만나 한 생각에 광명을 돌려[一念廻光] 자기 본성을 보면, 이 성품의 바탕에는 본래부터 번뇌가 없고 무루지성(無漏智性)이 저절로 갖추어져 있어서 모든 부처님과 조금도 다르지 않다는 것을 깨닫는다. 그러므로 돈오라 한다. (『수심결』)

  지눌의 돈오는 자신의 마음에 이미 부처의 본성이 들어 있다는 사실을 깨닫는 단계이다. 이것을 깨닫는 일은 그렇게 어렵지 않다. 그러면 지눌은 왜 혜능이 수행의 최종 단계에나 만날 수 있다고 생각한 돈오를 이렇게 낮은 단계에다 놓았을까? 아마 이것은 당시의 현실적인 문제와 관련이 있으리라.

혜능이 말한 돈오는 수행의 최종 단계라고 할 수 있다. 그러나 어떤 사람이 깨달았다고 하더라도 실제 변한 점은 별로 없다. 그야말로 여전히 산은 산이고 물은 물일 뿐이다. 그리고 어떤 사람이 스스로 깨달았다고 주장한다면 우리는 그것을 어떻게 검증할 수 있는가? 검증 방법은 별로 없는 것 같다. 지눌은 이미 혜능의 돈오가 불러오는 폐단을 알고 있었다. 혜능의 돈오도 사실은 존재하고 변화하는 현상들을 그대로 긍정하는 태도일 뿐이다.

이러한 문제점을 해결하기 위하여 지눌은 돈오를 수행의 시작에다 놓았다. 제대로 된 수행을 하기 위해서는 먼저 밖으로 향하는 마음을 안으로 향하게 해서 자신의 내면을 들여다보아야 하고, 그 내면에 있는 부처를 볼 수 있어야 한다.

그러나 이것으로 모든 공부가 끝나지 않는다. 생각으로 깨달은 내용을 실천하는 공부가 여전히 남아 있다. 자신을 부처로 만들어가는 공부가 아직 필요하다. 이것은 노력이 필요하고 오랜 시간이 필요한 일이다. 그것을 지눌은 점수라고 하였다. 지눌은 점수를 이렇게 설명하였다.

> 점수라 함은, 비록 본성이 부처와 다름이 없음을 깨달았지만 끝없이 익혀온 습기(習氣)를 갑자기 대번에 없애기 어렵다. 그러므로 깨달음에 의지해 닦고 점점 익히면 공부가 이루어지고, 성인의 태반(胎盤)을 오래 기르면 성인이 된다. 그래서 점수라 하는 것이다. 마치 어린아이가 처음 태어났을 때 모든 기관이

갖추어 있음은 남과 다름이 없지만, 그 힘이 아직 충실치 못하기 때문에 상당한 세월을 지내고서야 비로소 어른이 되는 것과 같다. (『수심결』)

깨달음은 끝이 아니라 시작일 뿐이고 계속해서 수행을 해야 한다는 말은 이미 종밀이 한 적이 있다. 지눌은 종밀의 이론을 비판적으로 수용하였다. 돈오의 가장 큰 문제는 돈오 뒤에 수행을 소홀히 하거나 스스로 깨달았다고 착각하는 경우가 생길 수 있다는 점이다.

그것을 해결하는 방법은 계속해서 피나는 수행을 하는 길밖에 없다. 이것을 지눌은 어린아이가 사람의 형태는 다 갖추었지만 어른이 되기 위해서는 상당한 시간이 필요한 것이나 마찬가지라고 설명했다. 습기란 나쁜 습관을 말하는데, 몸에 밴 습관은 하루아침에 없앨 수 없기 때문에 시간이 필요하다. 본격적인 수행은 사실 습기를 없애는 점수라고 할 수 있다.

지눌은 당시에 깨달음을 핑계로 수행을 소홀히 하는 많은 승려들을 직접 보았으리라. 조금 참선을 했다는 승려들이 수행에는 관심이 없고 돈과 권력 주변에서 일반인들보다 더 한심하게 살아가는 모습에 실망했을 것이다. 일반인들보다 더 나쁜 짓을 하면서도 스스로 깨달았다고 착각하거나 남들을 속일 수가 있다.

이런 사람들은 어느 시대에나 있게 마련이니 지눌의 시대라고 없었을 리가 없다. 종교가 사회의 빛과 소금이 될 때도 있지만 그렇지 못하고 사회의 짐이 되거나 병적인 존재가 될 수도 있다. 종교가 썩으면 그것은 사회의 짐밖에 안 된다. 종교가 썩지 않으려면 종교인들이 피나는 노력을 해야만 한다.

지눌의 가르침은 이런 당시의 상황과 바로 연결되어 있다. 지눌 당시 고려의 불교는 이미 사회의 빛과 소금이 아니라 짐이 되고 있었다. 사실 그래서 지눌은 정혜결사운동을 벌이게 되었다. 왕실 주변에서 권력과 돈을 탐하며 살지 말고 부처가 되는 참된 불교인이 되자는 외침이 바로 정혜결사운동으로 나타났다.

일단 머리를 깎고 승려가 되었으면 가장 큰 목적은 바로 부처가 되는 일이어야 한다. 그런데 승려들이 권력과 돈이나 탐하면서 세월을 보낸다면 처음부터 승려가 될 필요도 없었다.

고려시대에 불교에 대한 왕실의 배려는 대단하였다. 이러한 지나친 불교에 대한 배려가 불교를 부패하게 만들었다고 할 수 있다. 돈과 권력이 있으면 그것을 서로 차지하려는 싸움이 벌어지지 않을 수 없다. 교종과 선종의 싸움도 결국 이 두 가지 때문이다.

지눌은 권력 주변에서 서성거리지 않고 바로 시골로 내려가서 공부에 전념하였다. 그가 주도한 정혜결사는 권력과 돈을 위한 모임이 아니라 수행을 위한 모임일 뿐이었다. 그래서 지눌은 서울인 개경을 떠난 뒤 두 번 다시 그곳으로 돌아가지 않았다.

지눌의 돈오점수는 기존 승려들에 대한 비판이다. 제대로 공부도 하지 않은 승려들이 스스로 깨달은 사람이라고 하면서 아무 짓이나 마구 하면서도 조금도 부끄러운 줄을 모르니, 정말 한심한 일이고 위험한 일이 아닐 수 없다. 지눌은 그런 사람들에게 계속 공부 좀 하라고 따끔하게 충고하였다. 부처가 되는 공부는 죽는 날까지 해야 하고 살아 있으면서 부처가 되는 일은 결코 없음을 분명히 가르쳐 주었다.

4) 간화선(看話禪)

지눌은 지리산 상무주암에서 간화선의 대가인 대혜선사의 어록을 읽다가 세 번째 깨달음을 얻게 된다. 이때 지눌은 간화선의 효과를 체험하였다. 이 방법은 지눌이 가르친 정혜쌍수나 돈오점수와는 아주 다른 방법이다.

이것은 전통적인 선종의 방법에 가까워서 간단한 길을 선호하는 사람들의 기호에 잘 맞는다. 정혜쌍수와 돈오점수의 방법은 사실 꾸준한 공부를 요구하기 때문에 전통적인 선종의 간단한 수행 방법을 지루하게 만든 감이 없지 않다. 지눌처럼 정혜쌍수와 돈오점수만을 강조한다면 선종의 공부 방법이 교종의 공부법과 다르지 않게 되고 만다.

그래서 지눌은 복잡한 과정을 거치지 않고 바로 깨달음으로 가는 길도 말하고 있다. 그것이 바로 지름길을 의미하는 경절문(徑截門)이라는 수행법인데 간화선의 방법이다. 화두를 통해서 바로 깨달음으로 갈 수 있다 해서 경절문이라 했다. 그러나 화두를 통해서 깨달음으로 갈 수 있는 사람은 그렇게 흔하지 않다. 이것을 지눌은 이렇게 설명하였다.

> 지금 논의하는 선종의 교외별전인 바로 질러 들어가는 문[徑截得入之門]은 파격적인 길로서, 비단 교학자들만 믿기 어렵고 들어가기 어려운 것이 아니라 우리 선종에서도 근기가 낮고 지식이 얕은 사람은 아득해서 알지 못한다. 이제 나는 깨달음에 들어가게 된 인연을 몇 가지 소개함으로써 믿지도 않고 알지도 못하는 사람들로 하여금 선문(禪門)에 곧바로 들어가는 문이 돈교(頓敎)

와 원종(圓宗)에서 들어가는 것과 같지 않고, 교에 의지하느냐 교를 떠나느냐에 따라서 더디고 빠름이 아주 다르다는 것을 알게 하고자 한다. (『법어』)

　화두를 통해서 바로 깨달음에 들어가는 일은 소수의 사람만 가지고 있는 특별한 능력이 요구된다. 능력이 탁월한 사람은 화두를 통해 바로 깨달을 수도 있고, 능력이 부족한 사람은 오랫동안의 수행 이후에 화두를 통해서 깨달음에 도달할 수도 있다. 여기에는 일정한 단계가 있거나 순서가 있는 것 같지는 않다.
　처음에 화두는 아마 그냥 아무런 주제도 없이 참선을 하는 수행이 지루했기 때문에 선생이 어떤 주제를 주는 데에서 시작되었을 것이다. 수수께끼를 풀려고 애를 쓰듯이 어떤 주제에 정신을 집중하면 한결 참선을 하기가 쉬울 수 있다. 그런 주제가 세월이 가면서 한층 더 세련된 화두로 변했고 그것이 전수되었으리라.
　화두의 궁극적인 목적은 정답을 찾는 데 있지 않고 바로 깨달음에 도달하는 데 있다. 화두는 그 목표에 도달하는 매개체의 역할을 한다. 하지만 화두와 깨달음 사이에는 지적이거나 논리적인 인과 관계가 있지는 않다. 여기에 바로 화두의 신비한 작용이 있다.

　① 개에게 불성이 있는가[拘子有佛性] : 어떤 스님이 유관선사(惟寬禪師, 755~817)에게 "개에게도 불성이 있습니까?"라고 묻자, 유관선사가 "있다"라고 하였다. 또 묻기를 "스님에게도 역시 불성이 있습니까?"라고 하자, 선사가 "없다"라고 하였다.
　② 발우를 씻으러 가다[洗鉢盂去] : 어떤 스님이 조주선사(趙州禪

師 : 이름은 從諗, 778~897)에게 청하기를 "몇 명의 학인이 총림에 들어와 스님께 가르침을 청합니다"라고 하자, 조주선사가 그에게 "죽은 먹었는가?"라고 물었다. 스님이 "먹었습니다"라고 답하자, 조주선사가 다시 말하기를 "발우나 씻으러 가게"라고 하였다. 이 말을 듣고 그 스님은 홀연히 깨달았다.

③ 물오리에 얽힌 이야기[野鴨子話] : 백장선사(百丈禪師 : 이름은 懷海, 749~814)는 마조선사(馬祖禪師, 이름은 道一, 709~788)에게 가르침을 받았다. 어느 날 두 사람이 길에서 물오리 무리가 날아오는 것을 보고, 마조선사가 "저것이 무엇인가?"라고 묻자, 백장선사가 "물오리입니다"라고 답했다. "어디로 가는가?" 하자, 백장선사가 "날아가는 겁니다"라고 답하였다. 마조선사가 백장의 코를 비틀어 쥐니 백장선사는 아팠지만 소리를 지르지 않았다. 이어 마조선사가 "너 또한 도가 날아가 버렸구나"라고 말하자, 백장선사는 그 말을 듣고 곧 깨달음을 얻었다.

화두를 통해서 깨달음으로 갈 수 있다는 사실은 평소에 수행자가 그만큼 고민을 많이 했다는 증거를 보여준다고 해석할 수 있다. 풀리지 않는 어떤 문제를 가지고 씨름해 보지 않은 사람은 아무리 좋은 말을 들어도 그것을 쉽게 지나치고 만다.

그러나 풀리지 않는 문제를 가지고 오랫동안 고민한 사람이 어떤 한 순간에 그 문제를 해결하는 계기를 만나면, 단번에 그 동안의 모든 문제가 눈 녹듯이 해결되고 만다. 그 계기는 말이 될 수도 있고 글이 될 수도 있고 어떤 행동이 될 수도 있다. 지눌은 『대혜어록』을 읽다가 바로 그런 순간을 만났다.

8장

신유학의 발전

1) 선진유학(先秦儒學)
2) 신유학의 발전

신유학의 발전

1) 선진유학(先秦儒學)

　선진유학이란 진(秦)나라 이전의 유학을 가리키는 말이다. 선진유학을 대표하는 철학자로는 공자(孔子), 맹자(孟子), 순자(荀子) 등이 있다. 유학은 다른 종교와 다른 몇 가지 특징을 가지고 있다.
　먼저 유학의 가르침은 사람들 사이의 윤리 문제가 그 중심을 이룬다. 윤리 문제가 가장 중요한 주제로 논의되기 때문에 당연히 사람이 중심이 될 수밖에 없다. 이것은 다른 종교에서 신이나 초월자가 중심이 되는 것과는 다르다.
　이와 함께 유학의 태도는 현실을 인정하고 거기에 잘 적응하려고 노력한다. 현실을 처음부터 부정하는 태도와는 상당히 다르다. 또한 유학은 난해한 형이상학의 체계를 구성하지 않았다. 불교의 영향을 받은 신유학(新儒學)이 어느 정도 복잡한 형이상학의 체계를 구성하였지만 어디까지나 그것은 부수적인 일일 뿐이었다.

⑴ 공자

유학의 창시자는 공자(孔子, 기원전 551~479)인데, 다른 종교의 창시자들과는 다르게 초인적인 능력을 가진 사람이 아니었고, 부지런히 제자들을 교육시킨 교육자였다. 공자가 한층 더 좋은 사회를 만들기 위해서 제시한 덕목(德目)들은 많지만 가장 중요한 것은 인(仁)이라고 할 수 있다.

인은 하나의 덕(德)만을 가리키는 개념이 아니고 상당히 포괄적인 개념이지만 핵심이 되는 것은 남을 사랑하는 마음이다. 물론 마음만 있어서는 안 되고 사랑을 실천하는 일도 포함되어야 한다. 이 사랑의 실천은 먼저 부모와 형제를 사랑하는 효(孝)와 제(悌)에서 나타난다.

공자는 특히 부모를 사랑하는 효를 강조하고 있는데, 이것을 실천할 수 없다면 남을 사랑하는 일이 불가능하기 때문이다. 자기를 낳아주고 길러 준 부모를 사랑하지 못하는 사람이 남을 사랑할 수 있겠는가?

그런데 생물학적으로 볼 때 부모가 자식을 위해서 최선을 다하는 사랑은 종족의 번성을 위해서 좋은 일이지만 자식이 부모를 위해서 힘을 소비하는 일은 종족의 번성을 위해 도움이 되지 않는다. 그렇기 때문에 다 성장한 자식은 본능적으로 부모를 떠나려고 하는지도 모른다. 부모에 대한 사랑은 이러한 동물적인 본능을 거역하는 행위라 쉽지가 않다. 그래서 효는 바로 동물과 인간을 구분하는 경계선이 된다.

가정에서는 부모에게 효도하고 형을 공경하며, 밖에 나가서는 나이 많은 사람을 공경하고 윗사람에게 충성하라고 공자는 가르쳤다. 또 윗사람은 사랑과 덕으로써 아랫사람을 대해야 한다고 했다.

특히 통치자가 백성들을 사랑으로 다스리는 일은 무엇보다 중요하다. 백성을 자기 자식처럼 생각하고 보살펴 주어야 한다는 점을 공자는 역설하고, 그것이 바로 세상을 평안하게 만드는 지름길이라 생각하였다. 백성을 짐승처럼 생각해서 폭력과 힘 또는 형벌로써 다스리려 해서는 안 되고 인간적으로 대우하고 자식처럼 아껴야 한다고 말하였다.

그러나 이러한 그의 주장은 당시의 통치 계급에게 별로 설득력이 없었던 것 같다. 그들에게 공자의 주장은 현실과 너무나 먼 이상적인 대책이었는지도 모른다. 실패에도 굴하지 않고 공자는 제자들을 가르쳤고, 제자들은 그의 가르침을 널리 전파하여 마침내 동양에서 가장 영향력 있는 사상으로 자리잡게 만들었다.

공자는 인을 충서(忠恕)와 극기복례(克己復禮)로 설명하기도 하였다. 충(忠)은 적극적인 사랑이고, 서(恕)는 소극적인 사랑을 말한다. 내가 원하는 것을 남도 할 수 있도록 적극적으로 도와주는 사랑은 충이고, 내가 당하기 싫은 일을 남에게 행하지 않는 배려가 서이다. 남을 배려하는 이러한 마음은 사회생활을 하는 데 없어서는 안 될 덕목이라고 할 수 있다.

극기복례는 자신의 사사로운 욕심을 극복하고 예(禮)로 돌아감을 의미한다. 이 가르침도 역시 자신보다는 남과 사회를 먼저 생각하는 마음을 가져야 함을 강조하고 있다. 인간은 사회생활을 하지 않을 수 없고 사회생활을 하는 데는 남을 배려하는 마음보다 중요한 게 없다.

남을 생각하는 마음은 결국 사회의 규범을 잘 지키는 행위로 나타난다. 그래서 공자는 예를 강조하였고 예에 따라 행동할 것을 요구하였다. 그가 강조한 예는 주공(周公)에 의해 확립된 주(周)나라의 예이다.

예는 사회의 규범으로 사회의 구성원들이 지켜야만 하는 기본적인 형식이라고 할 수 있다. 이것을 지키지 않아서 사회가 혼란하게 되었다고 그는 당시 사회를 진단하였으며, 예를 지켜 질서를 회복하는 일이 무엇보다도 중요하다고 생각했다. 그래서 공자는 예가 아니면 보지도 말고, 예가 아니면 듣지도 말며, 예가 아니면 말하지도 말고, 예가 아니면 움직이지도 말라고 했다.

예와 함께 공자가 강조한 중요한 덕목은 의(義)이다. 보통 공자보다는 맹자가 의를 더 강조했다고 하지만 공자도 의를 말했다. 의란 마땅함이나 옳음을 의미하는 개념이다. 공자가 만일에 인만을 말하고 의를 말하지 않았다면 일정한 기준이 없기 때문에 문제가 생길 수 있다.

아무런 기준도 제시하지 않고 사랑하라고 말한다면 우리는 어떻게 또 어디까지 사랑해야 하는지 알 수 없다. 그것을 말해 주는 덕목이 바로 의이다. 사랑에도 마땅한 사랑이 있고 마땅하지 못한 사랑이 있기 때문에 그것을 잘 가려서 실천할 필요가 있는데 그 기준이 의가 된다.

예컨대 부모의 자식에 대한 사랑은 고귀하지만 거기에도 마땅한 사랑과 마땅하지 못한 사랑이 분명히 있다. 자식에 대한 사랑이 부족해도 문제가 되지만 지나친 사랑도 약이 되기보다 독이 될 수 있음을 알아야 한다. 자식을 사랑해서 너무 편하게만 키우게 되면 그 아이는 장차 자립성 없는 사람이 될 가능성이 크다. 이런 아이들은 어른이 되어서 조그마한 시련에도 쉽게 좌절하는 나약한 사람으로 성장할 위험이 있다.

남을 사랑하는 데에도 의라는 덕목은 필요하다. 공자는 남을 사랑하라고 했지만 남을 위해서 자신을 완전히 희생하라고 가르치지는 않았다. 물론 그렇게 할 사람도 잘 없겠지만 또 그렇게 할 필요도 없다. 또한 다른 사람들의 잘못까지 덮어 주면서 사랑하라고도 말하지 않았다.

공자는 많은 덕을 말했지만, 그러한 덕도 의에 맞아야만 진정한 덕이 될 수 있다. 부모에 대한 효도를 공자는 아주 강조하는데, 그럼 부모를 위해서 자식이 목숨을 바치는 일을 했다면 이것은 과연 진정한 효도라고 할 수 있는가?

부모에 대한 효도 가운데 가장 중요한 것은 부모가 물려준 자신의 몸을 잘 보존하는 일이다. 그런데 이제 자식이 그 몸을 죽여서 부모를 구한다면 분명히 부모는 기뻐하지 않으리라. 부모에 대한 효도에도 지나치거나 부족하지 않은 합당한 것이 있다. 그것이 바로 바람직한 효이다. 마찬가지로 용기(勇氣)도 중요한 덕이지만 모든 용기가 다 바람직하지는 않다. 의에 맞는 용기가 바람직한 용기이고 진정한 용기이다.

그러면 미덕(美德)과 악덕(惡德)을 구분하는 기준의 역할을 하는 의란 구체적으로 무엇인가? 실제로 모든 덕목의 기준이 되는 의를 아는 일은 쉽지가 않다. 그래서 공자는 예에 맞는 생활을 강조하였다. 의가 밖으로 드러난 형태가 바로 예이기 때문이다. 그래서 예에 맞는 생활이 바로 의에 맞는 생활이라고 할 수 있다.

그러나 아쉽게도 공자의 시대에는 예를 제대로 지키는 사람들이 적었기 때문에 사회가 혼란하였다. 주공이 확립한 예를 초기에는 잘 따랐지만 세월이 지남에 따라서 그 정신이 희미해졌고 그것과 함께 사회도 따라서 혼란해졌다고 공자는 판단하였다. 예를 따르지 않는 생활은 결국 사회질서의 혼란을 초래하게 되었다. 공자는 이러한 사회의 혼란을 바로잡아 평화로운 세상을 만들고자 애썼다.

공자가 사람을 군자(君子)와 소인(小人)으로 구분한 것은 커다란 의미를 갖는다. 당시에 군자는 귀족들을 가리키는 말이었고, 소인은 일반인들을 가리키는 말이었다. 공자는 이러한 전통적인 사람의 구분법을 완전히 고쳐서 인격적인 사람을 군자라 하고, 그렇지 못한 사람을 소인이라고 정의하였다. 말하자면 사람을 평가하는 기준을 계급이 아니라 인격과 도덕성으로 바꾸었다.

이러한 공자의 인간에 대한 이해는 오늘날에도 적용이 가능한데, 예를 들면 남녀의 문제에 있어 남자인가 여자인가가 문제되는 것이 아니라 어떠한 인격을 가지고 있느냐가 중요하다고 할 수 있다. 그리고 인종의 문제에서도 흑인인가 백인인가가 문제되는 것이 아니라 그 사람의 인격이 어떠한가를 보아야 할 것이다.

(2) 맹자

공자의 학설을 공부하고 그것을 세상에 널리 전파한 사람은 맹자(孟子, 기원전 390~305)이다. 맹자 당시에는 공자의 학설보다는 양주(楊朱)와 묵적(墨翟, 기원전 480~390)의 학설이 더 세력을 떨쳤던 모양이다. 그래서 맹자는 "천하의 말이 양주에게 돌아가지 않으면 묵적에게 돌아간다"라고 한탄하였다.

그는 공자의 학설을 선양(宣揚)하기 위하여 이 두 가지 학설을 반박하고 제거하는 일에 일생을 바쳤다. 양주는 "천하를 이롭게 하기 위해 정강이의 털 한 올도 뽑지 않겠다"라고 말할 정도로 철저하게 자신만을 위해서 살아야 한다고 주장한 인물이다. 그리고 묵적은 머리 꼭대기에서 발뒤꿈치까지 온몸이 다 닳도록 천하를 이롭게 하기 위하여 노력한 사람이다.

맹자는 이 두 사람에 대하여, 양주는 임금을 무시하고 묵적은 부모를 무시한다고 비판하였다. 양주는 다른 사람과 국가보다는 자신의 이익을 위하여 살아야 한다고 주장했으니 자연히 극단적인 개인주의에 빠질 위험성이 있다. 그리고 묵적은 모든 사람을 공평하게 사랑하라고 주장하니 자신의 부모와 가족을 소홀히 할 위험성이 있다.

맹자는 이러한 두 가지 학설은 모두 극단적이어서 바람직하지 못하다고 평가하고 공자의 학설만이 올바른 도라고 확신하였다. 공자의 인(仁)은 차별적인 사랑이기 때문에 나의 부모를 먼저 사랑하고 다음으로 남의 부모를 사랑하라고 가르친다. 맹자는 이것이 보다 사람의 본성에 가까우며 자연스럽다고 보았다.

이러한 사랑은 가까운 데서 출발하지만 멀리까지 확장될 수 있다. 그래서 가족에 대한 사랑과 국가에 대한 사랑 어느 쪽도 부정되지 않는다. 여기에 유학의 특징과 장점이 나타난다. 맹자는 가족을 부정하고 국가를 부정하면 금수와 다를 바가 없다고 신랄하게 비판하였다.

공자 학설이 정당하다는 것을 증명하기 위하여 맹자는 먼저 인간 본성에 대한 연구에 몰두하였다. 공자가 인(仁)을 실천하라고 가르쳤지만 인간이 어떤 존재인지를 모른다면 그 좋은 가르침에 대한 확신이 생길 수 없다. 그래서 나는 남을 사랑할 수 있는 존재인지 또 남들이 나를 사랑할 수 있는 존재인가를 먼저 생각해 봐야 한다.

인간이 본래부터 남을 사랑할 수 있는 존재가 못 된다면 아무리 남을 사랑하라고 말해도 아무 소용이 없다. 그리고 백성들이란 짐승보다 못해서 사랑과 말로 하는 통치보다 폭력과 위협으로 다스리는 편이 더 잘 통한다면 굳이 사랑하라고 말할 필요도 없다. 내가 진정으로 다른 사람을 사랑하더라도 그 사람은 항상 나를 배반하려 하고, 또 나를 해칠 궁리만 한다면 사랑을 강조하는 공자의 이론은 엉터리에 불과하다.

맹자는 사단(四端)을 말하고, 또 어린아이가 우물에 빠지는 광경을 보면 모든 사람이 이해관계를 떠나서 그 아이를 구하려고 애쓴다는 예를 들어서 인간의 본성은 원래 선(善)하다고 주장하였다. 인간의 본성이 선하다는 그의 주장은 나중에 유학에서 정통(正統)의 이론이 되었다.

맹자는 인간의 본성이 선하다고 보았기 때문에 백성들을 덕으로 다스리는 방법이 옳다고 생각했다. 힘으로 다스리는 방법은 짧은 기간 동안은 효과가 있을지 모르지만 장기적으로는 결코 효과적이지 못함을 우리는 경험을 통해서 잘 알기 때문에 맹자의 주장에 공감한다.

다른 사람들과의 관계에서도 우리가 진심으로 상대방을 위해 줄 때 상대방도 진심으로 우리를 위해 주게 된다. 물론 공자와 맹자는 보답을 바라고 우리가 선한 행위를 해서는 안 된다고 하였지만 궁극적으로 좋은 결과가 나옴을 부정할 필요는 없다.

그리고 맹자가 인간의 본성이 선하다고 했지만 인간이 천사와 같이 선하다는 말이 아님을 알아야 한다. 맹자는 단지 선으로 갈 수 있는 싹을 가지고 있다고 했을 뿐이다. 그것을 잘 키우면 한층 더 선에 가까워지게 되고 그렇지 못하면 한층 더 악으로 가까워지게 된다. 인간은 천사가 아니기 때문에 인간적인 차원에서 선할 뿐이지 완전하게 선할 수는 없다.

　생존을 위해서 필요한 최소한의 행위조차도 악으로 본다면 천사를 기준으로 인간을 평가하는 것이어서 타당하다고 보기 어렵다. 예를 들어 적이 침입해 오는데 가만히 순한 양처럼 당하는 것을 선한 행동으로 생각해서는 안 된다. 그리고 인간이 선의 싹을 가지고 있지만 가만히 있어도 저절로 선한 인간이 된다고 맹자는 말하지 않았다. 끊임없이 노력해야만 선한 인간이 될 수 있다고 말함으로써 교육이 왜 필요한지를 잘 보여주었다.

(3) 순자

　인간의 본성에 대해서 맹자와 정반대의 주장을 한 사람은 순자(荀子, 기원전 약 298~238)이다. 그는 인간의 본성이 악하다고 주장했다. 사람은 누구나 이익을 좋아하고 감각적 쾌락을 추구하려고 하며 남을 미워하는 성질을 본래 가지고 있다는 점을 그 근거로 제시했다.

　이러한 타고난 성질 때문에 세상의 악이 생겨나게 된다고 보았다. 그렇기 때문에 악한 인간의 본성을 그냥 방치해서는 안 되고 교육을 통해서 변화시킬 필요가 있다. 순자는 악한 본성을 가진 인간을 선하게 만드는 데 필요한 것이 바로 예(禮)의 교육이라고 하였다.

　우리는 살아가면서 인간의 악한 모습을 많이 경험하기 때문에 인간에게 악한 면이 있다는 점을 인정하지 않을 수 없다. 동물들은 자신의 생존에 필요한 최소한의 먹이만 있으면 더 이상 욕심을 내지 않아서 먹이가 옆에 있어도 해치지 않는다.

　그런데 인간의 욕심은 한이 없어서 배가 불러도 계속해서 자신의 소유물을 늘리려고 애쓴다. 자신을 위해서 뿐만 아니라 자손을 위해서도 재물을 모으는 존재가 인간이고 단지 쌓기 위해서도 재물을 원한다. 이러한 욕심은 한이 없는데 이것 때문에 가진 것이 없는 사람들은 계속해서 빈곤에 허덕이지 않을 수 없게 된다.

　부(富)의 편중은 개인들 사이에도 존재하지만 국가와 국가 사이에도 계속해서 심화되고 있는 실정이다. 잘사는 나라 사람들은 엄청난 돈을 살 빼는 데 쓰지만 못사는 나라 사람들은 굶어 죽고 있다. 그런데도 가진 사람들과 나라들은 더 많은 부를 차지하려고 수단과 방법을 가리지 않고 있다.

　이러한 현상은 인간과 자연의 관계에서도 마찬가지로 일어나고 있다. 인간의 끝없는 욕망은 자연을 단순히 이용하는 차원을 지나서 자연을 죽이는 단계에까지 와 있다. 수많은 식물과 동물이 이 지구상에서 인간으로 말미암아 영원히 사라져 버렸다. 머지않아 사라져 버린 생물들의 수가 남아 있는 생물의 수보다 많아질 것이다.

　이러한 자연의 파괴는 인간에게도 이로울 것이 없다. 자연의 파괴와 환경의 오염은 인간을 점차 약화시키게 되고, 약화된 인간은 돌발적인 자연의 변화에 적응할 수 없어서 결국 멸종할 수 있다. 그래서 정말 인간은 인간에게도 악한 존재이고 다른 생명들에게도 악한 존재이며 나아가서 자연에게도 악한 존재가 아닐까 하는 생각이 든다.

　인간이 악하다는 순자의 주장은 맹자의 생각에 밀려서 유가의 정통이 되지 못했지만 우리 자신을 되돌아보게 한다. 인간의 악함에 우리가 눈을 돌리고 조심하지 않는다면 엄청난 재앙을 가져올 수가 있다. 인간이 저지른 잘못을 감추기 위해서 인간은 선한 존재라고 말하면서 대충 넘어가서는 안 된다.

　우리는 보다 겸허하게 인간의 나쁜 점을 바로 보고 그것을 고치겠다는 마음가짐을 가져야 한다. 또한 인간의 장점을 강조하기보다는 약점을 정확히 보고 잘못을 인정해야 한다. 이런 맥락에서 순자의 성악설(性惡說)에는 배울 것이 많다.

기독교에서 인간을 원죄(原罪)를 지은 죄인이라고 하듯이 순자는 인간을 원래부터 악으로 가기가 쉬운 존재로 파악하였다. 우리 스스로가 우리의 잘못을 깨닫고 인정하는 태도는 매우 큰 의미가 있다.

우리는 살기 위해서 남을 속여야 하고, 살기 위해서 다른 생명들을 죽여야 하고, 살기 위해서 끊임없이 자연을 파괴하고 있다. 그리고 알게 모르게 잘못을 저지르고 남의 마음을 아프게 하고 또 슬프게 만든다. 이것을 반성하지 않는다면 인간의 죄악은 더욱 커질 것이다.

2) 신유학의 발전

중국의 당나라 때는 불교가 최고의 지점에 다다른 시기라고 할 수 있다. 그러나 오르막이 있으면 내리막이 있는 법, 불교는 이때를 고비로 점차 쇠퇴의 길을 가게 된다. 불교는 심원(深遠)한 철학을 가지고 있는 게 사실이지만 사람들이 그런 철학으로만 살 수 있는 것은 아니다. 다시 말하면 그런 심오한 불교의 가르침이 하루하루를 어렵게 살아가야만 하는 일반인에게 언제나 약이 되지는 못한다.

그것뿐만 아니라 많은 군주와 귀족은 불교의 참뜻을 제대로 이해하지 못하고 지나치게 성대한 불교 행사를 벌임으로써 국가의 재정을 궁핍하게 만들고 일반 백성의 살림살이를 더욱 어렵게 만들었다. 그래서 이 시대 불교의 극성은 삶을 윤택하게 하는 게 아니라 오히려 황폐하게 만드는 결과를 가져오게 하였다.

이러한 불교의 문제점을 지적하고 그것을 유학으로 해결하여야 한다고 주장한 학자가 바로 한유(韓愈, 768~824)이다. 그의 불교에 대한 태도는 그가 당시 헌종(憲宗)에게 올린「논불골표」(論佛骨表)라는 글에 잘 나타나 있다.

 이 글에서 그는 불교를 잘 신봉하는 나라일수록 빨리 망하였다고 말했다가 헌종의 노여움을 사서 거의 죽을 뻔하였다. 그러한 어려움에도 굽히지 않고 그는 불교를 비판하고 유학의 도(道)를 역설하였다. 이러한 한유의 주장은 효과가 있어서 유학은 서서히 다시 살아나기 시작하였다.

 송나라 때가 되면 본격적으로 유학이 새로운 모습을 갖추게 된다. 가장 중요한 일은 역시 원시유학(原始儒學)에 부족한 우주론의 정립이라고 할 수 있다. 그래서 불교와 도교에 견주어서 상대적으로 부족한 부분이라고 생각되는 형이상학적인 내용을 이 시대의 유학자들은 많이 연구하였다. 여기서 탄생한 유학은 기존의 유학에 불교와 도교의 내용이 가미된 모습이다.

 특히 불교의 영향은 매우 커서 송대의 유학은 불교와 원시유학이 결혼해서 낳은 자식이라고 해도 과언이 아니다. 유학 안에 있는 이러한 불교적인 성향은 결국 성리학(性理學)을 지나치게 형이상학적인 논의에 몰두하게 만들고 인간의 내면세계의 문제에 몰두하게 만드는 결과로 나타나게 된다.

 북송(北宋)시대의 유학자 가운데 대표적인 사람으로는 소강절(邵康節, 1011~1077), 주염계(周濂溪, 1017~1073), 장재(張載 : 橫渠, 1020~1077), 정호(程顥 : 明道, 1032~1085), 정이(程頤 : 伊川, 1033~1107) 등이 있는데, 사람들은 이들을 북송오자(北宋五子)라고 불렀다. 소강절은 특히『주역』(周易)을 많이 연구하였고, 이 책으로부터 우주론을 전개하였다. 그러나 그의 복잡한 이론은 설득력이 약하고 유학의 본래 의도와도 상당히 먼 것 같다.

다음으로 주염계는 「태극도」(太極圖)라는 그림을 그려서 태극(太極)으로부터 만물이 나오는 과정을 설명하고 있는데, 주희(朱熹, 1130~1200)는 이것을 매우 높이 평가하고 그대로 수용하였다. 주염계 이후 태극은 성리학에서 만물의 근원이라는 의미로 일반적으로 받아들여지게 되었다. 그러나 주염계가 말한 태극은 정신적인 근원이 아니라 질료적(質料的)인 근원이라고 할 수 있다. 다시 말하면 태극을 기(氣)로 보아서 만물의 근원을 물질적인 존재로 생각하였다.

(1) 장재(張載 : 橫渠)

장재는 주염계와 마찬가지로 우주의 근원을 정신적인 존재가 아니라 질료적인 존재로 보았다. 그는 무(無)에서 유(有)가 나온다고 한 노자의 주장을 반박하고, 세계를 관념의 산물로 설명하는 불교에 대해서도 반대하였다. 장재의 태도는 소박한 실재론(實在論)이라고 할 수 있는데, 그는 세계의 모든 존재를 기(氣)로 설명하려고 하였다.

기는 중국에서 이미 오랫동안 사용되어 오던 개념인데, 이것을 가지고 세계 전체를 포괄적으로 설명하는 철학의 체계를 장재가 처음으로 수립하였다. 장재 이후 성리학자들은 모두 그의 이론을 출발점으로 삼고 있다. 그는 노자의 주장에 반대하여 원래부터 "무(無)란 없다"고 하면서 무라는 개념 대신에 태허(太虛)라는 개념을 사용하였다. 텅 빈 공간처럼 보이는 것도 사실은 기의 희박한 상태에 불과할 뿐이라는 주장이다.

그래서 말하기를 "태허에서 기가 모이고 흩어지는 것은 마치 물에서 얼음이 얼고 녹는 것과 같다. 태허가 바로 기인 것을 알면 무는 없다는 것을 알 것이다"[『정몽』(正蒙)]라고 하였다.

감각으로 파악이 되는 존재뿐만 아니라 감각으로 파악이 안 되는 존재까지도 장재는 모두 기로 설명하려고 했던 점이 돋보인다. 눈으로 볼 수 없는 허공도 알고 보면 기로 꽉 차 있다는 생각이다. 이러한 기가 모이면 눈으로 볼 수 있는 사물들이 형성되고, 흩어지면 사물은 다시 사라진다.

사물이 사라진다고 해서 그 사물을 이루고 있던 기까지도 완전히 사라지는 것은 아니다. 사물이 사라져도 그 사물을 이루고 있던 기는 영원히 사라지지 않고 존재한다는 게 장재의 생각이다. 그러므로 장재가 생각한 기는 영원히 사라지는 것이 아니므로 서양철학에서 말하는 실체(實體)가 될 수 있다.

장재의 이러한 생각은 현대의 과학자들이 사물들을 분자와 원자로 설명하는 방식과 사실 매우 유사하다. 분자나 원자는 우리가 눈으로 직접 볼 수 없는 것인데, 과학자들은 사물들은 바로 이러한 것들로 이루어졌다고 설명하고 있다. 서양의 과학은 그리스 이후 꾸준하게 물질의 정체를 밝히려고 노력을 하였다. 중국에서는 고대시대부터 기를 가지고 물질을 설명하였는데, 기의 정체가 과연 무엇인가에 대해서는 그렇게 깊이 연구하지 못하였다.

미시 세계에 대한 연구에 있어서 중국은 서양보다 뒤떨어졌다고 할 수 있는데, 그 원인 가운데 하나는 바로 기를 가지고 물질을 설명하려는 세계관이라고 하겠다. 서양의 원자론은 모든 물질은 원자라는 미세한 입자로 이루어져 있다고 본다. 그러므로 그 입자의 정체가 무엇인지를 밝히려는 노력을 하지 않을 수 없다. 그런데 중국의 기는 입자가 아니고 이것 자체가 궁극적인 존재로 취급되어 더 이상 미시 세계에 대한 연구를 하지 않았다.

장재는 모든 것을 기로써 설명하고 있는데 여기에 포함되는 것은 물질적인 존재뿐만 아니라 정신적인 존재도 들어 있다. 그는 우리의 마음도 기로 이루어져 있다고 주장하는데, 그것이 물질과 다른 점은 아주 맑고 순수한 기로 되어 있다는 것이다. 결국 물질과 정신의 차이도 기의 맑음과 탁함의 정도일 뿐이라고 말했다. 여기까지 오면 기라는 존재가 물질을 이루는 원자와 같은 입자를 말하는 것이 아님을 더 분명히 알 수 있다.

기는 물질의 구성 요소도 되지만 정신의 구성 요소도 되는 이중적이고 중간적인 존재가 분명하다. 그리고 중국철학에서는 애초부터 정신과 물질의 이원론적인 세계관이 뚜렷하게 형성되지 않았다. 그러므로 장재는 기로써 물질과 정신 두 가지를 다 설명하고 있고, 이러한 설명 방식을 후대의 학자들도 그대로 따르고 있다.

같은 마음이라 하더라도 사람마다 서로 다른데 이것도 장재는 기의 맑고 탁함으로 설명하고 있다. 사람마다 마음이 조금씩 다를 수밖에 없는데, 그 이유는 바로 마음을 이루고 있는 기가 조금씩 달라서 그렇다는 것이다. 여기서 더 나아가 사람의 착함과 악함도 장재는 기의 청탁을 가지고 설명한다.

일찍이 맹자는 인간의 본성은 선하다고 주장하였지만 인간의 악은 어디에서 오는지를 그렇게 분명하게 설명하지 못했다. 이제 장재는 인간의 악은 바로 마음을 이루고 있는 기의 탁함으로 말미암는다고 대답하기에 이르렀다. 이러한 장재의 마음에 대한 이론은 이후 성리학자들이 모두 진리로 받아들이는 것이니 그의 공이 큼을 알 수 있다.

장재는 인간의 본성을 두 가지로 나누어서 설명하고 있는데, 하나는 천지지성(天地之性)이고 또 하나는 기질지성(氣質之性)이다. 천지지성은 보편적인 인간의 본성을 말하는 것이고, 기질지성은 개별적인 인간의 본성이라고 할 수 있다. 장재가 천지지성과 기질지성 두 가지를 말한 이유는 결국 인간의 공통성과 차별성을 설명하기 위해서다.

천지지성은 인간이면 누구나 가지고 타고나는 본성인데 장재는 이것은 선하다고 하였다. 기질지성은 각 개인이 가지고 있는 본성으로 개인 사이에 차이가 있어서 선할 수도 있고 악할 수도 있다. 말하자면 물은 다 같은 물이지만 거기에는 탁한 물도 있고 아주 맑은 물도 있는 것과 같다. 물이라는 점에서는 동일하지만 물도 또한 여러 종류가 있다. 같은 본성을 지적하여 붙인 이름이 천지지성이고 각각 다른 본성을 기질지성이라고 부른다.

그런데 이러한 기질지성은 불변하는 게 아니라 공부와 노력을 통해서 변화시킬 수 있다. 만일에 사람의 기질지성을 변화시킬 수 없다면 개인적인 노력은 별로 소용이 없을 것이다. 착한 사람이 되려고 노력할 필요도 없고 열심히 공부할 필요도 없다. 그러면 착하게 태어난 사람은 착하게 살고, 악하게 태어난 사람은 악하게 살고, 재능이 있는 사람은 공부를 잘하고, 재능이 없는 사람은 공부를 못하는 것으로 끝나고 만다. 이러한 세상이라면 정말 재미가 없을 것 같다.

현실을 그렇게 간단한 인과(因果) 관계로 설명할 수 있다면 세상은 단순할 것이고, 그러면 인간 사회를 설명하는 일도 그렇게 어렵지 않을 것이다. 그러나 현실은 그렇게 단순하지가 않다. 머리가 좋다고 다 공부를 잘하는 것도 아니고 머리가 나쁘다고 다 공부를 못하는 것도 아니다. 머리가 좋아도 노력을 하지 않으면 공부를 잘할 수 없고, 머리가 조금 떨어져도 열심히 노력하면 얼마든지 공부를 잘할 수 있다.

그렇게 착하지 않은 기질지성을 타고났어도 열심히 노력하면 착한 사람이 될 수 있다는 게 장재의 주장이다. 이러한 그의 주장은 또한 교육의 필요성을 말해 주는 이론이고 설득력이 있는 견해이다. 그의 이론은 이후 모든 성리학자가 인정하는 것이 되었으니 그의 공이 크다.

(2) 정호(程顥 : 明道)와 정이(程頤 : 伊川)

이 두 사람의 사상은 다른 점도 있지만 같은 점이 많아서 사람들은 그냥 이정(二程) 사상이라고 부르고 있다. 정호는 심(心)과 인(仁)을 강조하였는데, 그를 심학(心學)의 시조로 생각하는 이유도 이것 때문이다. 그는 또 천리(天理)라는 개념을 스스로 깨달았다고 말하기도 하였다. 천(天)을 리(理)로 본 그의 생각은 전통적으로 천을 인격적인 존재로 생각한 유학의 정신과는 상당히 다르지만 이후 성리학에서 중요한 역할을 하게 된다.

그리고 공자의 인(仁)을 한층 더 발전시켜서 천지(天地)와 일체가 되는 상태가 바로 진정한 인의 상태라고 해석하였다. 그는 의학(醫學)의 불인(不仁)이라는 말에 착안하여 진정한 인자(仁者)는 만물을 자기의 몸과 같이 생각하는 사람이라고 정의하였다. 의학에서 불인이란 손발이 마비되어 그것이 나의 몸이지만 나의 몸으로 생각하지 못하는 상태를 가리키는 말이다.

남의 즐거움을 나의 즐거움으로 그리고 남의 고통을 나의 고통으로 느낄 수 있는 상태가 진정한 인의 상태라는 그의 주장은 오늘을 사는 우리가 다시 한 번 생각해야 한다. 그는 사람뿐만 아니라 이 세상에 있는 모든 존재에 대해서도 마찬가지로 내 몸과 같이 여겨야 한다고 했다.
　오늘날은 모든 것을 진보와 발전이라는 기준으로 평가하기 때문에 세상은 더욱 삭막해졌고, 우리의 환경은 온통 파괴되고 오염되어 버렸다. 그러나 이러한 자연과 환경이 우리와 별개의 것이 아니라 바로 우리와 한 몸이라는 사실을 깨달아야 한다. 강물이 더러워지면 곧바로 우리 자신의 몸이 더러워지게 된다. 그러므로 강물이 사실은 우리 몸과 하나인 셈이다. 만물일체(萬物一體)의 의미를 오늘날보다 더 잘 체험할 수 있는 시대는 없다.
　정이는 정호의 동생으로 성리학을 한층 더 발전시킨 중요한 인물이다. 성리학의 중요한 개념들은 이미 정이에게서 대부분 나타난다. 그 개념들 가운데 가장 중요한 것은 역시 리(理)이다. 장재가 질료적인 기를 강조했다면 정이는 거기다가 리라는 개념을 추가하였다.
　리는 아리스토텔레스의 형상(形相, form)과도 유사하고 서양의 정신과도 통하는 면이 있다. 그의 생각에 따르면 이 세상의 사물들은 모두 어떤 법칙이나 원리들을 가지고 있다. 예를 들면 소가 소이고, 말이 말인 데는 다 어떤 이치가 거기에 있기 때문이다. 이것을 요즘 생물학에서는 소는 소의 유전자를 가지고 있고, 말은 말의 유전자를 가지고 있기 때문에 계속해서 말은 말을 낳고, 소는 소를 낳는다고 설명한다.
　정이는 이러한 생각을 밀고 나가서 리가 기보다 근원적이라는 결론에 이르게 된다. 개별적인 사물들은 사라지고 다시 생겨나지만 그것의 원리인 리는 영구불변의 상태를 그대로 유지한다는 생각이다. 개별적인 콩이나 팥은 생겨났다가 없어지지만 불변하는 콩의 리와 팥의 리가 있기 때문에 영원히 콩은 콩일 수 있고, 팥은 또한 팥일 수 있다.

사실 이러한 리는 불교에서 우리가 이미 살펴본 리(理)와 사(事)라는 개념에서 말하는 리와 비슷한 면이 있다. 불교에서 리는 본체의 세계이고 진실된 세계이며 변화가 없고 차별도 없는 그런 세계이다. 그러나 현상의 세계는 항상 변화하고 움직임이 있으며 모든 것이 허망한 세계이다.

송나라의 신유학자들은 이러한 불교의 철학적인 이론을 유학으로 가져와 독특한 형이상학의 체계를 구성하였다. 그렇기 때문에 불교의 이론을 어느 정도 이해하게 되면 신유학의 이론을 아는 데 도움이 될 수 있다. 리와 기라는 개념들도 불교의 이론들과 비교하면 쉽게 이해할 수가 있다.

정이는 윤리와 도덕적인 문제도 모두 리로 설명하였는데 특히 도덕률의 불변성을 강조하고 있다. 아무리 세상이 변하더라도 부모와 자식, 임금과 신하 사이에 존재하는 윤리와 도덕의 법칙은 변하지 않는다. 그러므로 리는 불변하지만 기는 생겨났다가 사라지는 존재이다. 정이는 그래서 기가 영원히 존재한다는 장재의 주장을 반박하였다.

정이의 리는 서양철학의 개념으로 말하자면 실체(substance)일 수 있지만, 기는 실체가 될 수 없다. 이때 우리가 사용하는 실체는 데카르트(Descartes)가 정의한 개념으로 어디에도 의존하지 않고 스스로 독립해서 존재하는 것을 의미한다.

정이는 이러한 사물의 이치인 리는 모든 개별적인 사물이 가지고 있으며, 그것을 아는 것이 바로 지식이라고 생각하였다. 그래서 사물의 이치를 직접 연구하는 것[格物]과 사물의 이치를 끝까지 탐구하는 궁리(窮理)를 강조하였다. 이 방법은 사실 불교의 공부 방법을 비판한 데서 나왔다.

불교에서 말하는 돈오(頓悟)의 방법은 사물의 이치를 구체적으로 탐구하는 과정이 결여되어 있어서 실생활에 도움을 주지 못한다고 정이는 생각하고 그 대안(代案)으로 격물(格物)과 궁리(窮理)를 내놓았다. 이것은 일종의 경험론인데, 불교의 공부 방법이 너무 일상생활과 동떨어진 것이라면 이 방법은 일상생활에 필요한 지식을 중요하게 생각한다.

그리고 이 방법은 대상(對象)에 대한 공부라고 할 수 있는데, 이 공부 이외에도 내적인 마음공부가 또 있다. 이것은 말 그대로 내 마음을 맑게 하거나 착하게 하는 공부를 말한다. 아무리 외적인 공부를 많이 하더라도 내적인 공부가 충실하지 못하면 아무런 소용이 없다. 말하자면 아는 것이 아무리 많더라도 마음이 착하지 못하면 그 앎이 올바르게 사용될 수 없다. 성리학에서는 마음을 착하게 하는 것도 공부를 통해서 가능하다고 생각하였다.

이 방법으로 정이는 경(敬)이라는 방법을 제시하였는데, 그는 경을 주일무적(主一無適)으로 해석하였다. 주일무적이란 마음을 한 곳에 집중하여 다른 곳에 정신을 팔거나 잡념을 가지지 아니하는 상태를 말한다. 이 방법은 정신을 집중하는 공부이기도 하지만 마음을 착하게 유지시키는 훈련이기도 하다. 그러므로 정신 집중을 하되 선한 생각에

다가 마음을 집중하는 공부이다.

　이 경의 공부도 불교의 마음공부에 대한 대안으로 나온 방법인데, 불교에서는 무념무상(無念無想)을 강조했지만 정이는 이것은 가능하지 않다고 비판하였다. 마음의 본질이 생각하는 것이기 때문에 생각을 멈추는 일은 불가능하지만 정신을 집중하는 일은 가능하다고 보았다. 사실 정신 집중의 방법은 이미 불교에서 많이 한 수행법이지만 유학에서도 이것을 조금 변형해서 사용하였다.

(3) 주희(朱熹)

　주희는 정호와 정이의 학문을 계속 이어서 발전시켰고, 이후 사상계에 커다란 변화를 불러일으켰다. 그는 특히 정이의 학설을 종합·발전시켰으며, 유학의 경전들을 자신의 철학에 입각하여 모두 해석하였다. 이 작업은 방대한 것이었으며, 이후 유학의 발전에 지대한 영향을 끼쳤다. 특히 중국과 한국에서는 주희가 주석을 단 경전들을 과거(科擧)의 교재로 채택함으로써 그의 철학은 최고의 권위를 갖게 되었다.

　주희는 기본적으로 주염계가 그린 태극도를 우주론의 기본 이론으로 수용하면서 태극을 정이의 리(理)로 보았다. 우주의 본원을 장재의 질료적인 기가 아닌 정신적인 리로 봄으로써 유심론적인 세계관을 확립하였다. 이러한 그의 생각은 중국적인 것이라기보다는 불교적인 색채가 농후하다. 불교가 중국 사상사에 미친 영향은 직접적인 영향과 간접적인 영향을 합쳐서 엄청나다고 하겠다.

　주희는 리와 기에 대해서 정이보다는 상세하게 설명하였는데, 리가 실체이고 기는 실체가 아니라는 점이 무엇보다도 중요하다.

그러나 그는 리와 기의 관계를 체(體)와 용(用)의 관계로 봄으로써 리일원론적(理一元論的)인 세계관을 명백히 밝히고 있다. 그의 철학은 헤겔(G. W. F. Hegel)의 철학을 연상시킨다. 그의 이러한 철학을 이해하는 것은 쉽지가 않기 때문에 후대의 많은 철학자, 특히 한국의 철학자들은 주희의 철학을 이해하는 데 많은 시간을 소비하였다.

리는 정신적인 존재이고 기는 물질적인 존재이지만 이 둘은 근본적으로 다르지 않고 같다는 점이 중요하다. 리와 기는 같은 존재의 두 가지 다른 모습일 뿐이기 때문에 데카르트의 정신과 물질 이원론과는 아주 다르다. 데카르트는 정신과 물질은 서로 다른 실체이기 때문에 서로 영향을 미칠 수도 없을 정도로 다른 존재라고 하였다. 그러나 주희는 리와 기는 서로 딱 붙어 있어서 분리할 수 없다고 말하고 있다.

주희는 또 개별적인 사물들 하나하나도 태극을 가진다고 해서 정이의 리일분수설(理一分殊說)을 이어받았다. 리는 하나이지만 동시에 다양한 사물에 두루 나타날 수 있다. 이 이론은 리가 유일성과 다양성을 동시에 갖고 있음을 보여주려고 하는 것 같다.

기독교에서는 주로 신(神)의 유일성만을 강조하지만 성리학에서는 태극의 유일성과 다양성을 동시에 주장하고 있다. 이러한 성리학의 이론은 초월적인 신의 존재를 부정하고 범신론적인 이론으로 나갈 수밖에 없다.

리일분수설을 이해하는 것은 쉽지가 않지만 중국불교의 역사를 안다면 그렇게 어려운 이론은 아니다. 화엄종의 인드라망 비유와 법장의 금사자론에서 이것을 이미 잘 설명하고 있기 때문이다. 주희의 리일분수설은 이러한 불교의 이론과 밀접하게 연관되어 있으므로 불교 이론을 먼저 이해하는 것이 필요하다.

 정이의 철학을 이어받은 주희는 그와 마찬가지로 경(敬)을 강조하였고, 격물과 궁리를 학문의 중요한 방법으로 생각하였다. 사물에 나아가 이치를 탐구하는 격물을 통해서 앎을 이룰 수 있다는 것이 주희의 생각이므로 그는 경험론자라고 할 수 있다. 그러나 철저한 경험론자는 아니고 합리론(合理論)과 경험론(經驗論)을 종합한 입장을 견지하였다고 볼 수 있다. 이러한 그의 이론은 불교의 공부 방법을 비판하는 데서 나온 이론이다.

 다음으로 주희의 철학에서 중요한 부분은 마음[心]에 관한 이론이다. 주희는 정이가 말한 성이 곧 리이다[性卽理]를 그대로 받아들여서 마음을 설명하고 있다. 그는 이 세계를 설명할 때도 리와 기라는 개념을 사용하였고, 인간의 심(心)을 설명할 때도 똑같이 리와 기를 사용하였다.

 이것은 정신과 물질이라는 두 가지 개념으로 이 세계를 설명하는 데카르트 이후 서양인들의 방식과는 상당히 다르다. 말하자면 주희의 이론에 따르면 정신과 물질 모두에 리와 기를 적용할 수가 있게 된다. 그러니까 주희가 생각하는 마음[心]은 질료적인 요소와 비질료적인 요소의 결합체라 할 수 있다. 우리 마음의 성(性)이 바로 리라고 하는 말은 마음 가운데서 비질료적인 요소를 가리키는 개념이 성(性)이다.

 이것을 주희는 체와 용으로 설명하기도 한다. 마음의 본체에 해당하는 것이 성(性)이고, 그 작용이 바로 정(情)이다. 그렇다면 성은 리이고, 정은 기라는 말도 가능하게 된다. 마음의 작용을 가리키는 말이 정인데, 주희는 활동의 능력을 가진 것이 기라고 했으니 정과 기는 서로 일치하는 면이 있다.

　성리학에서는 성(性)에 대한 논의가 상당히 많은데, 사실 이것도 불교의 영향이라고 할 수 있다. 하지만 불교에서 말하는 성(性)은 유학에서 말하는 인간의 본성을 말하는 것이 아니라 자성(atman)으로서 서양철학의 용어 실체(substance)라는 말과 같다. 자성(自性)이 없다는 주장이 불교의 이론들 가운데 가장 중요한 부분이기 때문에 불교에서 성에 대해서 자주 말하는 것은 당연하다. 그런데 같은 성(性) 자(字)를 쓰지만 유학에서 말하는 성은 맹자와 순자가 논의한 인간의 본성을 말한다.

　인간의 본성에 대한 논의는 맹자와 순자를 이어 송대의 유학에서도 가장 중요한 주제로 등장한다. 맹자는 이미 인간의 본성이 선하다는 주장을 하였는데, 인간의 악을 설명하는 부분은 완전하게 해결하지 못했다. 그런데 장재는 성을 기질지성과 천지지성으로 나누어서 천지지성을 원래의 선한 본성이라고 하고, 기질지성을 기질의 차이로 말미암아 생겨나는 성으로 여기서 악이 발생한다고 설명하였다.

　다시 말하면 인간의 악을 기의 차이로써 설명하려고 했다. 사람의 생김새가 모두 다르듯이 인간의 기질은 모두 서로 다를 수밖에 없다. 순수한 기질을 가진 사람도 있고 잡박한 기질을 가진 사람도 있다. 악은 바로 이러한 순수하지 못한 기질 때문에 생긴다는 이론이다.

　주희도 장재의 이론을 흡수하고 한층 더 발전시켰는데, 기 외에 리가 더 추가된 점이 특징적이다. 주희는 인간 본성의 선함은 리 때문이라고 하였는데 그것을 본연지성(本然之性)이라고 하고, 기로 말미암아 악의 가능성이 있는 성을 기질지성(氣質之性)이라고 하였다.

모든 사람의 마음은 리와 기의 합으로 이루어져 있는데, 모든 사람이 가지고 있는 리는 동일하지만 기는 맑고 흐린 정도가 각기 다르기 때문에 사람들의 마음이 달라진다. 이것을 주희는 여러 개의 유리병에 동일한 보석을 넣어 두고 거기에다가 어떤 병에는 맑은 물을 붓고, 또 어떤 유리병에는 흐린 물을 부었을 때 우리에게 그 보석들이 다르게 보이는 사실을 예로 들어서 설명하고 있다.

장재와 주희는 이 이론을 가지고 악의 근원을 설명하였고, 또한 개인적인 노력을 통해서 기질지성의 변화가 가능하다는 주장을 함으로써 왜 수양과 교육이 필요한지도 밝혔다. 성리학에서의 주된 공부는 기질을 변화시켜서 착한 마음을 가진 사람이 되는 것이다. 그리고 최종 목표는 성인(聖人)이 되는 데 있다. 원래 유학에서 성인에 대한 숭배가 있었지만 성인이 공부의 최종 목표가 된 것은 불교의 영향이 있었다.

불교에서는 누구나 깨달으면 부처가 될 수 있다는 이론이 그 핵심을 이룬다. 이러한 불교 사상이 유학에도 영향을 끼쳐서 성리학에서는 공공연하게 성인이 되는 것을 공부의 최종 목표로 삼았다. 이러한 유학의 공부 방법은 겉으로는 유학을 표방하고 있지만 속으로는 불교를 많이 닮아서 너무 마음의 수양에만 치중한 경향이 있었다. 그 결과 사회 전체가 전반적으로 정적(靜的)인 상태가 되었고, 개인들도 내면세계에 더 많은 관심을 가지게 되는 결과를 가져왔다.

그러나 철학사에서 성리학의 의미는 여러 학자들이 경전을 새롭게 해석했다는 점과 더 나아가서 경전에 구속되지 않고 철학자들이 자기 나름의 세계관을 자유롭게 전개할 수 있었다는 데에 있다. 그래서 철학자들이 논의할 수 있는 영역이 엄청나게 넓어졌기 때문에 수많은 학자가 각기 다양한 이론을 제시할 수 있었다.

   이러한 면에서 성리학이 유학의 영역을 확대하는 데 중요한 역할을 하였다. 장재와 이정(二程) 그리고 주희 이후에 중국과 한국 그리고 일본에서 수많은 성리학자가 배출되고, 다양한 철학의 체계가 나오게 된 것은 이러한 성리학의 특성 때문이라고 할 수 있다.

9장

이황의 신유학

1) 신유학의 수용
2) 이황의 생애
3) 리동설(理動說)
4) 사단칠정(四端七情) 논쟁
5) 정좌법(靜坐法)
6) 유교와 무속

이황의 신유학

1) 신유학의 수용

신유학이 언제 누구를 통하여 처음 우리나라에 들어왔는가 하는 문제에 대해서는 여러 가지 견해가 있다. 지리적으로 중국과 가깝기 때문에 학자들이 상당히 일찍부터 신유학에 대해서 알고 있었으리라 짐작이 된다. 하지만 불교가 강했기 때문에 공개적으로 연구하기는 그렇게 쉽지가 않았을 것 같다.

『고려사』에 따르면 백이정(白頤正)이 원(元)나라에서 정주학(程朱學)을 배워 왔다고 한다. 백이정은 1298년에 원나라에 가서 10년 동안 머물다가 1307년경에 돌아왔다. 그보다 앞서 고려 충렬왕 16년(1290)에 안향(安珦, 1243~1306)은 북경(北京)에 가서 주희의 책을 베끼고, 주희의 초상화를 그려 가지고 돌아왔다. 그는 그 책을 태학(太學)에서 직접 가르쳤다.

안향의 제자는 많았는데, 그 가운데 백이정, 권부(權溥), 신천(辛蕆), 우탁(禹倬) 등이 뛰어났다. 또한 백이정의 제자 가운데는 이제현(李齊賢, 1278~1367)과 박충좌(朴忠佐)가 가장 대표적인 학자이다. 이색

(李穡)은 바로 이제현의 제자로 고려 말의 대표적인 유학자이다.
　이색의 문하에서 정몽주(鄭夢周), 정도전(鄭道傳), 권근(權近) 등과 같은 훌륭한 유학자가 나왔다. 특히 정도전은 조선의 건국에 지대한 영향력을 발휘하였고, 유학이 조선의 국교가 되는 데 결정적인 역할을 하였다. 권근은 한층 더 순수하게 신유학을 연구하여 『입학도설』(入學圖說)과 『오경천견록』(五經淺見錄) 등을 저술하였다.
　이색과 정몽주 그리고 권근 등에게 신유학을 배운 길재(吉再)는 조선이 건국되자 벼슬길에 나가지 않고 금오산(金烏山)에 숨어서 제자들을 가르쳤다. 그의 문하에서 김숙자(金叔滋)가 나오고, 또 김숙자의 아들인 김종직(金宗直)은 그의 가르침을 이었다.
　다시 김종직의 문하에서 김굉필(金宏弼), 정여창(鄭汝昌), 김일손(金馹孫) 등의 학자가 나왔다. 김굉필의 제자인 조광조(趙光祖, 1482~1519)는 유학의 이상적인 정치를 직접 실현하려 하다가 그 꿈을 이루지 못하고 훈구파(勳舊派)의 모함에 빠져 비극적인 최후를 맞기도 했다.
　새로운 세력으로 등장한 사림파(士林派)와 기득권을 가지고 있던 훈구파의 대결이 치열할 때 벼슬길에 나가지 않고 조용히 학문 연구에 전념한 학자들도 많았다. 서경덕(徐敬德, 1489~1546), 성수침(成守琛), 조식(曺植), 정지운(鄭之雲), 김인후(金麟厚) 등이 바로 그런 인물이다.
　특히 서경덕은 기를 강조하는 철학을 세워 조선시대 유학의 발전에 크게 공헌하였다. 기를 중시하는 서경덕의 학설은 이후 이이(李珥, 1536~1584)를 거쳐 주기파(主氣派)를 형성하고 또한 실학자(實學者)들에게도 큰 영향을 끼치게 된다.

서경덕보다 조금 뒤에 이황(李滉, 1501~1570)이 나와 그 동안 이루어진 조선 신유학의 모든 성과를 종합하였다. 이황은 주희의 철학을 이해하고 설명하는 데 그치지 않고 그것을 한층 더 발전시키는 업적을 남겼다. 무엇보다도 그는 정신의 능력을 강조하는 철학의 체계를 수립함으로써 도덕의 기초를 튼튼히 하였고, 정신의 자유를 확보하였다.

2) 이황의 생애

이황은 연산군 7년(1501) 11월 25일에 지금의 경북 안동군 도산면 온혜리(溫惠里)에서 좌찬성(左贊成) 이식(李埴)의 7남 1녀 중 막내아들로 태어났다. 태어난 지 7개월 만에 아버지를 여의고 어머니 밑에서 어렵게 자랐다. 여섯 살 때 마을 노인에게 천자문(千字文)을 배웠고, 12세 때 작은아버지 우(堣)에게 『논어』(論語)를 배웠다. 20세경에는 『주역』에 심취해 침식을 거의 잊을 정도였다.

27세(1527)에 향시(鄕試)에서 진사시(進士試)에 합격하였고, 성균관에 들어가 다음 해 사마시(司馬試)에 급제하였다. 33세에 다시 성균관에 들어가 김인후와 사귀었으며 『심경부주』(心經附註)를 공부했다.

34세에 문과에 급제하여 승문원 부정자(副正字)로 등용되었다. 37세 때 어머니가 세상을 뜨자 3년 간 복상(服喪)하였다. 1539년에 홍문관 수찬(弘文館修撰)이 되었으며 이어서 사가독서(賜暇讀書)에 임명되었다. 또한 1543년에는 성균관 사성(成均館司成)에 임명되었다.

1546년에 낙향하여 낙동강 상류에 있는 토계(兎溪)에 양진암(養眞

庵)을 짓고 은거하였다. 이때 이황은 토계를 퇴계(退溪)로 고치고
자신의 호로 삼았다. 1548년에 다시 충청도 단양군수로 임명되었는
데, 그의 형이 충청감사로 부임하자 그는 경상도 풍기(豊基)군수로
자리를 옮겼다. 그곳에는 주세붕(周世鵬)이 안향을 기려 창설한 백운
동서원(白雲洞書院)이 있었다.

이황은 이 서원에 편액(扁額), 서적, 학전(學田)을 하사할 것을 조정
에 청원하였고, 임금은 소수서원(紹修書院)이라는 이름과 함께 서적
과 학전을 내렸다. 그래서 소수서원은 조선조 최초의 사액서원이
되었다. 임금이 서원의 이름을 내리는 것을 사액서원이라고 하는데
그만큼 권위가 있는 서원으로 자리잡을 수 있었다.

1549년 다시 물러나 퇴계의 서쪽에 한서암(寒棲庵)을 짓고 은거하
였다. 이후 이황은 조정에서 여러 차례 임용하려고 불렀으나 매번
사양하거나 사퇴하고 고향으로 돌아오곤 하였다. 관직에서 일하기보
다는 조용히 학문 연구에 몰두하는 생활이 그에게 더욱 잘 맞았던
모양이다. 개인적으로 건강 문제도 있었을 것이고, 당시 세상이 어수
선한 것도 그의 체질에 맞지 않았으리라.

1560년 그의 나이 60세 때 도산서당(陶山書堂)을 짓고 학문 연구와
제자의 교육에 전념하였다. 그에게는 제자들이 굉장히 많았는데
류성룡(柳成龍), 조목(趙穆), 김성일(金誠一), 황준량(黃俊良), 정구(鄭
逑), 이덕홍(李德弘), 이현일(李玄逸), 이상정(李象靖), 이진상(李震相)
등이 대표적인 인물이다.

그의 제자 가운데 정승을 지낸 사람이 10명이 넘고, 시호를 받은
인물이 30여 명이며, 대제학(大提學)을 역임한 사람이 10명이 넘는다.
서원과 사우(祠宇)에 배향된 사람이 74명에 이른다. 이것을 보면

수많은 인물이 이황의 문하에서 배출되었음을 알 수 있다.
　1568년(宣祖 1)에 대제학, 지경연(知經筵)에 임명되어 조정에 나아갔고, 선조에게 「무진육조소」(戊辰六條疏)를 올렸다. 그리고 신유학의 내용을 요약한 『성학십도』(聖學十圖)를 지어서 선조에게 바쳤다. 1569년에 다시 낙향하였고, 70세에 세상을 떠났다.

3) 리동설(理動說)

　이황의 신유학은 기본적으로 정이와 주희의 학문을 그대로 대부분 수용하고 있다. 그러나 이황은 정주학(程朱學)을 단순히 반복하거나 이해하는 데 그치지 않고 자신의 독창적인 주장을 전개함으로써 한국 신유학의 수준을 한 단계 끌어올렸다.
　일찍이 주희는 리와 기를 정의하면서 리는 활동 능력이 없다고 설명하였다. 활동 능력을 가진 것은 기이고, 기는 형체를 가진 것이라고 정의하였다. 그러나 주희의 이러한 설명 방식은 자칫 리를 단순히 기의 법칙 정도로 생각하게 할 수 있다. 리를 기의 법칙이나 원리라고 하면 자연 세계를 설명할 때는 문제가 없으나 인간의 마음을 설명할 때는 어려움을 만나게 된다.
　만일에 사람의 마음이나 정신도 기의 작용에 불과하다고 한다면 자연과 인간 사이의 차이도 사라지게 된다. 물체가 높은 곳에서 아래로 떨어지듯이 우리의 마음도 운동의 법칙에 따라서 움직여야만 하는 존재가 되고 만다. 그렇다면 우리 마음에서 일어나는 모든 생각과 그에 따른 행동도 필연적인 법칙에 따른 결과이므로 선악으로 나눌 수가 없게 된다.
　우리는 자연에서 일어나는 현상에 대해서 도덕적인 판단을 내리지 않는다. 눈이 오거나 비가 오는 것이 선한지 악한지를 따지지 않는다. 물이 높은 곳에서 낮은 곳으로 흐르는 현상에 대해서도 선과 악으로 판단하지 않는다.

그러나 우리는 인간의 생각과 행동에 대해서는 도덕적인 판단을 한다. 우리는 좋은 생각을 할 수도 있고 나쁜 생각도 할 수 있다. 좋은 생각을 하거나 나쁜 생각을 하는 주체는 바로 우리 자신이다. 저절로 좋은 생각과 나쁜 생각이 생기는 것이 아니라 우리가 적극적으로 좋은 생각을 할 수도 있고, 나쁜 생각을 할 수도 있다.

의도적으로 나쁜 생각을 하려고 한 것이 아닌데도 혹 그런 생각이 생겼다면 적극적으로 그 생각을 고쳐서 바르게 만드는 주체도 우리 자신이다. 이러한 우리의 마음이나 정신의 능력을 리와 기라는 개념만으로 설명하는 일은 쉽지가 않다.

이러한 어려움을 해결하기 위하여 이황은 리의 능동성을 도입할 수밖에 없었다. 기만 움직일 수 있는 능력이 있고, 리는 움직일 수 없다는 주희식의 개념 정의로는 우리의 마음을 제대로 설명할 수 없기 때문이다.

어떤 철학자들은 리는 움직임이 없다는 주희의 정의를 만고불변의 진리로 간주하기도 한다. 그러한 태도는 철학의 발전을 인정하지 않는 태도라고 할 수 있다. 조선시대에 주희를 존숭한 정도가 대단하였지만 그럼에도 불구하고 주희와는 다른 많은 이론이 나온 것은 높이 평가할 만하다.

리의 운동 능력에 대해서 이황은 말하기를 "태극에 동정(動靜)이 있다고 하는 것은 태극이 스스로 동정하는 것이고, 천명(天命)이 유행(流行)한다는 것입니다. 어찌 시키는 무엇이 따로 있겠습니까?"

[「답이달 이천기」(答李達 李天機)]라고 하였다. 일찍이 주염계는 태극도(太極圖)를 그리고 태극을 만물의 시초라고 하였으며, 그것의 움직임으로부터 만물이 나온다고 주장하였다.

그러나 주희는 태극을 리라고 정의하고 리는 스스로 움직이는 존재가 아니라 기가 움직이도록 하는 원리라고 보았다. 이제 이황은 이러한 리도 스스로 움직일 수 있는 능력을 가진다고 말함으로써 주희가 생각하는 리와는 상당히 다른 존재가 되고 말았다.

이황은 기의 움직임도 사실은 리로 말미암는다는 점을 강조하였다. 여기에 대해 이황은 "주자(朱子)가 일찍이 '리에 동정이 있으므로 기에 동정이 있다'고 말했습니다. 만약 리에 동정이 없다면 기가 어찌 스스로 동정할 수 있겠습니까? 이것을 알면 이것에 의심이 없을 것입니다"[「답이공 호」(答李公浩)]라고 하였다. 실제로 주희는 여러 가지 다양한 말을 많이 해서 서로 모순되는 내용들이 있다. 어떤 말을 중심으로 해석하느냐에 따라서 매우 서로 다른 결론에 이를 수도 있다.

주희의 "리에 동정이 있으므로 기에 동정이 있다"라는 말도 리에 동정의 이치가 있기 때문에 기에도 동정이 있다는 뜻으로 해석하면 리 자체가 꼭 움직이는 능력을 가질 필요는 없다. 하지만 이황은 리의 능력을 강조하였기 때문에 적극적으로 리에다가 운동의 능력까지도 부여하였다.

리는 선의 근원이요, 기는 악의 근원이라는 것이 이황의 견해이다. 주희도 인간의 본성을 기질지성과 본연지성으로 나누어서 악의 근원을 기질 때문이라고 말했다. 이것을 설명할 때 드는 비유가 바로 유리잔에 담긴 구슬이다. 여러 개의 유리잔에 똑같은 구슬을 각각 넣고 거기에다가 맑은 물을 넣거나 흐린 물을 넣으면 구슬은 서로 다르게 보이게 된다. 이것은 구슬이 서로 달라서 그런 것이 아니라 유리잔에 담긴 물이 서로 다르기 때문이다.

이와 같이 사람의 본성인 리는 동일하지만 어떤 기질을 가지고 있느냐에 따라서 사람들 사이에 서로 다름이 있다는 이론이다. 여기서 악의 근원은 기의 탁함이고, 리는 완전히 선한 존재이다. 그런데 주희의 이 이론을 그대로 밀고 나가면 인간의 선악은 거의 숙명적으로 결정되고 만다.

내가 어떤 기질을 타고나느냐는 것은 내가 결정할 수 있는 일이 아니다. 내가 나쁜 생각을 가진 사람이 된 것은 내 책임이 아니라는 이상한 결론에 도달할 위험이 있다. 이 문제점은 주희가 인간의 본성을 설명할 때 리를 너무 수동적인 존재로 보았기 때문에 발생하였다.

이황은 마음을 설명하면서 리를 체와 용으로 다시 나누어서 설명하고 있다. 체란 본체(本體)를 말하고, 용이란 작용(作用)을 말한다. 예컨대, 전기의 경우를 보면 그것은 빛으로 나타나기도 하고, 힘으로 나타나기도 하며, 열로 나타나기도 하는 등 다양한 능력을 가지고 있다. 이것을 전기라는 본체와 다양한 작용으로 설명할 수 있다.

마음의 능력에 대해서 이황은 "생각과 조작함이 없는 것은 리의 본연의 체이오. 그 깃들어 있다가 드러나서 이르지 않음이 없는 것은 이 리의 지극히 신묘한 작용입니다"[「답기명언」(答奇明彦)]라고 설명하였다. 리의 작용을 말하게 되면 주희가 리를 활동 능력이 없다고 한 정의에 맞지 않기 때문에 이황은 리를 체용으로 나누어서 그 문제를 해결하려고 한 것 같다.

이황이 생각하는 리는 서양철학에서 말하는 정신에 가깝다. 비질료적이면서 활동 능력을 소유한 존재가 서양의 정신인데, 리가 바로 그와 같다. 그러나 이황은 데카르트처럼 리와 기를 완전히 분리된 두 가지 실체로 보지는 않았다. 데카르트식으로 보면 리는 실체이지만 기는 실체가 될 수 없다. 퇴계는 운동의 능력을 기에만 부여하지 않고 리에도 부여함으로써 정신의 자유로운 능력을 강조하였던 것이다.

4) 사단칠정(四端七情) 논쟁

김안국(金安國)의 동생 김정국(金正國)이 벼슬에서 물러나 고양군 저동에 은거하고 있을 때, 정지운은 그에게 학문을 배웠다. 그는 동생 정지림(鄭之霖)에게 주기 위해 『성리대전』(性理大全) 가운데 있는 하늘과 사람의 관계에 대한 내용을 그림으로 그렸고, 그것의 이름을 『천명도설』(天命圖說)이라고 붙였다.

이황은 우연히 이 『천명도설』을 보았고, 나중에 정지운을 직접 만나 이것에 대해 의견을 교환하였다. 이황은 정지운이 "사단(四端)은 리에서 발하고, 칠정(七情)은 기에서 발한다"[四端發於理, 七情發於氣]라고 쓴 문구를 "사단은 리의 발이고, 칠정은 기의 발이다"[四端理之發, 七情氣之發]라고 고쳐 주었다. 정지운은 이황의 교정을 받아들이고, 이황의 후서(後序)까지 넣어서 세상에 공개하였다.

①-1 이것을 본 기대승(奇大升, 1527~1572)은 명종(明宗) 14년 (1559)에 이황에게 편지를 보내 이의(異議)를 제기하였다. 그에 따르면 발현되지 않은 사람의 마음은 성(性)이고 이미 발현된 마음은 정(情)이다. 그리고 사단이란 성이 처음 발현될 때 기가 작용하지

않아 본래적인 성이 곧바로 이루어진 것이다. 다시 말하면 정 가운데 절도에 맞는 것이 바로 사단이고 이것은 선하다. 그래서 사단과 칠정은 완전히 다른 것이 아니며 이것을 각각 리와 기로 나누어서 생각할 수 없다. 이러한 기대승의 생각은 장횡거의 기일원론과 유사한 점이 있다.

사단은 맹자가 말한 측은지심(惻隱之心), 수오지심(羞惡之心), 사양지심(辭讓之心), 시비지심(是非之心)을 말하고, 칠정은 『예기』(禮記)에 나오는 희(喜), 노(怒), 애(哀), 구(懼), 애(愛), 오(惡), 욕(欲)을 말한다. 기대승은 칠정 안에 사단이 포함된다고 주장하였다. 즉, 칠정과 사단이 모두 리와 기의 작용인데 그 가운데 선한 부분만을 말한다면 그것이 사단이라고 했다.

일찍이 주희는 리와 기로 세계를 설명하고 인간과 그 마음까지도 그 두 개념으로 설명하였다. 그래서 인간의 심(心)도 리와 기의 합으로 보았으며, 마음의 리를 성(性)이라고 하였다. 그러나 리와 기라는 개념은 자연을 설명하는 데는 문제가 없으나 인간의 마음을 설명하는 데는 한계가 있다.

자연을 설명하는 방식으로 인간의 마음을 설명하게 되면 인간에게만 있는 도덕적인 결단이나 의지의 자유를 제대로 해명할 수 없기 때문이다. 이러한 주희철학의 한계를 극복하려는 노력이 퇴계의 사단칠정론에 잘 나타나고 있다.

①-2 기대승의 이의에 이황은 같은 해 10월에 답장을 썼다. 이황은 이 편지에서 기대승의 논변 방식에 대해 "같은 점 찾기를 좋아하는 반면 분리하여 다른 점 찾기를 싫어하며, 합쳐 보기를 즐기는 반면 분석하기를 싫어합니다"라고 평하였다.

답장에서 이황은 기대승의 의견을 어느 정도 받아들이지만 자신의 본래 입장을 굽히지는 않았다. 사단과 칠정이 모두 정(情)이라 하더라도 사단은 완전히 선하고, 칠정은 선과 악을 겸하고 있기 때문에 그 근원을 따지면 역시 리와 기로 나눌 수 있다는 견해이다. 뿐만 아니라 이황은 『주자어류』(朱子語類)에 있는 주희의 "사단은 리의 발이고, 칠정은 기의 발이다"라는 말을 근거로 자신의 견해가 옳다는 점을 분명히 하였다.

주희는 사람의 마음을 설명하면서 리와 기라는 개념을 일관되게 사용하지 못했다. 그는 "사단은 리의 발이고 칠정은 기의 발이다"라 말하기도 하고, 다른 곳에서는 "정(情)은 성(性)이 발한 것"이라 말하기도 했다. 그러나 리를 정의하면서는 움직임이 없다고 말했다.

기대승은 리는 움직일 수 없다고 한 주희의 말을 진리로 여기고 충심으로 따랐다. 그래서 이황이 리의 활동을 인정하는 주장을 하자 반론을 제기하게 되었다.

②-1 이황의 답장을 받은 기대승은 1560년 8월에 다시 장문의 편지를 써서 이황의 설명에 반론을 폈다. 기대승은 이황이 보낸 편지를 12절로 나누어 상세하게 검토하고 자신의 견해를 밝혔다. 이 편지에서 그는 "선생님께서 나무라지도 않으시고 이처럼 간절히 편지를 주고받으실 줄을 어찌 생각이나 했겠습니까? 이 점이 바로 제가 우러러 탄복해 마지않는 바입니다"라고 말해 퇴계에게 감사하는 마음을 전하였다.

기대승은 계속해서 사단과 칠정은 모두 리와 기의 작용이라는 점을 강조했고, 그래서 사단을 리의 작용으로 칠정을 기의 작용으로 나누어서 보면 안 된다고 주장하였다. 특히 그가 사단도 기의 작용이라고 설명한 부분이 눈에 띈다.

그래서 사단과 칠정이 모두 절도에 맞으면 선이 되고 절도에 맞지 않으면 악이 될 수 있다는 결론에 도달하였다. 사단에도 절도에 맞지 않은 경우가 발생할 수 있다는 그의 견해는 문제가 있다. 이러한 그의 이론은 사실 장횡거의 기일원론에 더 가까운 면이 있다.

②-2 이러한 기대승의 반론에 다시 이황은 1560년 11월에 답장을 보냈다. 이 편지는 크게 세 부분으로 되어 있다. 먼저 처음에 보낸 편지를 부분적으로 고쳐서 다시 이 편지 앞에 붙였다. 다음은 기대승의 반론에 대한 답변이 나온다. 끝에는 후론이 첨부되었다.

이황은 사단에도 기가 있고 칠정에도 리가 있다는 기대승의 견해를 인정하였다. 그러나 그는 어느 쪽을 중심으로 보느냐에 따라 리와 기를 나누어서 말하는 것도 가능하다고 주장했다. 사단에 기가 없지는 않지만 사단을 리의 발이라고 말하고 칠정에 리가 없지는 않지만 기의 발이라고 말하는 까닭은 리를 위주로 말하고 기를 위주로 말하기 때문이다.

또한 이황은 사단과 칠정을 사람이 말을 타고 출입하는 것에 비유하여 설명하였다. 사람이 말을 타고 갈 때 어떤 사람은 넓게 보아 "간다"라고 말하니, 이것은 사단과 칠정을 섞어서 말한 경우이다. 어떤 사람은 "사람이 간다"라고 말하는데 이것은 사단만을 말한 경우와 같다. 또 어떤 사람은 "말이 간다"라고 말하니 칠정만을 말하는 경우와 같다.

이 편지에서 이황은 최종 절충안인 "사단은 리가 발함에 기가 따른 것이고, 칠정은 기가 발함에 리가 탄 것"[四則理發而氣隨之, 七則氣發而理乘之]이라는 견해를 내놓았다. 여기에 대해 그는 "나 역시 칠정이 리와 관계없이 바깥 사물과 우연히 접촉하여 감동한다고 생각하지는 않습니다. 마찬가지로 사단이 사물에 감응하여 움직이는 것도 진실로 칠정과 다르지 않습니다. 단지 사단은 리가 발함에 기가 따르는 것이고, 칠정은 기가 발함에 리가 타는 것일 뿐입니다"라고 말하였다.

③-1 이황의 답장에 대해서 기대승은 어느 정도 만족은 하면서도 자신의 의문을 완전히 해소하지는 못했다는 내용의 편지를 1561년 1월에 썼다.

기대승은 이황의 최종 절충안인 "사단은 리가 발함에 기가 따른 것이고, 칠정은 기가 발함에 리가 탄 것"[四則理發而氣隨之, 七則氣發而理乘之]이라는 문구를 "정이 발함에 있어서 어떤 경우는 리가 움직이는데 기가 함께 하기도 하고, 어떤 경우는 기가 감응하는데 리가 타기도 한다"[情之發也, 或理動而氣俱, 或氣感而理乘]로 고치고 싶다고 제안하였다.

또한 그는 이황이 편지에서 "사람의 한 몸은 리와 기가 합하여 생겨난 것이기 때문에 두 가지가 번갈아 발하고 또한 서로 따르게 되는 것이다. 번갈아 발한다면 각각 주되는 것이 있음을 알 수 있고, 서로 따른다면 함께 그 속에 있음을 알 수 있다"라고 말한 내용에 대해서도 찬성하지 않았다.

기대승은 리의 발이라는 이황의 표현이 못마땅했던 모양이다. 그는 주희의 이론을 충실히 따르려고 애썼다. 주희는 리를 정의하면서 움직임도 없고 생각도 없다고 했다. 기대승은 이것을 해와 구름의 비유로 설명하였다.

리는 해가 공중에 있는 것에 비유할 수 있습니다. 그 빛은 늘 새로워서 비록 구름과 안개가 일어도 줄어들지 않고 늘 그대로입니다. 다만 구름과 안개가 가렸기 때문에 흐리기도 하면서 날씨가 고르지 않은 것입니다. 그러다가 구름이 흩어지고 안개가 걷히면 빛이 다시 아래 세상에 두루 비칩니다. 하지만 이것은 빛이 더해진 것이 아니고 본래 그대로입니다. 리와 기의 관계도 이와 같습니다.

기대승은 리의 불변과 부동을 설명하기 위하여 이와 같은 비유를 사용하였다. 주희의 리에 대한 개념 정의를 다시 한 번 강조함으로써 이황의 최종 절충안에도 여전히 문제가 있음을 지적하기 위해서다. 하지만 기대승의 비유를 잘 보면 오히려 리동을 주장한 이황의 견해를 더 잘 대변하는 듯하다. 태양은 가만히 있지 않고 끊임없이 에너지를 방출하여 천지만물을 창조하고 길러주고 있다. 심지어 구름이나 비도 사실은 태양의 에너지가 만든 산물일 따름이다.

기대승의 입장을 요약하면, 사단과 칠정은 같은 마음의 작용인데 사단은 그 가운데 선한 부분을 가리키는 이름이고, 리가 작용한다는 퇴계의 생각은 주희의 견해와 맞지 않는다. 기대승은 주희의 이론을 진리로 인정해서 그것을 고수하려고 노력하였다.

하지만 이러한 기대승의 입장을 그대로 따른다면 인간의 감정뿐만 아니라 모든 생각까지도 기의 작용에 불과하다는 결론에 이르게 된다. 이렇게 되면 인간 사유의 창조성은 물론 의지의 자유가 들어설 자리도 사라지고 만다. 이것은 서양철학에서 유물론(唯物論)이 도달한 결론과 똑같아질 위험성이 있다.

서양철학사에서 데카르트의 위대함은 바로 그가 정신의 자유를 보장하는 철학적인 이론을 정립한 데 있다. 이론적인 어려움이 있었음에도 불구하고 그는 정신과 물질을 엄밀히 분리함으로써 정신이 물질에 영향을 받지 않는다는 주장을 펼쳤다. 이후에 서양에서는 데카르트의 영향을 받아 정신과 물질의 분리를 지나치게 강조함으로써 오히려 문제를 만들기도 했다.

③-2 기대승의 편지에 답장을 썼지만 보내지는 않고 그 대신 "짐 실은 두 사람 경중을 다투지만, 높낮음을 헤아려 보면 이미 공평하네. 이쪽을 누르고 저쪽으로 돌리자면, 짐의 무게 어느 때나 공평해질까?"라는 시(詩) 한 수를 보냈다.

퇴계는 이 편지를 1562년 10월에 보내는데 기대승이 보낸 편지에서 한 마리 말에 짐 실은 두 사람의 비유를 먼저 했기 때문에 이런 시를 보내게 되었다. 말에 짐을 싣고 가다보면 한쪽으로 짐이 쏠릴 경우가 생기게 된다. 이 경우에 두 사람이 현명하게 대처해야 짐이 한쪽으로 기울어져 뒤집히는 일을 막을 수 있다는 기대승의 이야기이다.

한국철학사에 이 두 사람의 철학적 논쟁은 커다란 의미를 지닌다. 이황의 입장을 한층 더 분명하게 밝힐 수 있는 기회가 되었고, 그러한 그의 이론에 어떤 반론이 가능한가를 잘 보여주었기 때문이다. 기대승이 주희의 이론을 고수하려고 노력했지만 이황은 이미 주희를 벗어나 자신의 이론을 전개하고 있어서 완전한 의견 일치는 어려웠다.

④-1 이 시를 보고서 기대승은 1566년 7월에 다시 『사단칠정후서』(四端七情後書)와 『사단칠정총론』(四端七情總論)을 지어 이황에게 보냈다. 『사단칠정후서』에서 기대승은 사단이 리의 발이고, 칠정은

기의 발이라는 생각을 인정하여 어느 정도 이황의 견해에 동조하였다. 그러면서도 칠정 가운데 절도에 맞는 부분이 사단과 다르지 않다는 처음의 주장을 굽히지는 않았다.

『사단칠정총론』에서 기대승은 주희가 사단은 리의 발이고, 칠정은 기의 발이라고 말한 점을 인정하였다. 물론 리나 기가 단독으로 발하지는 않지만 어느 것을 위주로 보느냐에 따라 나누어서 말할 수 있다고 하였다.

④-2 한층 더 타협적인 편지를 받은 이황은 1566년 10월에 보낸 답장에서 "사단칠정에 대한 『총설』과 『후설』 두 편의 의론(議論)은 매우 명확하며, 뒤섞이고 엉클어지는 병폐가 없습니다. 안목이 매우 정당하여 홀로 밝고 넓은 근원을 볼 수 있었으며, 또한 옛날 견해의 조그마한 착오까지도 모두 다 고치고 새 뜻(퇴계의 설을 말함)을 따랐으니, 이것은 특히 남들이 하기 어려운 점입니다. 정말 훌륭합니다!"라고 칭찬하였다.

그리고 다음 해인 명종 21년(1566) 11월 6일에 이황은 다시 한 통의 편지를 기대승에게 보내 8년에 걸친 "사단칠정 논쟁"을 마무리지었다. 이 편지에서 이황은 "그대의 글에 '리의 발동은 오로지 리만을 가리키는 말이고, 기의 발동은 리와 기를 섞어서 말한 것이다'라는 것이 있습니다. 저는 일찍이 이 말을 가지고 '근본은 같으나 끝이 다르다'고 했습니다. 저의 견해는 원래 위의 말과 같았으니, 이른바 '근본이 같다'는 것입니다. 그대는 이것을 토대로 마침내 '사단칠정은 반드시 리기(理氣)로 나눌 수 없다' 했으니, 이른바 '끝이 다르다'는 것입니다. 그러나 지난날 그대의 견해와 논의가 이번에 보내온 두 가지 설과 같이 명료하고 투철했다면 어찌 끝의 다름이 있겠습니까?"

라고 말했다.

  두 사람이 동일한 결론에 도달하지는 못했지만 서로 가까이 접근한 것은 사실이다. 이 논쟁의 의미는 역시 주희가 자세하게 다루지 못한 사람의 성(性)과 정(情)에 대해서 깊이 있게 생각할 수 있는 기회가 되었다는 데 있다. 이것은 조선 신유학이 주희의 신유학을 발판으로 앞으로 한 발 더 나아갔음을 뜻한다.

5) 정좌법(靜坐法)

  성리학에서는 오래 전부터 정신과 육체의 건강에 유익한 정좌법을 발전시켜 왔다. 이것은 물론 불교나 도교 등에서 가져온 수행법이지만, 그들에게 뒤떨어지지 않을 정도의 수준으로 발전시켰다.

  주희의 스승으로 잘 알려진 이연평(李延平, 1093~1163)은 정좌(靜坐)를 대단히 중시하였다. 그래서 그는 "학문의 방법은 말을 많이 하는 데 있지 않고, 묵묵히 앉아서 마음을 맑게 하여 천리(天理)를 체인(體認)하는 것이다. 보는 것에 있어 비록 터럭 하나만큼이라도 사욕(私慾)이 일어나면 역시 보지를 마라. 이것을 오랫동안 힘쓰면 점차로 거의 밝아져서 마침내 학문을 연구하는 데 힘을 얻게 된다"[『주자대전』(朱子大全)「행장」(行狀)]라고 주장하여서 공부하는 데 있어 말을 하고 듣는 방법보다는 자기가 정좌를 해서 직접 깨닫는 방법을 권유하고 있다.

  이연평뿐만 아니라 당시의 유학자들은 모두 선불교(禪佛敎)의 좌선(坐禪)에 익숙해져 있었다. 이연평의 정좌가 주목을 받는 이유는 바로 그가 선불교의 좌선과는 다른 유가의 정좌법을 제시했기 때문이다.

이황에 따르면 이연평의 정좌는 본체를 깨달아 알기 위한 것도 아니고, 일상사를 떠나서 오로지 마음만을 안정시키기 위한 것도 아니다. 그것은 어디까지나 심신 수련의 한 수단이다. 몸과 마음이 긴장해 있지 않으면 혼란해진다. 몸과 마음이 혼란하면 앎과 행동이 제대로 될 수 없다. 그렇게 되지 않기 위해서는 자세를 바르게 해서 몸과 마음이 산만하지 않도록 수렴해 가지 않으면 안 된다. 이황은 이연평이 정이나 주희와 같이 경(敬)의 방법을 말하지는 않았으나 그것과 마찬가지라고 평가하였다.

주희는 이러한 이연평의 정좌법과 정호와 정이의 경(敬)의 방법을 종합하여 자신의 정좌법을 완성하였다. 정이는 "이른바 경이란 오로지 마음을 하나로 모으는 것이고, 마음을 하나로 모으는 것은 마음이 움직이지 않는 것이다"[『이정전서』(二程全書)「유서」(遺書)]라고 하였다. 그리고 "경에 마음을 집중한다는 것은 하나로 마음을 모으는 것이다. 하나가 아니면 둘, 셋이 되기 때문에 참으로 마음이 한 가지 일에 매인다면 다른 일이 끼어들지 못한다. 하물며 성에 마음을 모은다면 어떠하겠는가?"[『이정전서』「이선생수언」(二先生粹言)]라고도 하였다.

그는 "마음을 하나로 모으면 동쪽으로 가지도 않고 서쪽으로 가지도 않으니, 이와 같으면 이것이 중(中)이다. 이미 이쪽으로 가지도 않고 저쪽으로 가지도 않으니 이와 같으면 마음이 보존되고, 이와 같으면 천리가 밝아진다"(『이정전서』「유서」)라는 말도 하였다. 이렇게 마음을 집중하는 정좌법은 정이가 결국 불교나 도교의 방법을 개조하여 유학의 공부 방법으로 채택한 것이다.

정이와 주희의 정좌법이 불가나 도가의 방법과 유사하지만 가장 근본적인 차이는 역시 마음의 상태를 허(虛)나 무(無)의 경지로 만들려고 하는 명상이 아니라 마음을 하나로 집중하려는 데 있다. 이것을 사상채(謝上蔡)는 상성성(常惺惺)이라고 표현하기도 하였다.

상성성이란 다른 게 아니라 항상 마음이 깨어 있는 상태, 정신을 차리고 있는 상태라고 할 수 있다. 정신을 차리고 마음을 한 곳에 집중함으로써 다른 생각이 감히 일어나지 못하도록 하는 방법이다. 이것은 단순히 정신을 집중하는 방법에 머물지 않고 자신의 마음을 선하게 만드는 공부이기도 하다. 외적(外的)으로 아무리 예에 맞는 행동을 한다 하더라도 마음속에서 우러나오는 것이 아니라면 진정으로 선한 것이 될 수 없다. 마음속까지도 완전하게 선하게 만들려고 하는 노력이 바로 정좌의 공부이다.

주희의 정좌법을 잘 이어나간 사람이 바로 이황이다. 그의 제자 김성일이 이연평의 정좌법에 대해서 질문을 하자 이황은 "정좌한 뒤라야 몸과 마음이 거두어져서, 도리(道理)도 비로소 한 곳에 모이게 된다. 만일 몸뚱이가 흐트러지거나 잘 통제되어 있지 않으면, 마음은 혼란할 것이며 도리는 흩어져 갈 바를 못 잡는다. 그러므로 주희는 이연평을 마주 대해서 온종일 정좌하고, 물러 나와 혼자 있을 때도 또한 정좌하였다"[『퇴계전서』(退溪全書)「언행록」(言行錄)]라고 대답하였다. 이황은 다음과 같은 마음가짐을 제자에게 가르치고 있다.

> 오는 것을 맞아들이지 않고 가는 것을 좇지 않는다는 논의는 대략 옳다. 비유컨대 한 집의 주인인 늙은이가 늘 집안에 있으면서 집안일을 마땅하도록 주간(主幹)하는데, 손님이 밖에서 자기 집에 올 때 다만 집 앞뜰에서 맞이하고 응대하며 손님이 갈 때에도

앞뜰을 벗어나지 않고 전송한다면, 비록 날마다 맞아들이고 보내고 한들 집안일에 무슨 해가 되겠는가? 만일 이렇지 않고 동서남북에서 손님이 어지럽게 자기 집을 찾아오는데 번번이 쉬지 않고 집 뜰을 멀리 벗어나서 마중하여 가깝게 접대하고 손님이 갈 때에도 역시 그와 같이 한다면, 그 자신의 가옥은 도리어 주관하는 사람이 없게 되어 도둑 떼가 종횡으로 때려 부수고 어지럽힌 다음에 물러갈 것이니, 평생 다시 와서 돌아볼 수도 없게 된다. 어찌 크게 슬픈 일이 아니겠는가? [『증보퇴계전서』(增補退溪全書)「이자수어」(李子粹語)]

여기서 퇴계가 말하는 정좌의 방법에 따르면 너무 한 생각에 집착을 해도 안 되고 그렇다고 완전히 아무런 생각을 하지 않아도 안 된다. 그래서 늘 마음을 각성한 상태로 있으면서도 어떤 한 생각에 너무 집착을 하지 않는 것이 바로 정좌에서 추구하는 마음의 상태라 할 수 있다.

실제로 신유학의 공부 방법에서 정좌는 핵심을 이루고 있는데, 근래에 와서 이 방법은 완전히 무시되고 있다. 이것은 지금 신유학을 연구하는 대부분의 학자가 신유학 가운데서 서양철학과 비슷한 부분만을 철학으로 인정하고 그것을 연구하고 있기 때문이다. 이것은 또 서양철학과 동양철학의 근본적인 차이를 간과하였기 때문에 생긴 결과라고 할 수 있다. 오늘날 우리가 신유학에서 배울 수 있는 것 가운데 특히 중요한 것은 그들의 철학적인 논쟁이 아니라 바로 이러한 명상법(冥想法)이다.

명상(冥想)은 밖으로 향하는 나의 마음을 안으로 끌어와 내면세계를 바라보게 하는 것이다. 그렇게 함으로써 끝없이 일어나는 갖가지 욕망을 억제하고 선한 마음의 본체가 밝게 드러나고 성장하게 한다. 이미 맹자는 그것을 알아서 부동심(不動心)과 호연지기(浩然之氣)를 말하였다. 부동심과 호연지기는 저절로 생기는 게 아니라 오랫동안의 수련을 통해서 생기게 된다.

우리가 건강하게 살아가기 위해서는 육체적으로 일을 하든지 운동을 하여서 끊임없이 육체를 움직이고 더 나아가서는 단련을 하여야 한다. 그렇게 하지 않으면 우리의 몸은 약해지고 병이 생기게 된다. 이것은 기계를 사용하지 않고 가만히 두면 금방 고장이 나는 것이나 마찬가지이다. 운동을 많이 하면 우리의 근육은 단단해지고 강한 힘을 가질 수도 있다. 그러므로 운동을 하는 것이 건강을 위하는 가장 좋은 방법이라 할 수 있다.

그런데 육체를 단련하는 운동만으로는 건강한 삶을 살 수 없다. 마음을 단련하는 공부도 함께 해서 심신(心身)의 균형을 유지해야만 정말 건강한 생활을 할 수 있다. 마음을 단련하는 공부가 바로 옛날 유학자들이 실천하였던 정좌법이다. 불교에서는 지금도 스님들이 늘 참선을 하고 있다. 불교의 참선이나 유학의 정좌가 똑같은 방법은 아니지만 마음을 단련하는 점에서는 같다.

6) 유교와 무속

유교가 국교(國敎)가 된 조선시대에도 무속(巫俗)은 여전히 활발히 살아 있었다. 유학자들은 불교뿐만 아니라 무속도 배척하였지만 그것을 완전히 없앨 수는 없었다. 조선시대에 불교와 무속은 이미 이 땅에 뿌리를 내리고 있던 기성 종교였고, 유교는 밖에서 들어온 낯선 종교일 뿐이었다. 그러나 국가에서 강력하게 지원하는 종교였던 만큼 서서히 자리를 잡아갔고 그 세력을 확장하였다. 그러나 민중의 의식 속까지 완전하게 세뇌시키기에는 역부족이었다.

　유교에서 일반인들이 가지고 있던 강력한 종교적인 욕구를 그나마 조금 해소시켜 줄 수 있었던 의례는 바로 제례(祭禮)였다. 이미 우리 민족은 오랫동안 천지(天地), 일월성신(日月星辰)을 비롯하여 바람, 비, 산악, 바다, 강, 선왕(先王), 선조, 선사(先師) 등 수많은 신에게 제사를 지내왔다. 유교가 들어오면서 이제 조상신(祖上神)이 가장 중요한 신으로 대접을 받았으며, 조상신을 섬기는 여러 가지 제례가 가장 중요한 의식(儀式)이 되었다.

　고려 말에 이미 이색은 그의 아버지가 죽자『주자가례』(朱子家禮)에 따라 당시의 통속적인 불교 의식을 버리고 3년 상을 지냈다는 기록이 『고려사』에 나온다. 정몽주는『주자가례』에 따라 선비와 일반 백성들에게 가묘(家廟)를 만들게 하였다.

　태조는 즉위교서(卽位敎書)에서 "관혼상제(冠婚喪祭)는 나라의 대법(大法)이며, 인륜을 두텁게 하고 풍속을 바르게 하는 것이다"라고 해서 유교의 관혼상제를 적극 권장하였다. 정도전도『조선경국전』(朝鮮經國典)에서 "관혼상제가 예(禮)의 가장 큰 것이다"라고 하여 사례(四禮)를 강조하였다. 이렇게 국가적인 차원에서 유교의 가례(家禮)를 권장함으로써 유교를 전파하는 데 힘썼다.

　『주자가례』의 처음 부분에는 사당(祠堂)을 만들고 조상신을 섬기는 방법을 자세히 기록해 놓았다. 집에다가 사당을 세우고 거기에다가 조상의 위패(位牌)를 모시는 것은 유교의 종교적인 모습을 잘 보여준다. 조상신을 모시는 의식은 매우 복잡하고 또한 엄하였다. 사당에

9장 이황의 신유학 261

모셔진 조상신을 섬기는 의례를 사당제(祠堂祭)라 한다. 사당제는 신알례(晨謁禮), 출입례(出入禮), 참례(參禮), 천신례(薦新禮), 고사례(告辭禮) 등 다섯 종류가 있다.

신알례는 주인이 매일 새벽에 일어나서 심의(深衣)를 입고 사당의 외문 안에 들어가 분향하고 재배하는 것을 말한다. 출입례는 주인이나 주부가 가까운 곳에 출입할 때 사당 대문 안에 들어가 간단히 쳐다보고 예를 올리고 돌아와서도 이와 같이 하는 것이다.

참례는 매달 초하루와 보름날, 정조(正朝)와 동지(冬至)에 지내는 제사를 말한다. 천신례는 청명, 한식, 단오, 중양(重陽)에 올리는 제사이다. 이때는 별식이나 과일 등을 진설(陳設)하며, 제의 절차는 참례와 같다.

고사례는 집안에 무슨 일이 생기면 사당에 고유(告由)하는 것을 말한다. 즉, 돌아가신 조상에게 추증(追贈)이 내려 신주(神主)의 분면(粉面)을 고칠 때, 적자(嫡子)가 태어났을 때, 벼슬길에 나갈 때, 돌아가신 부모의 생일이나 늙어서 아들에게 가사(家事)를 위탁할 때, 사당을 수리할 때, 이사를 갈 때 고사례를 올린다. 고사례의 절차는 참례와 같으나 주인이 헌작(獻爵)한 다음에 축관(祝官)이 고사(告辭)를 읽는 절차가 있다.

『주자가례』에는 여섯 가지 종류의 제사에 대해서도 자세히 설명하고 있다. 첫 번째로 사계절 철마다 지내는 사시제(四時祭)가 있다. 봄에는 2월, 여름에는 5월, 가을에는 8월, 겨울에는 11월에 지낸다.

두 번째로 초조제(初祖祭)는 시조(始祖)에게 제사지내는 것인데, 주희는 이 제사는 지금 모두 감히 지내지 않는다고 하였다. 이 제사는 왕실에서만 지낼 수 있었기 때문에 그렇게 말하였다.

세 번째로 선조제(先祖祭)가 있다. 이것은 선조에게 지내는 제사이다. 네 번째로는 아버지의 제사[禰祭]가 있다. 이 제사는 음력 9월에 지낸다.

다섯 번째로 기일제(忌日祭)가 있다. 기일제는 4대조까지의 기일에 지내는 제사이다. 기제(忌祭)라고도 한다. 기일(忌日)이란 자기를 기준으로 하여 고조(高祖)까지의 조상을 포함하는 친속(親屬)이 사망한 날을 뜻한다. 여섯 번째로 묘제(墓祭)가 있다. 묘제는 조상의 묘에서 지내는 제사를 말한다. 3월 상순에 지낸다.

신유학의 제례는 사람들의 종교적인 욕구를 해소시키는 데 큰 역할을 하였다. 그리고 이러한 제례는 또한 우리 민족의 전통적인 행사와 융합하였다. 말하자면 유교는 무속과 결합을 한 것이다. 그래서 겉으로는 유학의 모습을 지니고 있지만 그 내면에는 무속의 정신이 여전히 흐르고 있었다. 한 집안에서도 남자들은 유교의 경전을 읽고 유학자의 예의를 배우고 실행하였지만 부인들은 무당에게 의지하였다. 궁궐에서도 왕은 유교적인 정치를 하였지만 내전(內殿)에 있는 여자들은 무당의 힘을 믿었다.

10장

이이의 신유학

1) 이이의 생애
2) 기발리승일도설(氣發理乘一途說)
3) 개혁 사상

이이의 신유학

1) 이이의 생애

이이(李珥)는 중종(中宗) 31년(1536) 강릉 북평촌(北坪村) 외가에서 태어났다. 아버지는 사헌부 감찰(司憲府監察) 이원수(李元秀)이며, 어머니는 현모양처의 사표로 추앙받는 사임당(師任堂) 신 씨(申氏)이다. 본관은 덕수(德水), 자(字)는 숙헌(叔獻), 호는 율곡(栗谷)이다. 어릴 때의 이름은 현룡(見龍)인데, 그의 어머니가 그를 낳던 날 흑룡이 바다에서 집으로 날아 들어와 서리는 꿈을 꾸었다 하여 붙인 이름이다.

그는 어릴 때부터 매우 총명하여 3~4세에 말과 문자를 함께 배우기 시작하였다. 6세 때 강릉에서 서울로 돌아왔다. 8세에는 이미 시문을 잘 지어 신동이라 일컬어졌다. 1548년(明宗 3) 13세 때 진사시에 합격하였고, 16세 때에 어머니가 돌아가자, 파주(坡州) 두문리(斗文里) 자운산(紫雲山)에 장례하고 3년 간 시묘(侍墓)하였다.

19세 때 금강산에 들어가 불교를 공부하고 다음 해 20세에 하산해 강릉에서 유학을 공부하였다. 1556년(명종 11) 21세 때 서울로 돌아와 한성시(漢城試)에 수석 합격하였다. 22세에 성주(星州) 목사(牧使) 노경린(盧慶麟)의 딸과 혼인하였다.

23세가 되던 해 봄에 예안(禮安)의 도산(陶山)으로 이황을 방문하였다. 이때 퇴계는 58세였는데 이이의 재능을 높이 평가하였다. 그해 겨울의 별시(別試)에서 「천도책」(天道策)을 지어 장원(壯元)을 하였다. 이 「천도책」은 국내뿐만 아니라 중국에까지 알려진 명문장이다. 그는 전후 아홉 차례 과거에 모두 장원을 했기 때문에 구도장원공(九度壯元公)이라 불리었다. 1561년 26세 때 아버지가 돌아가셨다. 1564년 7월에 생원(生員) 진사시에 합격하고 8월에 명경시(明經試)에 급제하여 호조좌랑(戶曹佐郎)에 임명되었다.

1565년 봄에 예조좌랑(禮曹佐郎)이 되었고, 8월에 요승(妖僧) 보우(普雨)와 권간(權奸) 윤원형(尹元衡)을 처벌하라는 상소문을 올렸다. 1568년 천추사(千秋使)의 서장관(書狀官)으로 명(明)나라에 다녀왔다. 1569년 34세 때 선조에게 「동호문답」(東湖問答)을 지어 올렸다. 다음 해에 교리(校理)에 임명되었으나 병으로 사직하고 처가가 있던 해주로 갔다. 퇴계의 부음(訃音)을 듣고 크게 슬퍼하였다.

1574년 39세 때 우부승지(右副承旨)에 임명되어 「만언봉사」(萬言封事)를 올렸다. 그는 「만언봉사」에서 "정치는 시세(時勢)를 아는 것이 중요하고, 일에는 실지의 일을 힘쓰는 것이 중요한 것이니, 정치를 하면서 시의(時宜)를 알지 못하고, 일을 할 때 실효를 거둠에 힘쓰지 않는다면 비록 성현이 서로 만난다 하더라도 다스림의 효과를 거둘 수 없습니다"라고 하였다.

10월에 황해도 관찰사에 임명되었다. 이후 여러 가지 벼슬에 임명되었으나 병으로 자주 사퇴하였다. 1582년 47세에 이조판서에 임명되고, 왕명으로 「인심도심설」(人心道心說)을 지어 올렸다. 다음 해 병조판서로서 「시무육조」(時務六條)를 올렸고, 경연(經筵)에서 외적의 침입을 대비해 10만 양병(養兵)을 주청하였다.

1584년 이이는 49세의 젊은 나이에 서울 대사동(大寺洞)에서 세상을 떴다. 문묘(文廟)에 종향(從享)되었으며, 파주의 자운서원(紫雲書院), 강릉의 송담서원(松潭書院) 등 20여 개 서원에 배향(配享)되었다. 시호는 문성(文成)이다.

2) 기발리승일도설(氣發理乘一途說)

이이의 친구인 성혼(成渾, 1535~1598)이 1572년 여름 그의 나이 38세 때 당시 37세였던 이이에게 이황의 사칠론(四七論)에 대한 견해를 묻는 편지를 보냈다. 이후에 두 사람은 서로 편지를 주고받으면서 학술 토론을 벌였으며, 1578년까지 무려 6년 간 계속되었다. 지금 이이가 보낸 편지는 9통 모두 전해지고 있으나 성혼의 편지는 제3, 7, 8, 9서(書)가 없어지고 나머지 제1, 2, 4, 5, 6서가 남아 있다.

①-1 성혼의 첫 번째 편지는 별지(別紙)도 있어서 보충 질문을 따로 하였다. 성혼은 별지에서 인심(人心)과 도심(道心)이라는 개념에 대해 질문을 하였고, 그것들과 사단칠정은 어떤 관계에 있는지를 물었다.

별지에서 그는 "인심과 도심의 발함은 그 근원에 주리(主理)와 주기(主氣)의 다름이 있어서, 여러 의론(議論)이 없던 요순시대에도 이미 이러한 설이 있었고, 성현들의 종지(宗旨)가 모두 두 갈래로 말해졌던 것입니다. 그렇다면 지금 「사단칠정도」(四端七情圖)를 만들면서 리에서 발한다거나 기에서 발한다고 하는 것이 어찌 가능하지 않습니까? 리와 기의 호발(互發)은 바로 천하의 정해진 이치입니다. 그렇다면 퇴계의 견해는 역시 정당한 것이 아니겠습니까?"라고 율곡의 의견을 물었다.

인심과 도심이라는 말이 처음 나오는 곳은 『서경』(書經) 「대우모편」(大禹謨篇)으로 거기에는 "인심은 위태롭고, 도심은 은미하다"[人心惟危, 道心惟微]라는 구절이 있다. 성혼은 처음에 퇴계의 사칠설(四七說)에 대하여 의심을 품고 있었는데, 하루는 주자의 『중용』 서문에 있는 "인심은 형기(形氣)의 사사로움에서 발생하고 도심은 성명(性命)의 바름에서 발생한다"라는 글을 읽고 주자도 역시 인심 도심을 두 가지로 나누어서 말하였으니 퇴계의 이기호발설(理氣互發說)도 맞는 생각이 아닌가 하고 율곡의 견해를 물었던 것이다.

①-2 이러한 첫 번째 질문에 율곡은 "마음은 하나이지만 인심과 도심으로 나누어 말하는 것은 성명에서 나오는 것과 형기에서 나오는 것의 구별이 있기 때문이요, 정(情)은 하나인데 사단이라고도 하고 칠정이라고도 하는 것은 오로지 리만 말한 것과 기를 겸하여 말한 것이 같지 않기 때문입니다. 그러므로 인심과 도심은 서로 겸할 수 없으나 서로 처음과 끝이 되며, 사단은 칠정을 포함할 수 없으나 칠정은 사단을 포함할 수 있습니다. 도심의 은미함과 인심의 위태로움에 대해서는 주자의 설명이 극진합니다. 사단은 칠정에 비해 온전하지 못하고, 칠정은 사단만큼 순수하지는 못합니다. 이것이 저의 어리석은 견해입니다"라고 대답하였다.

여기서 율곡은 먼저 인심과 도심의 관계를 설명하고 다음으로 사단과 칠정의 관계를 설명하였다. 인심과 도심은 완전히 달라서 서로 포함할 수 있는 관계가 아니지만 사단은 칠정에 포함되는 점을 지적하였다. 특히 율곡은 인심과 도심은 각기 그 출발점은 다르지만 중간에서 인심이 도심이 되거나 도심이 인심으로 변할 수 있다는 점을 강조하였다.

편지에서 이이는 이황처럼 사단과 도심을 같은 것으로, 칠정을 인심과 같은 것으로 보지 않음을 분명하게 밝혔다. 이 부분에서 이이는 성혼과 견해를 같이 하고 있다. 그리고 이이는 사단칠정과 인심 도심을 서로 억지로 연결시키려고 하지 않는다는 것을 비유를 들어 설명하였다. 인심 도심이 사단칠정과 다른 점은 거기에는 의(意)의 작용이 추가되기 때문이다. 의(意)의 작용에 의해서 도심이 중도에 인심으로 변하거나 인심이 도심으로 변할 수 있다.

이이는 리의 운동성을 부정하였기 때문에 사단칠정의 이론에 있어서도 퇴계와 입장을 달리 하였다. 그래서 이이는 기대승과 같이 사단과 칠정이 모두 기의 작용이라고 주장하였다. 그리고 사단은 칠정 가운데 선한 부분만을 지칭하는 말이라고 보았다. 다시 말하면 이이는 칠정이나 사단은 모두 기가 발동하고 리가 그것을 탄 것으로 보아 기발리승(氣發理乘)이라는 하나의 길[一途]밖에 없다고 주장하였다.

②-1 이러한 답을 받은 성혼은 두 번째 편지에서 "저는 퇴계의 말씀을 항상 분명하지 못하다고 생각하였고, 고봉(高峯)의 변설(辨說)을 읽을 때마다 명백하여 의심이 없다고 여겼습니다. 그런데 전일에 주자의 인심과 도심에 관한 설명을 읽어 보니, '형기의 사사로움에서 생기기도 하고 성명의 바른 데에 근원을 두기도 한다'는 의론이 있어 퇴계의 뜻에 부합되는 것 같습니다. 여러 의론이 없던 순임금시

대에도 이미 이처럼 리와 기가 호발한다는 말이 있었으므로 퇴계의 견해는 바꿀 수 없는 이론이라고 여겼습니다. 그리하여 다시 예전의 견해를 버리고 이 의론을 따르고자 해서 감히 고명한 형에게 묻습니다"라고 말해 이황의 견해를 따르고자 한다는 의사를 밝혔다.

성혼은 처음에는 기대승의 의견에 공감하였으나 주희의 인심과 도심에 관한 해설을 보고 선한 마음과 악한 마음의 근원이 다르다는 퇴계의 주장 쪽으로 마음이 쏠렸다고 말하였다.

②-2 성혼의 이 편지에 대해서 이이는 상당히 긴 편지를 보냈다. 여기에는 신유학의 기본적인 개념에서부터 인심과 도심 그리고 사단과 칠정에 대한 이론 등 여러 가지를 자세하게 설명하였다.

여기서 이이는 "퇴계가 기명언(奇明彦)과 사단과 칠정에 관하여 논의한 말이 무려 1만 자나 되는데, 기명언의 이론은 분명하고도 똑바로 갈라져서 마치 대나무를 쪼개는 듯하고 퇴계의 변설(辨說)은 비록 상세하나 의리가 밝지 못하여 반복하여 음미해 보아도 결국은 확실한 맛이 없으니, 기명언의 학식이 어찌 감히 퇴계를 넘볼 수 있겠습니까마는 다만 재주가 있어 우연히 이것을 알아낸 것입니다"라고 해서 퇴계를 인정하면서도 기대승의 입장을 지지하고 있음을 밝혔다.

율곡은 퇴계의 주장을 비판하고 기대승의 이론이 좋다고 칭찬하였다. 그는 이황이 사단과 칠정을 각각 리와 기가 발한 것이라고 주장한 점에 대해서 아주 못마땅하게 생각하였다.

이이는 리가 원래부터 발할 능력을 가지고 있지 못하다고 생각하기 때문이다. 운동의 능력은 기에 있기 때문에 활동할 수 있는 것은 기뿐이다. 이이는 자연의 원리와 인간의 원리가 동일하다고 보고 리와 기를 가지고 자연을 설명하는 방식으로 인간의 마음도 설명하려고 하였다.

그러나 이 이론은 인간의 도덕성이나 의지의 자유를 제대로 설명할 수 없는 약점을 가진다. 자연과 인간이 근본적으로 다르다는 점이 사실은 이황이 리의 작용이라는 이론을 도입하게 된 이유이다. 자연은 일정한 법칙에 따라 움직이기 때문에 자유의지(自由意志)를 말할 수 없다.

그러나 인간에게는 자유의지가 있어서 일정한 법칙에 따라서 행동하지 않는다. 만일에 인간이 자연의 사물들처럼 일정한 법칙에 따라서 움직인다면 자유를 말할 수도 없고 도덕적인 책임을 물을 수도 없다. 그러면 자연에 선과 악이 존재하지 않듯이 인간에게도 선과 악이 없어야 한다.

이 답장에서 그는 또 계속 설명하기를 "그리고 사단을 칠정에 맞추어 본다면 측은해 하는 마음은 애(愛)에 속하고, 수오(羞惡)하는 마음은 오(惡)에 속하고, 공경하는 마음은 구(懼)에 속하고, 시비하는 마음은 기뻐할 때[喜]와 노여워할 때[怒]를 아는[知] 정(情)에 속하니, 칠정 외에는 따로 사단이 없습니다. 그렇다면 사단은 도심만을 말한 것이요, 칠정은 인심과 도심을 합해서 말한 것이니 인심과 도심이 양쪽으로 나뉜 것과는 어찌 판이하게 다르지 않겠습니까?"라고 하였다.

여기서 이이는 칠정을 희(喜) 노(怒) 애(哀) 구(懼) 애(愛) 오(惡) 욕(欲)이라고 했고, 사단을 측은(惻隱) 수오(羞惡) 공경(恭敬) 시비(是非)라고 보았다. 그는 사단이 결국은 칠정 안에 포함되는 인간의 감정이라는 점을 강조하였다.

그리고 그는 사단 칠정과 인심 도심은 서로 다르지만 굳이 서로 맞추려고 한다면 사단은 도심과 같다고 할 수 있고 칠정은 도심과 인심을 모두 포괄한다고 보았다. 물론 여기서 의(意)의 작용은 제외하고 생각할 경우에 그렇다. 이러한 이론은 퇴계의 이론과 상당히 다르기 때문에 성혼이 이것을 이해를 하는 데는 어려움이 있었을 것이다.

③-1 성혼이 보낸 세 번째 편지는 남아 있지 않은데, ③-2 이이는 이 편지에 대한 답장에서 말하기를 "지난번 편지에 '미발(未發)인 때에도 불선(不善)의 싹이 있다'고 말한 것은 다시 생각해 보니, 더욱 큰 착오임을 알겠습니다. 형께서 대본(大本)을 알지 못하는 병통의 근본이 바로 여기에 있습니다. 미발은 성의 본연이고 태극의 묘(妙)이며 중(中)이고 대본이니, 여기에도 불선의 싹이 있다면 이는 성인만 대본이 있고, 보통 사람들은 대본이 없는 것이 됩니다. 이렇게 되면 맹자의 성선설도 공허한 고담(高談)이 되어 사람들이 요순처럼 될 수 없을 것입니다. 자사(子思)는 어찌하여 '군자의 희노애락이 미발인 상태를 중(中)이라 한다'고 말하지 않고, 넓게 '희노애락의 미발 상태를 중이라 한다'고 말하였겠습니까? 천만부당하니 마땅히 빨리 고치셔야 합니다"라고 하였다.

여기서 이이는 모든 사람은 동일하게 선한 마음의 본성을 가지고 있다는 성선설을 강조하였다. 그 본성은 군자나 일반인이나 같다는 설명이다. 마음의 본성은 모두가 동일하지만 기질의 차이로 말미암아 착한 사람과 악한 사람이 생기게 된다.

④-1 네 번째 편지에서 성혼은 다시 "인심도심설에 대해서는 아직도 의심이 가시지 않습니다. 옛사람들은 사람이 말[馬]을 타고 출입하

는 것을 리가 기를 타고 가는 것에 비유하였으니 그 비유가 매우 좋습니다. 사람은 말이 아니면 출입하지 못하고 말은 사람이 아니면 바른 길을 잃게 되니, 사람과 말이 서로 의지하여 서로 떨어질 수 없습니다. 그렇다면 사람과 말이 문을 나설 때에 반드시 사람이 길을 가려고 하여야 말이 사람을 태우는 것이니, 이것은 바로 리가 기의 주재(主宰)가 되고 기가 리를 태우는 것과 같습니다. 그리고 문을 나설 즈음에 사람과 말이 바른 길을 따라가는 것은 기가 리에 순종하여 발하는 것입니다. 사람이 비록 말을 탔으나 말이 제멋대로 달려 바른 길을 따르지 않는 것은 기가 함부로 날뛰어서 지나치기도 하고 모자라기도 한 것입니다. 이것으로써 리와 기의 유행(流行)과 성(誠)과 악(惡)이 나뉘는 까닭을 찾는다면 명백하고 분명하지 않겠습니까?"라고 질문하였다.

성혼은 리와 기의 관계를 사람과 말의 관계로 설명하였다. 말을 타고 나가려고 할 때는 사람이 주가 되니 이것은 리가 기를 부리는 경우이고, 말이 사람을 태우고 길을 가다가 사람의 뜻에 따르지 않고 멋대로 길을 가는 경우가 있다면 기의 작용에 의해서 선과 악이 나누어지는 것과 같다는 설명이다. 이것은 사단칠정론에서 이황이 내린 결론과 같다.

④-2 이이는 이 편지에 대한 답장에서 아예 한 편의 논문[長書]을 첨부해서 보냈다. 이 장서(長書)에서 그는 "그리고 또 사람이 말을 탄 것에 비유하면 사람은 성(性)이고 말은 기질이니, 말의 성질이 양순하기도 하고 양순하지 않기도 한 것은 기품의 청탁(淸濁)과 수박(粹駁)이 다름과 같습니다. 문을 나설 때에 혹 말이 사람의 뜻을 따라 나가는 경우도 있고, 혹 사람이 말이 가는 대로 맡기고 나가는

경우도 있으니, 말이 사람의 뜻을 따라서 나가는 것은 사람이 주(主)가 되니 곧 도심이요, 사람이 말이 가는 대로 맡기고 나가는 것은 말이 주가 되니 곧 인심입니다. 그리고 문앞의 길은 사물이 마땅히 가야 할 길입니다. 사람이 말을 타고 문을 나서기 전에는 사람이 말이 가는 대로 맡겨야 할지 아니면 말이 사람의 뜻을 따를지 모두 그 단서를 알 수 없으니, 이것은 인심과 도심이 본래 상대적인 묘맥(苗脈)이 없는 것과 같습니다"라고 해서 인심과 도심을 말과 사람의 비유로써 설명하였다.

이이는 사람을 성(性)으로 보고 말을 기질로 보았다. 이것은 사실 성혼이 설명한 내용과 다른 것이 없다. 성과 리가 같고 기질은 기와 같기 때문이다. 이이는 사람이 자신의 뜻에 따라 말을 부리는 상태를 도심으로 보고, 말이 마음대로 길을 가는 상태를 인심과 같다고 했다. 그리고 아직 사람과 말이 문을 나서기 전에는 선과 악이 갈라지지 않은 상태라고 설명하였다.

하지만 사람과 말의 비유를 가지고 율곡의 주장을 설명하는 데는 한계가 분명히 존재한다. 율곡은 리의 능동성을 부정하기 때문에 리를 사람으로 본다면 바로 문제가 발생한다. 사람은 말을 적극적으로 자신이 원하는 방향으로 부리는 능동적인 활동을 할 수 있는 존재이기 때문이다. 예컨대 말에게 말을 하거나 고삐를 당겨서 방향을 지시하고 출발과 정지를 명령할 수 있다.

⑤-1 수차에 걸친 이이의 설명에도 불구하고 성혼은 아직 도심과 인심에 대해서 분명하게 이해하지 못했음을 다섯 번째 편지에서 솔직하게 고백하였다. 이 편지에서 성혼은 "전일에 대강 들은 도리가 다소 근거가 있기에 매양 퇴계의 설을 의심하였는데, 인심·도심의

해설을 보고 나서는 여러 차례 생각하니 사려가 혼란해지고 분분하여 매우 답답합니다. 그리하여 결단해서 퇴계의 말씀을 좇으려고 하면 난삽해서 온당하지 못하고, 이것을 버리고 종래의 견해를 지키려 하면 오직 이 '형기의 사사로움에서 생기기도 하고 성명의 바른 데에 근원을 두기도 한다'는 설에 가로막혀 나아가지 못하니, 도리를 참으로 보지 못했기 때문에 이런 의혹이 있는 것입니다"라고 말해, 이이와 이황의 이론 사이에서 어느 쪽을 따라야 할지 몰라 방황하고 있음을 밝혔다.

⑤-2 이이는 다섯 번째 답서에서 설명하기를 "도심을 발하는 것은 기이지만 성명(性命)이 아니면 도심은 발하지 못하고, 인심의 근원은 성(性)이지만 형기가 아니면 인심이 발하지 못하니, '도심은 성명에서 근원하였다' 하고 '인심은 형기에서 생겼다'고 말하는 것이 어째서 안 됩니까?"라 하였다.

율곡은 주자의 말을 받아들이면서도 자신의 주장인 기발이승(氣發理乘)의 이론을 관철하려고 한다. 다시 말해서 주자의 설명과 같이 도심은 성명에서 나오고, 인심은 형기에서 나오지만 도심과 인심은 모두 기의 작용이라는 게 율곡의 변하지 않는 생각이다. 리의 작용은 부정하고 기의 작용만을 인정한다는 말이다.

⑥-1 여섯 번째 편지에서 성혼은 "형(兄)은 반드시 '기가 발함에 리가 타고 다른 길이 없다'고 말하였는데, 저는 반드시 '미발(未發)일 때에는 비록 리와 기가 각각 발하는 묘맥(苗脈)이 없다 하더라도 처음 발할 즈음에 의욕(意欲)이 동하는 것은 마땅히 주리나 주기라 말할 수 있다'고 생각합니다. 이것은 각각 나온다는 것이 아니고, 한 가지 길[一途]에서 그 가운데서 중요한 쪽을 취하여 말한 것입니다.

이것이 곧 퇴계가 말씀한 호발의 뜻이요, 형이 말한 '말[馬]이 사람의 뜻을 따르고 사람이 말이 가는 대로 맡긴다'는 설입니다. 곧 형이 말한 '성명이 아니면 도심이 발하지 못하고 형기가 아니면 인심이 발하지 못한다'는 말입니다. 형은 어떻게 생각하는지 모르겠습니다" 라고 해서 이이의 이론과 퇴계의 이론이 결국 같지 않느냐고 물었다.

⑥-2 이 편지에 대한 답장에서도 이이는 편지 외에도 한 편의 논문에 해당하는 긴 글[長書]을 첨부하였다. 이 장서(長書)에서 이이는 먼저 자신의 리통기국설(理通氣局說)을 소개하였다. 리는 보편적인데 기에는 여러 가지 차이가 있음을 그는 리통기국(理通氣局)이라는 말로 표현하였다. 그리고 자신의 견해와 이황의 견해는 분명히 다르다 말하고, 서로 유사하다고 한 성혼의 말에 찬성하지 않았다.

이이는 다시 한 번 설명하기를 "도심은 성명에 근원하였으나 발하는 것은 기이니, 이것을 리발(理發)이라고 하는 것은 불가합니다. 인심과 도심이 모두 기발이나 기가 본연의 리에 순응한 것이 있으면 기 또한 본연의 기이므로 리가 본연의 기를 타서 도심이 되는 것입니다. 기가 본연의 리에서 변한 것이 있으면 또한 본연의 기도 변하므로 리 역시 변한 기를 타서 인심이 되어 지나치기도 하고 미치지 못하기도 합니다. 혹은 막 발하는 처음에 이미 도심이 그것을 제재하여 과(過)와 불급(不及)이 없게 하기도 하고, 혹은 과와 불급이 있은 뒤에 도심이 또한 제재하여 중(中)으로 나아가게 하기도 합니다"라고 하였다.

이것은 도심과 인심에 대한 설명이다. 이 두 가지 마음은 모두 기의 작용이고 리는 그것을 타고 있는데, 기가 리에 순응하면 도심이 되고 기가 리에 불응하면 인심이 된다는 설명이다. 그러나 인심과 도심은 중도에서 변해서 인심이 도심이 되거나 도심이 인심으로 되는 경우가 있을 수 있다.

계속해서 이이는 "기가 본연의 리에 순응한 것은 본래 기발이지만 기가 리의 명령을 들었기 때문에 그 중(重)한 것이 리에 있어 주리(主理)라고 말합니다. 기가 본연의 리에서 변한 것은 본래 리에 근원하였으나 이미 기의 본연이 아니니 리의 명령을 듣는다고 말할 수 없기 때문에 그 중한 것이 기에 있어서 주기(主氣)라고 말하는 것입니다. 기가 리의 명령을 듣고 안 듣고는 모두 기가 하는 것이요, 리는 작용함이 없으니 서로 발함이 있다고 말할 수 없습니다. 다만 성인은 형기가 리의 명령을 듣지 않음이 없어서 인심 또한 도심이니, 이것은 마땅히 따로 의론해야 할 것이요, 똑같이 한 가지 말로 뒤섞어서는 안 될 것입니다"라고 하였다.

여기서 이이는 기가 리의 명령을 듣고 안 듣고는 모두 기 스스로가 하는 것이라 말했는데 이 주장은 그의 입장을 잘 나타내 주지만 문제가 없지 않다. 이 견해는 결국 선과 악의 결정권은 리에 있지 않고 기에 있다는 결론에 이르고 만다. 같은 맥락에서 말을 타고 가는 사람의 경우에도 제대로 길을 가느냐 가지 못하느냐가 모두 말에게 달려있다는 이상한 결론에 이를 수 있다. 그럼 말을 타고 가는 사람의 역할은 무엇인가?

전체적으로 이이의 설명은 그가 기를 중시하고 있음을 잘 보여준다. 이이는 기의 자발적인 운동 능력은 인정하지만 리의 운동 능력은 철저히 부정하였다. 그렇게 하다 보니 리는 자연히 수동적인 존재가 되고 말았다.

⑦-1 이 다음에 성혼이 이이에게 보낸 3통의 편지는 없어져서 성혼의 주장은 분명하지 않다. 그러나 이이의 편지는 모두 남아

있다.

⑦-2 성혼의 일곱 번째 편지를 받고 쓴 편지에서 이이는 자신의 리통기국설로 다시 한 번 리와 기의 관계를 설명하였다. 이것은 형체를 가진 기는 사물에 따라서 다르게 나타나지만 형체가 없는 리는 사물의 형체에 구속되지 않고 본연 그대로 변하지 않는다는 이론이다. 이것을 이이는 마른 나무와 살아있는 나무의 기와 리를 가지고 설명하였다. 마른 나무의 기와 죽은 나무의 기는 서로 다르지만 마른 나무와 산 나무의 리는 같다는 사실이 리통기국의 한 가지 예가 된다고 말하였다.

다시 말해서 리통기국이란 리는 모두 같지만 기는 서로 다르다는 이론이다. 예를 들면 사람의 리는 모두 같지만 사람을 이루는 기는 각각 서로 다름을 말한다. 사람의 모습은 여자와 남자, 백인과 흑인, 어린이와 노인이 각기 달라서 기는 다르지만 사람의 리는 모두 같다는 이론이다.

⑧-1 성혼의 여덟 번째 편지도 없어졌는데, ⑧-2 이 편지의 답장에서 이이는 "요사이 정암(整庵), 퇴계, 화담(花潭) 세 선생의 설을 보니, 정암이 최고요, 퇴계가 다음이요, 화담이 그 다음인데 그중에서도 정암과 화담은 스스로 터득한 맛이 많고, 퇴계는 본받은 맛이 많습니다"라고 평하였다.

나정암(羅整庵)과 퇴계 그리고 서경덕을 비교 평가한 내용이 재미있다. 나정암은 리기일원론을 주장하지만 실제로는 기를 강조하는 사람인데 이황과 비교한 것은 적절하지 못하다. 이이는 이황의 입장보다는 나정암의 입장과 가깝다는 점을 우리는 알 필요가 있다. 여기서도 이이는 이황의 리발설(理發說)을 비판하였다.

⑨-2 이이는 인심도심과 사단칠정에 관한 마지막 답장에서 "리기의 학설에서 강령(綱領)이 이미 서로 일치한다면 작은 부분들의 같고 다름은 깊게 따지거나 초조하게 일치하려고 애쓸 필요가 없습니다. 오래 있으면 반드시 소상하게 이해가 되는 때가 있을 것입니다. 지난날의 어지러운 변론(辨論)들은 대개 서로 뜻을 알지 못했기에 나온 것입니다. 돌이켜 생각하면 웃음이 나옵니다. 리통기국도 반드시 본체(本體) 상에서 말해야 하고 또한 본체를 떠나서 달리 유행(流行)을 구해서는 안 됩니다. 사람의 성이 사물의 성과 다른 것은 기의 국한[局]입니다. 사람의 리가 사물의 리와 같은 것은 리의 통함[通]입니다"라고 다시 한 번 리통기국설을 설명하였다.

두 학자들의 편지들을 통해서 우리는 율곡의 이론을 보다 구체적으로 살펴볼 수가 있었다. 특히 율곡이 퇴계와 다르게 생각하는 점이 무엇인지를 분명하게 알 수 있다. 율곡은 기발리승일도(氣發理乘一途)라는 하나의 관점을 끝까지 밀고 나가서 모든 이론을 그것으로 설명하였다. 율곡이 성혼을 완전히 설득시킨 것 같지는 않지만 작은 차이점은 큰 문제가 되지 않는다고 말했다. 두 사람의 토론은 한국 유학사에서 또 하나의 큰 성과로 남을 것이다.

3) 개혁 사상

율곡 이이는 신유학의 형이상학적인 논의에만 몰두하여 현실의 문제를 소홀히 생각한 그런 학자가 아니었다. 현실을 바로 보아 문제점을 지적하고 그것을 개선할 수 있는 대안을 제시하였다.

이이가 살던 시대는 계속되는 사화(士禍)로 사회는 혼란하고 백성들의 삶은 고단하였으며, 국가의 힘은 이미 쇠퇴한 때였다. 1574년

이이는 우부승지(右副承旨)에 임명되어 선조(宣祖)에게「만언봉사」를 올려 국가의 중요한 문제점들에 대한 해결 방안을 제시하였다.

「만언봉사」에서 이이는 말하기를 "백성을 편히 한다는 정책에는 다섯 가지 조목이 있사온데, 첫째는 성심(誠心)을 베풀어 여러 신하의 뜻을 얻는 것이고, 둘째는 공안(貢案)을 고쳐 백성을 착취하는 폐해를 제거하는 것이며, 셋째는 절제와 검소를 중히 여겨 사치하는 폐풍을 고치는 것이고, 넷째는 노비를 뽑아 올리는 법[選上]을 고쳐서 공천(公賤)의 고통을 구하는 것이며, 다섯째는 군정(軍政)을 고치어 안팎의 방비를 굳게 하는 것입니다"라고 하여 당시에 가장 시급한 문제 다섯 가지에 대한 자신의 해결책을 보여주고자 하였다.

첫 번째 항목에 대해서 이이는 "성스러운 제왕이나 현명한 임금은 사람을 대우하고 일을 처리하는 데 한결같이 지성(至誠)으로 합니다. 군자인 줄을 알면 맡겨서 의심하지 아니하고, 소인인 줄을 알면 이를 물리쳐 의심하지 아니합니다. 의심하거든 맡기지 않고 맡기거든 의심하지 아니하며, 허심(虛心)으로 신하를 거느려 탕탕평평(蕩蕩平平)하면 신하된 자도 역시 임금을 우러러 보기를 부모같이 하고, 믿기를 한결같이 할 것입니다. 이런 까닭에 등용하면 책임을 감당하지 못할까 걱정하여 더욱 충성을 다하고, 물리치면 스스로 그릇된 바를 알고 오직 그 자신을 책망하게 되는 것입니다"라고 설명하였다.

임금이 정치를 잘하려면 훌륭한 신하를 얻는 것이 가장 중요하다. 어진 신하는 임금의 뜻을 잘 알아서 그것을 백성들에게 펴기 때문에 백성들에게 이익이 돌아가고 임금에게는 그 공덕이 돌아갈 수 있다. 나쁜 신하가 임금의 눈과 귀를 막게 되면 임금은 백성들의 실정을 모르니 제대로 정책을 펼칠 수 없어 백성들은 고통을 당하고 그

욕은 임금에게 돌아가니 나라는 어지럽게 될 수밖에 없다.
  두 번째 문제점은 공안(貢案)인데, 공안은 공물(특산물)을 바치는 제도를 말한다. 이것의 폐해에 대해서 이이는 말하기를 "지금 여러 고을의 공(貢)은 흔히 생산되는 물품이 아니어서, 산에서 물고기를 구하는 일과 같고, 바다에서 산짐승을 잡는 일과 같사오니, 혹은 다른 고을에서 사들이고 혹은 서울에서 사들여 백성의 부담은 더욱 무거워집니다"라고 하였다.
  공물은 국가에서 쓰기 위해 백성들로부터 거두는 물품으로 농산물, 수산물, 동물, 과실, 모피, 기물(器物), 직물, 수공품 등 여러 종류가 있는데, 그것이 지나쳐 백성들에게 부담을 주었다.
  뿐만 아니라 중간업자들이 공물을 대납하고 그 대가를 지나치게 많이 거두어들여 그 피해가 심각한 지경에 이르렀다. 이런 것들이 더욱 민심을 나쁘게 만들고, 백성들의 살림살이를 어렵게 만드는 결과를 초래하였다. 이이는 공물을 미곡으로 대납할 수 있도록 하자고 건의하였다.
  세 번째 절제와 검소를 강조하였는데, 당시의 사치에 대해 그는 "더구나 사치스러운 풍속은 오늘날보다 심한 적이 없어서 음식은 배를 채우는 것이 아니라 식탁을 가득 채워 서로 자랑하는 것이요, 의복은 몸을 가리는 것이 아니라 화사하게 서로 경쟁하는 것입니다. 밥 한 상의 비용은 가히 굶주린 자의 두어 달의 식량이 되고, 옷 한 벌의 비용은 가히 헐벗은 자 열 사람의 옷값이 될 정도입니다. 열 사람이 밭을 갈아 한 사람을 먹이는 것도 부족한데 밭가는 자는 적고 먹는 자는 많습니다. 열 사람이 베를 짜서 한 사람을 입히는 데도 부족한데, 베를 짜는 자는 적고 입는 자만 많으니, 어찌 백성들이 굶주리지 않겠사오며 헐벗지 않겠습니까?"라고 정확하게 지적하였다.

옛날이나 지금이나 있는 사람은 가진 게 너무 많고 없는 사람은 가진 게 너무 없어서 문제이다. 이러한 부(富)의 불균형은 모두 일반 백성들의 고통으로 나타나게 된다.

절제와 검소는 일반인을 향한 가르침이 아니라 임금과 귀족을 향한 경고이다. 있는 자들은 대부분 없는 사람들의 심정과 그들의 고통을 잘 모른다. 그리고 그들은 자신들이 가진 재물에 대해서도 아낄 줄을 모른다. 또한 자신들의 사치가 바로 다른 사람들의 고통과 직접 연결된다는 사실도 모른다.

네 번째는 노비를 뽑아 올리는 법[選上]에 대한 개혁이다. 선상법(選上法)이란 서울에 공노비가 부족하기 때문에 지방에 있는 공노비들이 서울에 가서 일정 기간 근무하는 제도를 말한다. 이것이 나중에는 직접 서울에 가서 근무하지 않고 대신 면포(綿布)를 바치는 형태로 변하였다.

그러나 그 과정에서 중간 관리들이 여러 가지로 뇌물을 착취하는 경우도 생겨서 노비들의 부담이 컸다. 이이는 이것을 전처럼 직접 가서 근무하도록 하거나 또는 면포를 줄이자고 건의하였다.

다섯 번째로 이이가 개혁해야 한다고 주장한 분야는 바로 군정(軍政)이다. 이이는 말하기를 "우리나라의 법제(法制)는 빠진 것이 많아서 오직 병사(兵使), 수사(水使), 첨사(僉使), 만호(萬戶), 권관(權管) 등의 벼슬을 설치했을 뿐이며, 이들의 생활을 보장할 준비가 없기 때문에 그것을 병졸(兵卒)에게서 거둬들이려고 하니, 변방의 장병들이 어로(漁撈)를 침해하는 폐단이 여기서부터 시작되었습니다. 법제가 풀어져서 탐욕스럽고 포악한 짓은 더욱 성해지고 또 인재를 뽑아 등용하는 것도 불공평하여 돈을 주고 장수가 된 사람이 연달아 생기어 공공연하게 말하기를 '아무 진(鎭)의 장수는 그 값이 얼마요, 아무 보(堡)의 벼슬은 그 값이 얼마다'라고 하니, 그들은 오직 군졸을 토색(討索)하여 입신할 줄만 알 뿐이며, 다른 일이야 무엇을 생각하겠습니까?"라고 해서 정확하게 당시의 문제점을 지적하였다.

이 문제를 해결하기 위하여 먼저 이이는 군역(軍役)을 피해 도망한 경우 일족과 이웃에 공동으로 책임지게 하는 법을 고칠 것, 자기가 살던 곳에서 병역을 담당하게 할 것, 군적(軍籍)을 제대로 정리할 것, 군에서 벼슬을 하는 사람에게는 국가에서 녹(祿)을 줄 것, 조예(皂隷)와 나장(羅將) 같은 것은 폐지하고 보병(步兵)으로 바꿀 것 등의 대책을 건의하였다.

이이는 48세가 되던 1583년에도 병조판서로서「계미육조계」(癸未六條啓)를 선조에게 올렸다. 여기서 그는 여섯 조목의 대책을 건의하였다. 첫째로 어질고 유능한 사람을 등용할 것, 둘째로 군사와 백성을 양성할 것, 셋째로 국고를 넉넉하게 할 것, 넷째로 변방의 수비를 공고히 할 것, 다섯째로 전마(戰馬)를 준비해 둘 것, 여섯째로 교화(敎化)를 밝게 할 것 등이 그것이다.

첫 번째 문제에 대해서 이이는 "나라를 다스림에는 요령이 있는 것이니, 임금이 위[上]에서 손을 움직이지도 않고 노력하시지 않아도 다스려지는 것은, 어진 사람은 위(位)에 있고 유능한 사람은 직(職)에 있어서 각각 정성과 재주를 쓰기 때문입니다. 오늘날 관직을 줌에 사실상 모든 사람을 가려 뽑기는 하지만, 아침에 임명하였다가 저녁에 관직을 옮겨서 미처 자리가 따뜻해질 겨를도 없사오니, 비록 소임을 보살피려 하여도 할 도리가 없습니다. 비록 주공(周公), 소공(召公), 이윤(伊尹), 부열(傅說)의 어짊과 재주를 가졌다 하더라도 오늘 사도(司徒)의 벼슬을 주었다가 내일 사구(司寇)의 벼슬을 맡긴다면, 반드시 치적을 이룰 수 없고 분주하고 수고롭기만 할 뿐일 텐데, 하물며 그들처럼 어질고 재주가 있는 자가 아닌 바에야 말할 것이 있겠습니까?"라고 말해서, 너무 자주 자리를 바꾸어서는 안 된다고 건의하였다.

두 번째 문제에 대해서 그는 "양병(養兵)은 양민(養民)을 근본으로 삼기 때문에, 양민을 하지 않고 양병을 했다는 것은 고금을 통하여 들어 본 적이 없습니다. 부차(夫差)의 군사가 천하에 무적이었으면서도 마침내 그 나라가 망한 것은 양민을 하지 않았던 까닭입니다. 지금 백성의 기력은 이미 다하여 사방(四方)이 위축되어서 이제 큰 적이 나타난다면, 비록 제갈양(諸葛亮)을 군사(軍師)로 앉히고 한신(韓信)과 오기(吳起)로 하여금 군사를 이끌게 한다 하더라도 어찌할 도리가 없을 것입니다"라고 자신의 의견을 밝혔다. 이 문제를 해결하는 방법으로 이이는 연대 책임제를 우선적으로 없애야 한다고 주장했다.

세 번째 건의 사항은 국가의 재산을 넉넉히 하는 일이다. 이것에 대해서 이이는 "군사를 충족하게 함은 식량의 충분한 비축을 그 근본으로 삼는 것이니, 백만의 군사가 하루아침에 흩어지는 것도 식량이 없는 까닭입니다. 현재 국가의 식량 비축은 1년을 지탱하지 못할 형편이니, 이야말로 이른바 나라가 나라 노릇을 하지 못하는 격입니다. 아래 위가 다 이 병폐를 분명히 보면서도 어떻게 할 도리가 있겠냐고 평계만 하고, 재정을 늘릴 방도는 생각하지 않으니, 만일 큰 도적이 남쪽에서나 북쪽에서 충돌을 일으켜 쳐들어온다면 무엇으로 군량을 삼습니까?"라고 걱정하였다.

이이는 국가의 재정이 넉넉하지 못한 이유로 수입은 적은데 지출을 많이 하는 것, 면세(免稅)를 많이 해 주는 것, 너무 제사를 많이 지내는 것 등을 들었다. 이 문제를 해결하기 위해서는 먼저 불필요한 지출을 줄이는 일이 중요하다. 또한 면세를 해 주는 것은 주로 공물을 확보하기 위하여 백성들을 수렵(狩獵)의 부역에 동원하기 때문이니, 이 부역을 줄여야 하며 그렇게 중요하지 않은 제사도 줄여야 한다고 건의하였다.

네 번째 건의 사항은 변방을 굳건히 하는 일이다. 이 문제에 대해 그는 "경성(京城)은 복심(腹心)이며 사방(四方)은 곧 변방입니다. 변방이 든든한 연후에 복심이 믿는 바가 있어 편안하게 되는 것입니다. 지금 사방의 군읍(郡邑)이 쇠잔하여 퇴폐하지 않은 곳이 없고, 감사(監司)도 자주 바뀌어서 백성은 도백(道伯)이 누구인지도 알지 못합니다. 그런데 만일 강포한 도적이 불의(不意)에 나타나서 풍우처럼 내달아 치게 된다면, 감사가 갑자기 군사를 징발하려 하여도 백성은 서로 믿지 않을 것이요, 명령도 평소처럼 행하여지지 않을 것이니, 어떻게 무슨 일을 할 수 있겠습니까?"라고 걱정하였다. 이이는 우선 시급한 대책이 감사를 너무 자주 바꾸지 않는 것이라고 말했다.

다섯 번째 건의 사항에 관해 이이는 말하기를 "현재 국내 전마가 가장 귀하여 만일 군사를 징발하는 일이 있게 된다면 보병만 쓰게 될 형편입니다. 적군은 기병(騎兵)이고 아군은 보병이라면 어떻게 대처할 수 있겠습니까? 지금 여러 섬에서 기르는 군마는 마적(馬籍)은 있으나 실제로 말이 없고, 세월이 갈수록 축이 나고 있으니 비록 고의로 잃는 것은 아니라 하더라도 여러 섬에 흩어져 있어 야수와 다름이 없으니, 긴급할 때에 쓸 수 없게 되어 있습니다"라고 하였다. 이것을 위해 이이는 말들을 섬에다가 방치하지 말고 무사들에게 나누어 주어 관리하게 해야 한다고 건의하였다.

여섯 번째는 백성들의 교화가 중요하다고 하였다. 이 문제에 관해 이이는 "옛말에 이르기를 '예로부터 사람은 나서 모두 죽는 것이지만, 백성의 믿음이 없으면 서지 못한다' 하였고, 맹자는 말하기를 '어질면서 그 어버이를 버리는 자 없고, 의로우면서 그 임금을 뒤로 미루는 자는 없다' 하였습니다. 설령 먹는 것이 풍족하고 군사가 족하다 할지라도 인의(仁義)가 없다면 어찌 유지될 수가 있겠습니까? 오늘날 풍속이 야박하고 완악해졌으며 의리(義理)가 모두 없어졌으니, 본래 배고픔과 추위가 몸에 절박하면 염치를 돌보지 않는다고는 하지만, 이것은 교화가 밝지 않아서 삼강(三綱)과 사유(四維)를 일으키지 못하였기 때문입니다"라고 하였다.

윤리와 도덕 교육이 중요하다는 사실을 강조한 말이다. 물질적으로 풍족하더라도 국민의 정신이 제대로 되지 않으면 그 모든 것은 신기루와 다름이 없다. 아무리 좋은 무기가 있어도 나라를 지키겠다는 확고한 의지가 없다면 그런 것들은 아무 소용이 없다. 아쉽게도 이이의 이러한 좋은 건의가 당시의 정치에 제대로 반영되지 못했다.

II장

정약용의 실학

1) 실학의 흐름
2) 정약용의 생애
3) 여전제(閭田制)
4) 환상개혁론(還上改革論)
5) 양반 신분의 개혁

정약용의 실학

1) 실학의 흐름

　조선은 왜란(倭亂)과 호란(胡亂)을 겪으면서 국력은 쇠퇴할 대로 쇠퇴해졌고, 백성들의 삶은 피폐할 대로 피폐해졌다. 이러한 때에 일부 뜻 있는 지식인들은 주자학의 공리공담(空理空談)을 비판하고 실제 생활에 도움을 주는 학문에 관심을 가지고 연구하기 시작하였다. 그들의 일차적인 관심은 잘못된 제도를 바로잡아 현실의 문제를 해결하는 데 있었다.

　전라도 부안(扶安)에서 농촌 현실을 19년간이나 체험한 반계(磻溪) 류형원(柳馨遠, 1622~1673)은 『반계수록』(磻溪隨錄)을 지어 토지제도, 교육제도, 관리 임명제도, 인재선발제도, 관직제도, 녹봉제도, 군사제도 등에 대한 자세한 개혁 방안을 제시하였다.

　토지제도에 관해서 그는 토지의 사유화(私有化)를 없애고 공전제(公田制)를 실시해야 한다고 주장하였다. 그의 주장에 따르면 경작자 한 명에게 1경(頃)의 땅을 주고 4경에서 1명의 군인을 내고 나머지 3명은 보(保)가 된다. 밭은 국가에서 사정(査定)하여 나누어 주며,

받은 밭은 특별한 경우를 제외하고 일생 동안 경작하되 죽은 다음에는 반환한다.

토지가 많고 인구가 적은 곳과 토지가 적고 인구가 많은 곳은 주민의 자유 이동을 허용하여 경지를 조절하고 주민을 고르게 배치한다. 토지 등급을 정확히 규정하고 전세(田稅)는 실지 수확의 10분의 1만을 국가에 바치고 그 밖의 일체 징수는 폐지한다. 전세 외의 세금은 대동법(大同法)으로 통일한다. 산림, 풀밭은 공동 소유로 하고 백성들이 자유롭게 이용하도록 하며 사적(私的) 독점은 없앤다. 둔전(屯田)은 폐지하여야 한다.

류형원은 또한 상업과 수공업을 발전시키기 위한 방안으로 그런 업종에 종사하는 사람들에게도 일정한 토지를 주어야 한다고 주장했다. 화폐의 유통을 활성화하기 위하여 조세의 절반을 화폐로 수납할 것을 제안했다. 공물(貢物)과 진상(進上)의 제도도 폐지해야 한다.

그리고 환자법(還子法)을 폐지하고 상평법(常平法)을 실시하자고 제안했다. 환자법이란 국가가 봄에 농민들에게 식량과 종자를 빌려주고 가을에 그것을 받는 제도인데, 당시에는 그 제도가 오히려 농민을 착취하는 수단으로 전락하였다. 상평법이란 국가가 곡식이 흔할 때에는 비싸게 사서 곡식이 귀할 때 조금 싸게 파는 제도이다.

다음으로 그는 군포법(軍布法)의 폐지를 주장했다. 당시에 군포(軍布)의 의무를 가진 사람은 양반과 노비를 제외한 양인(良人)들에 한정되었다. 그의 개혁안에 따르면 토지를 분배받은 사람은 사대부로부터 지방 관리 및 관청 노비 등에 이르기까지 일정한 직책을 가진 사람을 제외하고 모두 병역의 의무를 가진다. 토지를 받은 사람들은 4경마다 1명의 군인을 내고 나머지 사람들은 보(保)로서 동원된

군인에게 필요한 의복과 말과 쌀을 책임지는 제도를 제안하였다.
　군포법이란 원래 군에 갈 나이에 해당하는 사람들이 군에 가는 대신에 1년에 베 두 필을 내는 제도이다. 그런데 이것이 변질되어 당시에 실제로 한 사람이 부담하는 베가 30에서 40필에 이르렀고, 아이들이나 죽은 사람 혹은 뱃속에 있는 아이에게도 군포를 징수하는 병적인 착취 수단이 되어버렸다.
　신분제도에 대해서도 류형원은 매우 진보적인 견해를 내놓았다. 그는 노비 세습제를 폐지하고, 상전과 노비의 관계도 고용 관계로 개편하자고 주장하였다. 그러면서 또한 타협책으로 1669년에 실시되던 법인 종량법(從良法)에 따르되, 공노비와 재능 있는 자에게 특권을 주어 면제되는 길을 열어 주어 점차로 노비의 수를 줄이자고 제안하였다.
　종량법이란 어머니의 신분에 따라 자식들의 신분이 결정되는 제도를 말한다. 어머니가 양인이면 그 자식들은 양인이 되고, 어머니가 노비의 신분이면 그 자식은 노비가 되는 제도이다.
　안산(安山)에 살면서 평생 벼슬길에 나가지 않았던 성호(星湖) 이익(李瀷, 1681~1763)도 토지제도, 조세제도, 화폐제도, 신분제도, 과거제도 등에 대한 광범한 개혁안을 제시하였다. 토지제도에 대해서 이익은 균전제(均田制)를 제안했는데, 그것은 토지 소유를 공평하게 하자는 제도이다. 토지 소유의 불균형을 막기 위해 그가 생각한 방법은 한 가구가 소유한 토지 가운데 일정한 면적의 토지[永業田]는 자유롭게 처분하지 못하도록 법으로 막는 것이다.
　이 제도의 효과에 대하여 이익은 "가난한 사람에게 땅을 팔지 못하게 하면 파는 사람이 드물 것이므로 겸병(兼倂)이 줄어들 것이다.

가난한 사람으로서 혹 지력(智力)이 있어 땅을 마련할 수 있으면 한 자 한 치의 땅이라도 사들일지언정 파는 일은 없을 것이므로 살림이 쉽게 일어날 것이요, 부유한 사람의 땅은 비록 많아도 혹 여러 자식에게 분배하고 혹 못난 자는 파산하기도 하여 몇 대를 넘기지 못하고 평민과 같아질 것이다. 이와 같으면 균전제도는 점차 완성될 것이다. 가난한 집은 당장에 살림이 다 없어지는 걱정을 면하게 될 것이니 참으로 좋아할 것이요, 부유한 집도 비록 파산을 하더라도 영업전은 그대로 남게 되니, 뒷일을 걱정하는 부자 역시 좋아할 것이다"[「균전론」(均田論)]라고 설명하였다.

이익은 조세제도 가운데 전세(田稅)는 땅 주인이 납부하는 방식을 원칙으로 해야 하고, 생산의 10분의 1로 세율을 높여서 잡다한 세금을 하나로 통일하자고 제안했다. 이 제도는 소작농들의 부담을 줄이는 효과가 있고, 국가가 지방 경비까지 직접 징수함으로써 중간 관리들의 착취를 근절하고 국가 재정을 늘리는 효과가 있다. 그는 또한 군포의 폐지를 주장하기도 했다. 병역 의무 대상자로 그는 지주(地主), 양인(良人), 사노비(私奴婢), 공노비(公奴婢)를 모두 포함시키고 직접 병역에 복무해야 한다고 했다.

이익은 화폐 사용에 대해서는 부정적이었다. 이러한 그의 생각은 상공업에 대한 부정적인 생각과 관련이 있다. 그에 따르면 화폐의 유통은 부유한 사람을 더욱 부유하게 만들고 가난한 사람을 더욱 가난하게 만든다. 특히 고리대(高利貸)의 성행은 농민들을 더욱 가난하게 만들고, 부유한 자들을 더욱 부유하게 만든다. 이익은 이러한 문제점을 지닌 화폐 교환 대신에 물물 교환을 주장하였다.

이익은 당시의 노비 세습제도에 대해서 매우 비판적이었다. 그는 노비제도 때문에 나라가 가난해지고 국방이 약해졌다고 보았다. 그래서 경제를 발전시키고 국방을 튼튼히 하기 위해서는 노비제도를 개혁해야 한다고 믿었다. 이 문제를 해결하기 위하여 그가 제시한 대안은 노비의 매매를 금지하는 것이다. 그리고 그는 공노비든 사노비든 노비 소유의 상한선을 정해 놓고 그 이상의 노비는 속량(贖良)시키고, 특출하게 재능이 있는 자는 과거를 보게 하여 과거에 합격하는 사람은 노비를 면하게 해 주자고 제안하였다.

당시의 과거제도에 대해서도 이익은 비판적이었다. 먼저 실생활에 별로 도움도 되지 않는 문장을 짓는 능력으로 인재를 선발하는 방식에 반대하였다. 그는 경전에 능할 뿐만 아니라 덕행과 재능이 있는 사람을 뽑아야 한다고 주장하였고, 기존의 과거제도와 더불어 천거제(薦擧制)도 병행할 것을 제안하였다.

학교 교육에 있어서도 재능을 기본으로 하여 선발해서 교육해야 하고, 우선 지방의 향교(鄕校)에서 우수하지 못한 자는 농사를 짓게 하며 특출한 사람은 태학(太學)으로 보내서 양성한다. 태학에서 성적이 떨어지면 다시 향교로 돌려보내고 우수한 사람은 학교의 추천과 지방관의 추천을 통해서 관리로 임명한다.

박지원(朴趾源, 1737~1805)은 44세(1780) 때 삼종형 박명원(朴明源)을 따라서 북경을 다녀왔는데, 이때 그는 청(淸)나라 황제의 여름 별궁이 있던 북경 동북쪽 장성(長城) 바깥의 열하(熱河)까지 갔었다. 이 여행을 다녀와서 그는 『열하일기』(熱河日記)라는 책을 썼고, 정조(正祖)의 요청으로 농사 기술을 다룬 『과농소초』(課農小抄)를 저술하기도 하였다.

그의 실학 정신을 잘 나타내는 말은 바로 이용후생(利用厚生)이다.

이용후생이라는 말은 여러 가지 새로운 기술을 잘 이용해서 생활을
한층 더 윤택하게 하자는 뜻이다. 그는 청나라의 새로운 기술에
대해서 관심이 많았다.

 그는 당시에 조선이 가난한 이유가 바로 수레와 배를 활용하지
않기 때문이라고 하였다. 육지에서 사람과 물건을 운반하는 데 수레보
다 좋은 것이 없고, 물에서 사람과 물건을 운반하는 데는 배보다
좋은 것이 없다. 수레와 배는 재화(財貨)의 유통을 활성화함으로써
부족한 물품을 보충하고, 남아도는 물품을 소비시키는 역할을 한다.
그래서 수레와 배는 결국 국가를 부강하게 할 수 있다.

 박지원은 말하기를 "대개 수레는 하늘에서 나와서 땅 위에 다니는
것으로서 뭍에 다니는 배요, 움직일 수 있는 집이다. 나라의 큰 쓰임에
수레보다 더한 것이 없다. 그러므로 『주례』(周禮)에 임금의 부(富)를
물었을 때 수레의 수로 대답하였다 하니, 수레는 다만 짐을 싣고
사람을 태우는 것만이 아님을 알 수 있다"[『열하일기』「일신수필」(馹
汛隨筆)]라고 하였다.

 그는 청나라에서 사용되고 있던 논에 물을 대는 용미거(龍尾車),
물을 총 쏘듯이 하는 수총거(水銃車), 방아를 찧는 아륜(牙輪), 제분기
의 역할을 하는 요거(搖車), 고치를 켜는 물레인 소거(繅車) 등의
기구를 도입하자고 적극 주장하였다. 그리고 파괴된 수리(水利) 시설
을 정비하고 저수지를 구축하며 수차(水車)를 잘 활용할 것을 역설하
였다.

 박제가(朴齊家, 1750~1805)는 1778년에서 1801년 사이에 4차
례나 북경을 방문하였다. 그도 박지원과 마찬가지로 청나라에서
배울 것은 배워야 한다고 강조하였다. 특히 박제가는 상업의 중요성을

강조하여, 상인을 사(士)·농(農)·공(工)과 같이 하나의 직업으로 인정하였다. 그는 상업을 일으키는 것이 나라를 부유하게 만드는 방법임을 알았다. 박제가는 상업의 효과를 두 가지로 나누어서 설명하였다.

첫째는 나라의 자원을 효과적으로 이용할 수 있다. 어떤 곳에는 곡식이 많이 나지만 또 어떤 곳에는 해산물이 많이 생산된다. 이것을 그 지방에서만 모두 소비해야 한다면 어떤 것은 남아돌고 어떤 것은 모자라서 구할 수가 없을 것이다. 상업이 활발히 이루어지면 남아도는 자원을 모자라는 곳으로 유통시킬 수 있다.

둘째로 상업은 생산을 증대시키는 역할을 한다. 여기에 대해 박제가는 말하기를 "중국은 실제로 사치 때문에 망했다. 우리나라는 검소함 때문에 쇠퇴한 것이 틀림없는데, 어찌 그런가? 검소하다는 것은 물건이 있어도 낭비하지 않는 것을 말하는 것이지, 자기에게 없어서 스스로 단념하는 것을 말하는 것이 아니다. 지금 나라 안에 보석 캐는 집이 없고, 저자에 산호 같은 값나가는 물건이 없으며, 금과 은을 가지고 가게에 들어가도 떡을 살 수 없다. 어찌 풍속이 진실로 검소함을 좋아해서 그런 것이겠는가? 다만 이용하는 방법을 모르는 것일 뿐이다. 이용할 줄 모르니 생산할 줄 모르고, 생산할 줄 모르니 백성이 나날이 궁핍해진다. 대저 재물은 우물과 같다. 퍼 쓸수록 가득 차고 이용하지 않으면 말라 버린다"[『북학의』(北學議)「시정」(市政)]라고 하였다.

소비가 있어야 생산이 되고 생산이 되어야 소비가 있을 수 있다. 생산과 소비를 서로 연결시켜 주는 것이 상업이니 상업의 역할이 크다. 좋은 옷을 입지 않으면 비단을 짜지 않게 되고, 좋은 그릇을 사용하지 않으면 좋은 그릇 만드는 사람들이 사라지게 된다. 소비를 촉진시킬 수 있는 것이 바로 상업이다.

　박제가는 국내 상업뿐만 아니라 대외 무역도 발전시켜야 한다고 역설했다. 대외 무역을 잘하려면 우선 좋은 배가 있어야만 한다. 그래서 그는 배를 만드는 기술을 외국인으로부터 배우자고 제안하였다. 그는 말하기를 "연해에 외국 사람이 표류하여 도착하면 그 고을에서 배의 제도(製圖)와 그들의 기술을 자세히 묻고 기술 있는 장공인(匠工人)들을 시켜서 그 방식대로 만들거나 혹은 표류한 자를 머물게 하여 그 기술을 다 배운 뒤에 돌려보내도 관계가 없다고 본다"[『북학의』「서」(序))]라고 하였다.

　박제가는 또한 『북학의』에서 영농 기술, 농기구, 관개 기구뿐만 아니라 임업, 목축, 과수, 양잠 기술, 수레, 배, 성, 벽돌, 기와, 문방구, 도자기, 종이, 주택, 교량 등의 문제를 거론하고 그것의 개량 방안을 제시하였다. 그는 조선이 가난한 이유는 좋은 도구와 기술이 없기 때문이라고 하였다.

　그는 영농 방법의 뒤떨어짐에 대해 말하기를 "남들이 곡식을 세 이랑 뿌릴 곳에 우리나라에서는 두 이랑을 뿌리니 이것은 곧 1,000평방 리 땅이 300평방 리로 되는 셈이요, 남들이 밭 하루갈이에서 50섬에서 60섬의 곡식을 얻는데 우리나라에서는 20섬을 거두니, 이것은 600평방 여 리의 땅이 200평방 리가 되는 셈이요, 남들이 5푼 중량의 씨를 뿌릴 곳에 10푼 중량을 뿌리니, 이것은 또 1년간의 씨앗을 잃는 셈이다"[『북학의』「재부론」(財富論)]라고 했다.

2) 정약용의 생애

정약용(丁若鏞, 1762~1836)은 영조(英祖) 38년(1762) 6월 16일 경기도 양주군(楊州郡) 마재리[馬峴里]에서 태어났다. 본관은 나주(羅州), 자는 미용(美鏞), 호는 다산(茶山)이다. 그의 아버지는 정재원(鄭載遠)이고 어머니는 인물화를 잘 그려서 유명했던 윤두서(尹斗緖)의 손녀이다. 다산은 어려서 아버지에게 글을 배웠고, 10세 이전에 이미 시를 잘 지을 정도로 재능이 있었다.

다산은 아홉 살 때 어머니를 여의었고 큰형수가 그를 보살폈다. 열두 살 때 아버지는 새로 부인을 맞이하였다. 새 어머니 김 씨는 그를 잘 보살펴 주었다고 한다. 열다섯에 다산은 풍산 홍 씨 홍화보(洪和輔)의 딸에게 장가들었다. 이때 그의 아버지가 호조좌랑(戶曹佐郎)이 되어 서울에 있었기 때문에 아버지를 따라 서울에서 살게 되었다.

서울에 살면서 그는 누나의 남편인 이승훈(李承薰, 1756~1801)과 큰형의 처남인 이벽(李蘗, 1754~1786) 그리고 성호 이익의 종손(從孫)인 이가환(李家煥)과 교유하였다. 이때 그는 성호의 글을 읽게 되고 많은 영향을 받았다. 이 해 가을에 부친이 전라도 화순현감(和順縣監)으로 부임하자 다산도 그곳으로 따라갔다. 17세 때(1778) 둘째 형 약전(若銓)과 화순현 동림사(東林寺)에서 『맹자』를 읽었다.

1783년(22세) 2월 다산은 경의초시(經義初試)에 합격하고 성균관에 입학하였다. 1784년 4월 15일 고향 마재에서 큰형수의 제사를 지내고 서울로 오는 길에 큰형의 처남 이벽으로부터 천주교 교리를 듣고 감명을 받았다. 서울에 와서 이벽을 찾아가 『천주실의』(天主實義)와 『칠극』(七克) 등 천주교 교리에 관한 책을 빌려 보았다.

1789년 대과(大科)에 급제하여 희릉직장(禧陵直長)에 임명되었다.

또한 당하(堂下) 문관 가운데 문학이 뛰어난 자를 뽑아 쓰는 초계문신(抄啓文臣)으로 뽑혔다.

1791년 다산의 외종형(外從兄)인 윤지충(尹持忠)과 그 외종형인 권상연(權尙然)이 조상 제사를 폐지하고 신주를 불태운 사건이 일어나서 두 사람은 처형당했다.

1792년 봄 홍문관 수찬에 제수되었으나 부친이 돌아가서 거상(居喪)하였다. 이 해에 정조의 명에 따라 수원성(水原城)을 설계하고 축성을 위한 기중기(起重機)도 설계하였다. 1794년 6월에 탈상(脫喪)하고 7월에 성균관 직강(直講)에 제수되었다. 10월에 암행어사로 임명되어 경기 북부 지역을 두루 살폈다. 이때 그는 헐벗은 백성들의 삶과 지방 관리들의 횡포를 생생하게 목격하였다.

1795년 7월 중국인 신부(神父) 주문모(周文謨, 1752~1801)가 서울에 잠입하여 활동한 사실이 발각되자, 반대파들은 그의 배후에 이가환 일당이 있다는 유언비어를 퍼뜨렸다. 정조는 다산을 충청도 홍수(洪州)에 있는 금정역(金井驛)의 찰방(察訪)으로 전직시켰다. 1796년 10월 왕명으로 규영부(奎瀛府)에서『사기영선』(史記英選)을 교감하였다.

1797년 6월 승정원 동부승지(承政院同副承旨)에 제수되었으나 사직하였다. 1799년 봄에 재상(宰相) 채제공(蔡濟恭)이 세상을 떴다. 채제공은 다산의 정치적 후견인의 한 사람이고 남인(南人) 시파(時派)의 영수(領袖)이기도 했다. 그 해 5월 다산은 형조참의(刑曹參議)에 제수되었다.

1800년 봄에 반대파들의 모함과 시기를 피하여 다산은 가족을 데리고 고향으로 내려갔다. 6월에 그를 늘 아껴 주었던 정조가 승하하고, 1801년 11살의 순조(純祖)가 즉위하자 노론(老論) 벽파(僻派)를 후원하는 대왕대비 김 씨가 수렴청정을 하게 되었다. 그 해 정월 오가작통법(五家作統法)이 시행되어 천주교도에 대한 일제 검거령이 내렸고, 많은 천주교도가 잡혀서 처형되었다. 이 사건이 바로 신유사옥(辛酉邪獄)이다.

이때 다산의 셋째 형 정약종(丁若鍾)은 성상(聖像)과 교리서 및 편지들을 상자에 넣어 옮기려다 발각되어 체포되었다. 그래서 이가환과 권철신(權哲身)은 옥사(獄死)하고, 정약종과 이승훈은 참수형을 당했고, 다산의 둘째형인 정약전(丁若銓)은 신지도(薪智島)에 유배되고, 다산은 경상도 장기(長鬐)로 유배되었다.

1801년 여름 중국인 신부 주문모가 자수하여 사형 당했다. 9월에 충청도에 피신하고 있던 황사영(黃嗣永)은 신유사옥의 경과를 기록하고, 도움을 청하는 편지를 써서 북경에 있는 프랑스인 주교(主敎)에게 은밀히 보내려 하다가 발각되었다. 황사영은 처형되었다.

이 편지에서 황사영은 프랑스의 전함(戰艦)을 조선에 파견해서 신앙의 자유와 교세의 확장에 도움을 달라고 요청하였다. 황사영은 다산의 큰형 사위였기 때문에 정약전과 다산은 다시 유배지에서 잡혀 올라와 서울에서 심문을 받아야 했다. 11월에 정약전은 흑산도로 유배되고 다산은 전라도 강진(康津)으로 유배되었다.

유배 생활은 개인적으로 그에게 엄청난 불행이었지만 그는 좌절하지 않고 연구와 저술에 전념하였다. 수많은 저술이 그의 유배 생활 중에 이루어졌다. 1818년 8월 이태순(李泰淳)의 상소로 18년 만에 유배에서 풀려 고향으로 돌아왔다.

고향에 돌아온 이듬해에 『흠흠신서』(欽欽新書) 30권을 저술하였다. 1836년 2월 22일 다산은 마재의 고향집에서 75세로 파란만장한 일생을 마무리하였다. 그가 세상을 떠난 날은 부인 풍산 홍 씨와 결혼한 지 60주년이 되는 날이었다. 그의 부인도 그가 떠나고 난 며칠 뒤에 세상을 떠났다.

3) 여전제(閭田制)

선배 실학자들과 마찬가지로 정약용은 토지제도의 개혁을 통해서 국가의 경제를 튼튼히 하고 농민들의 삶을 안정시킬 수 있다고 생각하였다. 그러나 그가 생각한 제도는 선배들이 제안한 것과는 다르다.

류형원의 균전제와 이익의 한전제(限田制)에 대해서 정약용은 인구의 변동과 토지의 비옥도 때문에 실시하기가 힘들다고 보았으며, 박지원의 한전제에 대해서는 백성들이 남의 이름을 빌려서 매매하는 행위를 막을 수 없다고 지적하였다. 또한 이들의 토지 개혁론은 농사를 짓지 않는 사람들에게도 토지를 분배한다고 했으니 사람들에게 놀고 먹으라고 가르치는 것이나 마찬가지라 비판하였다.

그가 제시한 여전제란 먼저 전국의 국토를 국유화한 다음 그것을 여(閭) 단위로 나누고, 그 땅을 농민들에게 공동 경작하도록 하는 제도이다. 하나의 여는 대략 30호(戶)로 이루어지고, 3개의 여가 모여 하나의 이(里)가 된다.

그러므로 대략 90호가 하나의 이가 된다. 그리고 5개의 이가 모여서 하나의 방(坊)이 된다. 300호가 하나의 방이 되는 것이다. 5개의 방이 모이면 하나의 읍(邑)이 된다. 여의 책임자를 여장(閭長)이라 하고, 이의 책임자를 이장(里長)이라 하고, 방의 책임자를 방장(坊長)이라 한다. 그리고 읍의 책임자는 현령(縣令)이 된다.

여의 땅은 공동 소유이고 개인의 재산이 아니며, 공동으로 경작한다. 여의 구성원들이 일을 할 때 여장은 그들의 노동량을 장부에 기록하여 둔다. 가을이 되어 추수를 하면, 먼저 국가에 세금을 내고 다음으로 여장에게 봉급을 준다. 그리고 남은 곡식을 여의 구성원들이 각각 자신의 노동량에 따라서 분배한다.

국가에 바치는 세금은 생산량의 10분의 1인데 당시에 세율은 20분의 1이었다. 그러나 정약용에 따르면 실제로 당시에 농민들은 각종 명목의 세금으로 생산량의 10분의 5를 국가에 바치고 있었다고 한다. 그뿐만 아니라 농민들은 지주에게 소작료로 다시 10분의 5를 빼앗겼다. 실제로 이렇게 많은 세금을 내야 하는 형편이었기 때문에 농민들의 삶은 엄청나게 어려웠다. 이 문제를 해결하기 위하여 정약용이 제안한 것이 바로 생산의 10분의 1을 세금으로 내고 다른 잡다한 세금을 없애는 방법이다.

정약용이 제안한 여전제는 모든 토지를 국유화함으로써 토지가 몇 사람에게 집중되는 폐해를 막아 많은 사람을 잘살게 만드는 제도이다. 토지의 집중은 이미 고대부터 존재했던 폐해지만 정약용이 살던 시대에는 이 문제가 더욱 심각하였다.

그래서 그는 말하기를 "지금 문무 고관들과 여염 부자들은 한 집에 매년 벼 수천 석을 거두고 있는 자가 심히 많으니 그들 개인이 차지한 땅을 계산하면 백 결(結) 이상이다. 이것은 990명의 생명을 빼앗아 한 집을 살찌게 하는 것이다. 지금 국내 유명한 부자로서 영남의 최씨와 호남의 왕씨 같이 벼 만 석을 추수하는 자가 있으니 그가 소유한 땅을 계산하면 400결이나 된다. 그러면 이는 3,990명의 생명을 빼앗아 한 집을 살리게 하는 것이다"[「전론」(田論)]라고 하였다.

토지의 집중은 많은 백성의 삶을 황폐하게 만들어서 전체적으로 국력을 약화시키게 된다. 그러므로 국가는 적극적으로 토지의 집중을 막을 필요가 있다. 여기에 대해 정약용은 "하늘이 이 나라 백성을 내고는 먼저 토지를 두어 그것으로써 먹고 살도록 하였다. 그리고 또 그들을 위하여 임금을 세우고 관리를 정하여 백성들의 부모로서 그들의 재산을 고르게 분배하여 다 같이 잘살도록 하라고 하였는데, 임금과 관리된 자들은 여러 아들이 서로 싸워 토지를 빼앗고 삼키는 것을 가만히 팔짱을 끼고 보기만 하고 그것을 금지하지 못한다. 그리하여 강한 자들은 밭을 더 많이 차지하고 약한 자는 밭을 빼앗겨 땅에 쓰러져 죽게 하니 그 임금과 관리된 자들이 임금과 관리 노릇을 잘했다고 말할 수 있겠는가? 그러므로 그 재산을 능히 고루 분배해서 다 같이 잘살게 하는 사람은 임금과 관리라고 할 수 있으나 그렇게 하지 못하는 사람은 임금과 관리의 임무를 저버린 자이다"(「전론」)라고 말해서 국가의 적극적인 개입을 촉구하였다.

여의 구성원들은 자신이 일한 만큼 생산물을 분배받기 때문에 일하지 않는 사람을 허용하지 않는다. 그래서 선비들도 노동에 참여하는 것을 원칙으로 생각하였다. 노동에 직접 참여하지 않는 선비들은 간접적으로 생산을 돕는 일을 해야만 생산물을 분배받을 수 있다.

선비들이 생산을 돕는 문제에 대해 정약용은 "혹은 실용적인 이치를 연구하여 토양의 성질을 구분하며 수리 사업을 일으키며 도구를 제작하여 일을 덜며 나무를 심고 곡물을 재배하고 축산업을 발전시키는 방도를 가르쳐서 농민들을 돕는 사람도 있을 것이다. 이런 사업에 종사하는 선비들은 그 공로가 어찌 팔을 걷고 육체노동을 하는 사람들과 비교할 수 있겠는가? 그러므로 이러한 선비들의 하루 노동을

10일로 평가하고, 10일의 노동을 100일로 평가하여 이로써 그 양곡을 분배해 주는 것이 옳다. 어찌 선비들에게 분배가 없다고 말할 수 있겠는가?"(「전론」)라고 하였다.

정약용은 될 수 있으면 놀고 먹는 사람이 없는 게 가장 바람직하다고 생각했지만 모든 사람이 육체노동을 해야 한다고 주장하지는 않았다. 실제로 그것은 현실성도 없고 또한 생산에 도움도 되지 않는다.

지식인들은 지식인 나름대로 생산을 돕는 방법이 있다. 농기계를 만들고 토양에 알맞은 작물을 선정하며 새로운 농사법을 연구하는 일은 선비들도 할 수 있다. 이런 일을 선비들이 하게 되면 농사에 도움을 주어서 생산량이 증가하니 백성들의 삶이 윤택해진다. 지식인들이 생산에 전혀 도움이 되지 않는 일에 시간을 허비하면서 더 많은 생산물을 소비하기 때문에 일반 백성들은 굶주림에 허덕이게 되는 것이다.

정약용은 또한 빈부의 격차가 심화되는 폐단을 막기 위하여 농민들의 자유로운 이주를 허용해야 한다고 역설하였다. 여기에 대해 그는 "토지는 넓고 사람이 적은 곳이라든가 사람은 적고 얻는 곡식이 많은 곳에서는 오는 농민을 받아들여야 한다. 이와는 반대로 토지는 좁고 사람이 많은 곳이라든가 사람은 많고 얻는 곡식이 적은 곳에서는 떠나가는 것을 허용해야 한다"라고 말했다.

이렇게 하여 8년에서 10년이 되면 여전제가 안정이 될 수 있다고 하였다. 처음에는 많은 사람이 더 좋은 조건의 지역으로 움직이겠지만 어느 정도 시간이 흐르면 거의 같은 수준이 되어서 안정이 된다고 생각했다.

그리고 정약용은 여전제를 통하여 당시 심각한 지경에 있었던 군포 문제를 해결하려고 하였다. 여의 주민들을 군대 조직과 같이 만들어서 주민 3분의 1을 그 조직에 편입시키고 나머지 3분의 2는 군대 비용을 책임지게 한다. 병역의 의무는 양인뿐만 아니라 여(閭)의 모든 구성원이 맡아야 한다.

이것은 당시에 양민만이 병역의 의무가 있었던 현실과는 상당히 다르다. 양반들이 병역의 의무를 감당하지 않았기 때문에 그 짐이 고스란히 양민에게로 갈 수밖에 없는 실정이었다. 여전제를 실시하면 군포를 무리하게 징수하여서 백성들에게 피해를 주는 부작용을 줄일 수 있다고 정약용은 확신했다.

그는 이 제도가 군사적으로도 기존의 제도보다 훨씬 더 효과적이라고 생각했다. 그래서 그는 주장하기를 "과거에는 사람들이 각자 자기의 땅에서만 일하고, 개인은 자기 개인 일만 해왔기 때문에 기강이 서지 못하고 명령이 시행되지 못하였다. 그런데 이제 여전법에서는 열 식구의 목숨이 여장(閭長)에게 달려 있어 1년 내내 분주하게 여장의 통제를 받게 되는데, 이것으로 병제(兵制)를 삼는다면 움직이는 것이 규율대로 될 것이다. 왜냐하면 이미 훈련이 되어 있기 때문이다"라고 하였다.

여전제는 집단 농장이기 때문에 평소에도 규율이 엄한 상태에서 생활한다고 볼 수 있다. 이러한 사람들을 군사적인 집단으로 만드는 일은 그렇게 어렵지 않다. 정약용이 생각한 병농일치제(兵農一致制)는 물론 지방군에 한정되는 제도이지만 농업을 살리고 국방력을 강화시킬 수 있는 좋은 방법임에 틀림없다.

4) 환상개혁론(還上改革論)

환상(還上)이란 생활이 어려운 농민을 위하여 봄에 곡식을 빌려주고 가을에 이자를 붙여서 받는 제도이다. 이것은 원래 백성들을 위한 제도였으나 시간이 지나면서 백성들을 착취하는 수단으로 전락하고 말았다. 정약용은 이 제도가 문란하게 된 원인으로 수령(首領)과 아전(衙前)의 농간을 지적하였다.

먼저 수령의 농간에 대하여 정약용은 "수령의 농간질은 그 종류 또한 많다. 법을 어긴 것만을 대강 추려도 그 이름이 여섯 가지가 있다. 첫째는 번질[反作]이요, 둘째는 가분(可分)이요, 셋째는 허류(虛留)요, 넷째는 입본(立本)이요, 다섯째는 증고(增估)요, 여섯째는 가집(加執)이다"[『목민심서』(牧民心書)Ⅲ]라고 설명하였다.

번질이란 가을에 곡식을 제대로 거두어들이지 않고 서류상으로만 들어왔다고 하거나, 또는 봄에 곡식을 농민들한테 실제로 나누어 주지도 않고 서류로만 나누어 준 것으로 작성해서 감사에게 보고하는 농간을 말한다.

가분이란 창고에 마땅히 남겨 두어야 할 곡식까지도 백성들에게 빌려주어서 창고를 완전히 비우는 불법행위를 말한다. 허류란 장부에는 있으나 실제로 창고에는 곡식이 없는 것을 말한다. 이것은 수령이 바뀔 때에도 그대로 계속되어서 날이 갈수록 누적되는 일이 벌어졌.

입본이란 곡물의 시세에 따라 곡물을 팔거나 사서 일종의 시세차익을 남기는 행위이다. 이것은 무엇보다도 국가의 재정을 관리들이 사사로운 이윤추구에 썼다는 점에서 결코 용납할 수 없는 범죄행위이다. 농민들에게는 곡식을 빌려줄 때 돈으로 빌려주는데 곡식이 쌀 때의 가격으로 빌려주어서 이익을 챙겼다.

증고란 곡식 대신에 돈으로 받을 때 국가에서 지정한 가격보다 비싼 값으로 받는 행위를 말한다. 가집이란 감사가 곡식 대신 돈으로 받으라고 한 양보다 더 많은 양의 곡식을 비싼 가격으로 받는 농간이다. 거기서 현령은 이득을 남길 수 있다.

정약용은 또한 『목민심서』에서 아전의 농간 열두 가지를 자세하게 설명하였다. 번질[反作], 입본(立本), 가집(加執), 암류(暗留), 반백(半白), 분석(分石), 집신(執新), 탄정(呑停), 세전(稅轉), 요합(徭合), 사혼(私混), 채륵(債勒)이 바로 그것이다.(『목민심서』III)

암류란 나누어 주어야 할 환곡을 나누어 주지 않는 농간이다. 반백이란 아전이 힘없는 백성들을 속여서 곡식을 빼앗는 불법행위이다. 아전은 환곡을 백성들에게 나누어 주지도 않고 그 환곡의 절반을 가져오게 함으로써 농민을 착취하는 것이다. 분석이란 아전들이 창고의 곡식에다가 겨와 쭉정이를 섞어서 양을 부풀리고, 남는 것을 자신이 착복하는 행위이다.

집신은 묵은 곡식을 백성들에게 나누어 주는 농간이다. 탄정은 흉년이 들게 되면 나라에서 그 정도에 따라서 갚을 곡식의 양을 줄여 주는데, 아전들이 조정의 영이 도달하기 전에 이미 원래 정해진 양의 곡식을 거두어들이는 행위이다. 그리고는 그 남는 곡식은 나중에 착복한다.

세전은 환곡을 바꾸어 세미(稅米)로 삼거나 세미를 바꾸어 환곡으로 삼는 농간이다. 아전이 환곡으로 지급해야 하는 것을 세미로 지급하면 결국 창고가 비게 되어 그 짐이 백성들에게 돌아간다. 세미는 환곡보다 품질도 좋고 가마니도 크기 때문에 그렇게 한다.

요합이란 민고(民庫)의 요역(徭役)은 모두 조[粟]로 징수를 하는데,

이것을 가지고 아전들이 부정을 저지르는 행위를 말한다. 사혼이란 아전들이 사사로이 백성들로부터 돈이나 곡식을 환자(還子)와 함께 거두는 것을 말한다. 채륵이란 국가의 곡식을 사사로이 빌려주고 이자를 붙여서 이득을 얻는 행위이다.

이러한 문제점들을 해결하기 위하여 정약용은 자세하게 그 대비책을 제시하고 나아가서 상평제도의 시행을 주장하였다. 상평제도란 풍년에는 국가에서 곡식을 사들여 비축하고 흉년에는 창고의 곡식을 판매하여 곡가의 안정을 꾀하는 제도이다.

정약용은 환곡 1,500만 석 가운데 300만 석을 상평창곡(常平倉穀)으로 바꾸어 곡물 가격의 조절용으로 사용하자고 하였다. 그리고 나머지 1,200만 석은 그대로 환곡으로 할 것을 제안하였다.[『경세유표』(經世遺表)III] 그러면서 환곡제도의 개선책을 제시하였다. 그가 제시한 개선책에는 다음과 같은 내용들이 있다.

첫째로 정곡(正穀) 여섯 가지를 원액(原額)으로 하고 잡곡(雜穀) 여섯 가지는 비액(裨額)으로 한다. 이에 곡식 1,200만 석을 열두 가지로 나누어 온 나라의 환상곡 총액으로 삼는다.

둘째로 팔도 호총(戶總)을 조사하여 호마다 8석을 배정하여 팔도의 총액을 정하고 이에 여러 고을의 호총을 조사하여 호마다 8석씩을 배정해서 여러 고을의 총액을 정한다.

셋째로 양곡을 배정하는 방법은 본 곡액(穀額)에서 반분을 잘라 사방 민호(民戶)에 배정함이 마땅하고 또 그 땅에 알맞은 것을 살펴서 마을 단위로 분배하고 호마다 분배하지 않는다.

넷째로 외창(外倉)이 있는 곳에는 또한 민호를 계산하고 그 땅에 알맞은 것을 살펴서 여러 가지 곡식을 나누어 저축하는데 각각 일정한 액수가 있다.

다섯째로 그 선곡(羨穀)을 거두는 법은 10분의 2로 정하여 한 섬을 분배하는데 선곡 두 말을 징수하여 감리(監吏)와 노(奴)의 급료를 모두 여기서 준다. 그 외에는 한 알의 곡식도 더 거두지 못하며 범한 자는 치죄한다.

여섯째로 흉년이 들어 환곡을 다음 해로 물릴 때는 그 원곡은 다음 해로 물리고 선곡만을 징수한다. 큰 흉년이 든 해는 선곡 징수도 아울러 정지하고 드디어 그 문적(文籍)을 없앤다.

일곱째로 흉년에 옮겨 온 다른 곡식은 모두 다음 해에 돌려주어 본래 액수를 충당한다.

여덟째로 선곡을 돈으로 만드는 데는 그 해 농사의 풍흉을 보아서, 상정(詳定) 값을 미리 설정하여 다섯 등급 이외에는 비록 작은 수라도 섞어 쓰지 못하며, 또 한 푼도 더하지 못하게 한다.

아홉째로 양곡을 분배하는 것은 두 번에 나누어 하는데, 3월 초승에 한 번 나누어 주고 4월 초승에 또 한 번 나누어 준다.

상평제도에 대해서 정약용은 말하기를 "옛적에 이른바 상평이라는 것은 풍년에는 값을 더해서 사들이고 흉년에는 값을 반으로 줄여 팔아내서 곡식 값이 항상 평평하도록 하던 것을 상평(常平)이라 일렀다. 지금 법에는 값을 줄여서 팔아내는 일은 있어도 값을 더해서 사들이는 일은 없으니 옛법과 다르다. 그러나 풍년에는 곡식을 사는 사람이 없을 것이니, 관(官)에서 수천만 섬을 사들이면 곡가는 저절로 치솟아서 값을 더하지 않아도 값이 비싸진다"(『경세유표』III)라고 하였다.

상평곡 300만 석을 여러 도에 분배해서 각각 상평창을 만드는데,

경기 50만 석, 호서 50만 석, 호남 50만 석, 영남 50만 석, 관동 10만 석, 해서 10만 석, 패서 40만 석, 관북 40만 석으로 한다. 정약용은 또한 각 지방에 창고를 지을 만한 곳을 구체적으로 제시하였다.

5) 양반 신분의 개혁

정약용은 당시의 신분을 양반(兩班), 중인(中人), 양인(良人), 천인(賤人) 네 가지로 나누었다. 이 가운데 양반이 가장 문제가 많은 신분이라고 보았다. 당시에 양반의 수가 많이 증가함으로써 여러 가지 사회문제를 일으키고 있었다. 양반들의 가장 큰 문제는 역시 생산에 종사하지 않는 데 있다.

그래서 정약용은 양반에 대해 "양반이 되면 몸소 쟁기를 잡아서 지리(地利)를 일으키지 않고, 소를 몰거나 말을 타고 저자에서 상업에 종사하여 재화를 유통시키지 않으며, 손에 도끼나 망치를 들고 기구를 만들지도 않습니다. 그러므로 양반이 많으면 사람의 노동력은 줄어들고, 사람의 노동력이 약해지면 지리가 개척되지 않아 나라가 가난해지고, 나라가 가난해지면 선비를 권장할 수 없으며, 선비를 권장하지 못하면 백성은 더욱 곤궁해집니다"[「신포의」(身布議)]라고 말해서 당시의 문제를 정확하게 지적하였다.

양반은 학문을 연마하고 인격을 도야하여 기회가 오면 관리로 나아가 국가에 봉사하고 백성들을 교화할 수 있는 사람이다. 이들은 한 국가의 지도 계급으로서 중요한 역할을 담당한다. 그러나 이들이 자신들의 역할을 제대로 수행하지 않게 되면 오히려 일반 백성들에게 피해를 끼치는 짐이 될 수 있다. 조선시대는 짧은 기간을 제외하고 이들 양반 계급이 그들의 올바른 역할을 제대로 수행했다고 보기 어렵다.

그들은 백성들의 모범이기보다는 백성들의 짐일 뿐이었다. 조선시대에 양반들이 군역과 요역의 의무를 면제받았다는 사실이 그 대표적인 예이다. 국가로부터 가장 큰 혜택을 받은 자들이 이러한 의무를 지지 않은 것은 커다란 문제가 아닐 수 없다. 입으로는 온갖 좋은 말을 많이 했지만 그들이 국가를 위해서 한 일은 아무것도 없었다.

이들이 감당해야 할 의무를 다하지 못함으로써 그 부담은 고스란히 죄 없는 양인들에게로 돌아갔다. 그것이 조선 사회를 황폐하게 만들었고, 마침내 멸망에 이르게 하였다. 더욱 문제가 된 것은 이러한 심각한 부담을 지지 않기 위해 너도나도 양반이 되려고 수단과 방법을 가리지 않았던 점이다. 이러한 심각한 문제에 대해 정약용은 이렇게 한탄하였다.

> 그러나 나는 또 한 가지 바라는 것이 있는데, 온 나라 사람들이 모두 양반이 되었으면 하는 것이다. 온 나라 사람이 모두 양반이 된다면 이것은 곧 온 나라에 양반이 없는 것이다. 젊은이가 있기 때문에 늙은이가 있는 것이며, 천한 사람이 있으니 귀한 사람도 있다. 만일 모든 사람이 존귀하게 된다면 곧 존귀한 사람이 없는 것이다. [「발고정림생원론」(跋顧亭林生員論)]

당시에 양반의 문제가 얼마나 심각했으면 정약용이 모든 사람이 양반이 되어버리면 오히려 양반이 없어질 것이라고 했겠는가? 그는 중국의 생원(生員)제도와 비교해 보아도 조선의 양반제도가 잘못되었다고 말했다. 중국의 생원은 실제로 과거에 합격해야만 얻을 수 있는 호칭이고, 그래서 정원이 있어 일정한 수를 넘을 수 없다. 그런데 조선의 양반은 과거에 합격하지 않아도 그대로 양반이고 또 그 신분이 세습된다.

그래서 정약용은 "우리나라의 이른바 사대부는 태어나자마자 생원이 되며 강보에 싸여 있으면서도 경상(卿相)입니다. 높은 갓을 쓰고 넓은 띠를 하고서 독서를 하되 문자에만 매이어 문자 밖의 참뜻을 깨닫지 못합니다. 양역(良役)을 감당하지도 않고 신포(身布)를 징수하지도 못합니다. 무사(武士)를 업신여기고 백성들을 괴롭히는데, 이들은 모두 놀고 먹는 자로서 농사를 해치는 무리입니다. 지금은 차츰차츰 억제하여 한계를 정하는 것이 마땅합니다"[『여유당전서』(與猶堂全書)「농책」(農策)]라고 주장하였다.

양반은 생산적인 일도 하지 않으면서 대를 이어 국가의 혜택을 받고 국민으로서의 의무를 감당하지 않으며 나아가서 백성들을 괴롭히기까지 하니 더욱 그 잘못이 크다. 세상에 공짜는 없는 법이다. 국가로부터 많은 혜택을 받는 사람은 그만큼 더 많이 국가와 국민들을 위해서 일해야 하는 게 원칙이다. 세금이라도 더 많이 부담해서 국가를 위해서 일해야 한다.

만일에 그러한 혜택만 보고 의무를 수행하지 않으면 그 부담이 결국 다른 사람에게로 가게 되고, 그러한 상태가 오래 지속되면 사회가 병들게 된다. 조선 후기 사회는 이러한 근본적인 문제로부터 파생된 온갖 문제로 중병을 앓고 있었다.

양반들이 지나친 특혜를 누리게 되니 너도나도 양반이 되려고 할 것은 뻔하다. 또한 양반이 많아지게 되면 그들이 감당할 모든

의무가 일반 양민들에게로 돌아가서 양민들은 더욱 무거운 짐을
지지 않을 수 없게 된다. 이렇게 되어 살기가 어려운 양민들은 또
자신의 신분을 올려서 양반이 되려고 노력할 것이다. 여기에 대해
정약용은 이렇게 설명하였다.

> 대저 양반이 된 다음에는 군포를 면하게 되는 까닭으로, 백성이
> 밤낮으로 궁리하는 것은 양반이 되는 것뿐입니다. 향안(鄕案)에
> 기록되면 양반이 되고, 거짓 족보를 꾸미면 양반이 되고, 고향을
> 떠나 멀리 이주하면 양반이 되고, 유건(儒巾)을 쓰고 과거장(科擧
> 場)에 출입하면 양반이 됩니다. 아무도 모르게 점차 증가하여
> 해마다 늘어나고 달마다 성해지니 장차 온 나라가 모두 양반으로
> 되고 말 것입니다. (「신포의」)

모두들 수단과 방법을 가리지 않고 양반이 되려고 하고, 그렇게
해서 많은 사람이 양반으로 신분 상승을 했다. 조선 사회가 양반들에
게 이렇게 많은 특권을 주면서도 양반이 되는 길을 철저하게 통제하지
못한 것도 실책이었다. 양반이 많은 혜택을 누리고 살기 때문에
엄하게 그 수를 제한하지 않으면 이러저러한 방법을 동원해서 모두들
양반의 신분이 되려고 할 것이다. 이렇게 양반이 늘어나면 자연
국가의 재정은 점차 어려워질 수밖에 없다.

국가의 재정을 확보하기 위해서라도 양반의 수를 제한할 수밖에
없다. 그렇지 않으면 양반에게도 군포와 요역을 부담하게 하여 국가의
재정에 문제가 생기지 않게 해야 한다. 가장 부유한 집단인 양반에게
이러한 세금 면제의 혜택을 준 것은 문제가 많은 정책이지만 양반의

지지를 받아야 하는 왕실도 어쩔 수가 없었을 것이다.
 이 문제를 해결하기 위하여 정약용이 제안한 하나의 방법은 바로 호포구전법(戶布口錢法)이다. 호포구전법은 양인뿐만 아니라 양반들에게도 집마다 사람마다 군포나 거기에 해당하는 돈을 내게 하는 법이다. 이 법에 따르면 현재 관직에 있는 사람을 제외하고 모든 사람은 군포를 내야 한다. 여기에 해당하는 연령은 15세에서 60세까지이다. 이것은 그의 「신포의」라는 글에 나오는 대책이다.
 양반의 문제는 또 토지제도의 개혁과도 관련이 있다. 정약용은 토지제도의 개혁안에서 양반들도 생산에 직접 참여하거나 생산을 돕는 일에 종사해야 한다고 했다. 그는 「전론」에서 생산에 참여하지 않는 양반은 생산물의 분배도 없다고 규정하고 있다. 그는 양반들이 직접 농업에 종사하거나, 상업에 종사하거나, 수공업에 종사하거나, 교육에 종사하거나, 또는 실제로 생산에 도움을 주는 일을 하도록 권장하였다.
 생산에 도움을 주는 일이란, 토질에 적합한 농작물을 연구하거나, 수리(水利)에 대해서 연구하거나, 농사에 도움을 주는 기계를 만들거나, 농사 기술을 연구하고 지도하거나, 목축 방법을 연구하는 일 등이다. 이러한 일을 하면 농사를 짓는 일보다 더 많은 분배를 받을 수 있다고 하였다.
 정약용의 개혁안은 참으로 의미가 있는 것이지만 그것이 현실의 개혁에 아무런 도움이 되지 못하였으니 참으로 안타깝다. 정약용 같은 사람이 조정에 나아가 그 뜻을 펼치기에는 이미 조선 왕조는 너무 늙고 병들었다. 정약용이 조정에 계속 있었다면 반대파들의 모함을 받아 죽음을 면치 못했을 것이다.

아무리 좋은 처방이 있었어도 조선의 조정은 그것을 쓰지 못했을 것이다. 그나마 정약용이 목숨을 부지하면서 저 시골에 묻혀 여러 가지 개혁안을 생각하고 그것을 글로 남길 수 있었던 것만도 그저 다행스러울 뿐이다.

12장

기독교의 전래

1) 천주교의 전래
2) 개신교의 전래
3) 기독교와 한국 근대화
4) 기독교와 무속

기독교의 전래

1) 천주교의 전래

　천주교와 서양의 과학은 우리나라에 이미 17세기 초부터 소개되기 시작하였다. 서양의 선교사들은 먼저 중국에서 선교 활동을 시작하였고, 그들이 또한 서양의 과학을 소개하였다. 선교사들은 중국 황실의 호감을 사기 위하여 당시 서양의 과학적인 지식과 기술을 가지고 들어왔다. 세계적인 대제국이었던 명나라와 청나라는 대체로 그들에게 호의적인 태도를 보였다. 그래서 명나라와 청나라에서는 천주교가 비교적 쉽게 전파되었다.

　중국에 전래된 천주교와 서양의 과학은 여러 가지 경로를 통해서 조선에도 소개가 되었다. 조선의 학자들은 천주교에 대해서는 크게 흥미를 느끼지 못하였으나 과학기술에는 큰 관심을 보였다. 당시의 지식인들이 보기에 천주교는 불교와 유사한 종교라서 크게 새로운 면이 없었다. 그러나 서양의 선교사들이 전해 준 과학과 기술은 중국과 조선의 수준을 능가하고 있음에 놀라지 않을 수 없었다.

　당시의 유학자들이 서양의 과학에 큰 관심을 보이고 그것의 수준이 높다는 것을 알았다는 사실은 그들이 상당히 합리적인 생각을 가졌음을 보여준다. 그것은 그들이 성리학이라는 매우 합리적인 철학을 이미 알았기 때문에 가능했을 것이다. 성리학은 매우 차원 높은 불교를 경험하고 그것을 극복한 철학이다. 그런 철학을 일상적인 생활에서 이미 활용하고 있던 그들에게 천주교는 특별한 매력이 없었으나 서양의 과학과 기술은 아주 새로웠다. 그래서 당시 대부분의 유학자는 천주교에 대해서는 거부감을 나타내고 과학과 기술에 대해서는 호감을 가지고 배우려고 하였다.

천주교에 관한 기록으로는 이수광(李睟光, 1563~1628)이 1614년에 쓴 『지봉유설』(芝峰類說)에 마테오 리치가 지은 『천주실의』(天主實義)와 『교우론』(交友論)을 소개하고 있는데, 이것이 천주교에 관한 최초의 기록이다. 이수광은 1590년부터 세 차례에 걸쳐 명나라를 다녀온 중국 전문가였기 때문에 중국의 천주교에 대해서도 잘 알고 있었을 것이다. 류몽인(柳夢寅, 1559~1623)은 1621년에 출간한 『어우야담』(於于野譚)에서 『천주실의』를 언급하고 세계 지도에 관해서도 말하고 있다.

1631년(인조 9) 진주사(陳奏使) 정두원(鄭斗源)은 산동 반도의 등주(登州)에서 예수회의 선교사 로드리게스(J. Rodriguez, 陸若漢)를 만나 과학 기구와 서적을 얻어 귀국하였다. 로드리게스는 1561년 포르투갈에서 태어나 1577년 일본으로 건너가 그곳에서 33년 동안 머물다가 1610년 마카오로 추방당하였다. 당시 명나라는 만주의 청나라와 싸우고 있었는데, 명나라가 마카오에 있던 포르투갈의 포병들에게 도움을 청하자 로드리게스는 그 군대의 통역을 위해서 등주로 갔다.

로드리게스가 정두원을 통해서 조선 왕조에 기증한 서양 물건은 서양 화포, 화약, 천리경(千里鏡), 자목화(紫木花) 등과 한역(漢譯)된 서양 서적들이다. 서적들을 보면 『치력연기』(治曆緣起), 『천문략』(天問略), 『이마두천문서』(利瑪竇天文書), 『천리경설』(千里鏡說), 『직방외기』(職方外紀), 『서양국풍속기』(西洋國風俗記), 『서양국공헌신위대경소』(西洋國貢獻神威大鏡疏), 『홍이포제본』(紅夷砲題本) 등이 있고, 그림으로는 「천문도남북극」(天文圖南北極), 「천문광교」(天文廣教), 「만국전도」(萬國全圖) 등이 있다.

1644년 당시 북경에 머물던 소현세자(昭顯世子)는 예수회 선교사 아담 샬(J. A. Schall, 湯若望)과 사귀었고, 서양인이 주관하고 있던 천문대를 찾아가 역법(曆法)을 살펴보았다. 소현세자는 1645년 1월에 서울로 돌아오게 되는데, 오면서 그는 천문, 수학, 천주교 서적과 천구의(天球儀) 등을 가지고 왔다. 그러나 그는 귀국한 뒤 두 달 만에 의문의 죽음을 맞이했기 때문에 그가 가지고 있던 서양의 천주교와 과학에 대한 생각은 조선에 아무런 영향도 끼치지 못했다.

리치의 『천주실의』는 중국에서 1603년에 발행되었다. 이 책은 우리나라에도 곧 전해졌을 것으로 짐작이 된다. 천주교에 대한 책들이 우리나라에 들어옴으로써 지식인들은 자연 그것을 접하게 되었고, 거기에 대해 의견을 말하기도 하였다.

특히 이익은 서양에 관한 많은 책을 읽었고 자신의 뚜렷한 입장을 가지고 있었다. 그의 문집에는 리치의 『천주실의』와 『교우론』, 판토하(龐迪我)의 『칠극』(七克), 아담 샬의 『주제군징』(主制郡徵) 등의 책과 다른 많은 과학서가 등장하고 있다. 대체로 그는 서양의 과학에 대해서는 칭찬을 아끼지 않았지만 천주교에 대해서는 불교와 같은 종류로 이해하였다.
 이익의 제자 신후담(愼後譚, 1702~1761)은 1724년에 쓴『서학변』(西學辨)에서『영언려작』(靈言蠡勺),『천주실의』,『직방외기』등을 비판하였다.『영언려작』은 이탈리아 출신의 예수회 선교사 샘비아소(Francisco Sambiaso, 畢方濟)의 저서로 천주교의 영혼론이다.『직방외기』는 이탈리아 출신의 예수회 선교사 알레니(J. Aleni, 艾儒略)가 집필한 세계 지리서로 1623년 항주에서 간행되었다. 신후담은 천주교의 영혼 불멸설을 비판하고 지구가 둥글다는 이론도 인정하지 않았다.
 이익의 제자였던 안정복(安鼎福, 1712~1791)도 1785년에『천학고』(天學考)와『천학문답』(天學問答)을 지어서 천주교를 맹렬하게 비판하였다. 그의 비판은 리치의『천주실의』,『기인십편』(畸人十篇),『변학유독』(辯學遺牘) 등과 샤바냐크(E. de Chavagnac, 沙守信)의『진도자증』(眞道自證), 판토하의『칠극』, 알레니의『직방외기』등에 나오는 내용을 겨냥하고 있었다.
 천주교에서 주장하는 내용은 주로 불교와 비슷하고 묵자(墨子)의 이론과 비슷하다고 했다. 또 죽은 다음에 복을 구하는 종교이기 때문에 그 동기가 불순하다고 비판하였다.
 나이 많은 유학자들의 이러한 노력에도 불구하고 젊은 유학자들 사이에는 천주교에 대한 관심이 높아만 갔다. 이벽, 권일신(權日身), 이승훈 등이 대표적인 인물이다. 이승훈은 1783년 말에 북경을 방문할 기회가 있었다. 그의 아버지 이동욱(李東郁)이 연행사(燕行使)의 서장관(書狀官)이 되어 북경에 갈 때 따라가게 되었다.
 이승훈은 북경에 가서 1703년 강희제(康熙帝)의 칙허(勅許)를 얻어 프랑스 예수회 선교사가 창건한 천주교 북당(北堂)을 방문해서 1784년 세례를 받았다. 그러나 예수회는 1773년에 이미 교황의 명에 따라 해산되었고, 그곳에는 나사로회 선교사들이 일하고 있었다. 이승훈에게 세례를 준 사람은 나사로회 선교사 그라몽(J. J. de Grammont, 楊棟材)이었고 세례명은 베드로였다.

1784년 3월에 이승훈은 귀국하였는데, 곧 이벽, 권일신, 김범우(金範禹)에게 세례를 주었다. 그들은 명례방(明禮坊)에 있는 김범우 집에서 매주 모여 집회를 가졌다. 이것이 한국 최초 천주교 교회의 창설이다.

1785년 봄에 김범우 집에서 가진 집회가 발각되었으나 양반들은 석방되고, 통역관으로 중인 출신이었던 김범우는 충청도 단양(丹陽)으로 귀양 갔다. 김범우는 귀양지에서 죽게 되어 한국 교회사에서 최초의 순교자가 되었다.

이들은 예수회가 해산되었다는 것과 교황청에서는 유교적인 전례(典禮)를 미신으로 결정했다는 사실을 알지 못했다. 1790년에 가서야 그들은 북경의 주교로부터 조상의 제사를 금지한다는 연락을 받게 된다. 이것을 알고서 많은 신자는 천주교를 떠났는데, 역시 이 문제는 천주교 전파에 커다란 걸림돌이 되었다.

1791년 11월에는 전라도 진산(珍山)에 사는 윤지충과 권상연이 천주교를 믿어 조상의 신주를 불태우고 제사를 지내지 않다가 관청에 고발되어 참수형에 처해졌다. 권상연은 윤지충의 외사촌인데, 윤지충이 전도하여 천주교를 믿게 되었다.

윤지충은 1783년에 진사시에 응시하였는데, 1784년에 김범우의 집에 갔다가 『천주실의』와 『칠극』을 보고, 그것을 빌려 고향에 가지고 가서 필사하였다. 이것이 윤지충이 천주교를 믿게 된 계기가 된 것 같다. 윤지충과 권상연은 신주를 불태우고 제사를 지내지 않았다는 죄로 감옥에 갇히게 되는데, 이 소식이 서울에 전해지자 천주교를 비난하는 여론이 크게 일어나 결국 두 사람은 처형당하고 말았다.

1794년 북경에 있던 구베아(A. de Gouvea, 湯士選) 주교는 중국인 신부 주문모를 조선에 파견하였다. 1795년 초에 그는 서울에 도착하여 성사(聖事)를 집전하기 시작하였다. 그러나 고발자가 있어서 피신하지 않을 수 없었다.

이때 그의 입국을 도왔던 윤유일(尹有一), 최인길(崔仁吉), 지황(池璜) 등 3명의 천주교도는 잡혀서 처형되었다. 그는 그 뒤 숨어서 계속 포교 활동을 하다가 1801년 신유사옥(辛酉邪獄)이 일어나자 자수하여 5월 31일 서울 새남터에서 순교하였다.

주문모 신부의 활동으로 그가 입국할 당시에 4,000명이었던 신도들의 수는 1800년에는 1만 명에 이르렀다. 그리고 1800년에는 순조가 즉위하여 김귀주(金龜柱)의 누이인 영조 계비 정순왕후(貞純王后)가 수렴청정을 하면서 벽파가 정권을 잡았다.

벽파 정권은 먼저 시파에 대한 대대적인 숙청 작업을 벌였다. 이와 함께 남인들과 천주교에 대한 탄압도 시작되었다. 1801년에는 오가작통법이 실시되었고, 천주교와 관련된 정약종, 최창현(崔昌顯), 최필공(崔必恭), 홍교만(洪敎萬), 홍낙민(洪樂民), 이승훈 등은 잡혀서 처형당했고, 권철신, 이가환은 옥사했으며, 정약전, 정약용 형제는 유배당했다.

1801년 9월에는 황사영의 백서(帛書)가 발각됨으로써 천주교의 탄압은 더욱 심해졌다. 황사영은 정약현(丁若鉉)의 사위인데, 정약종에게 천주교의 교리를 배워 천주교를 믿게 되었다. 신유사옥이 일어나자 그는 북경에 있는 구베아 주교에게 신유사옥의 내용과 그 대책을 비단에 적어서 도움을 요청하기로 했다. 그러나 그 밀서는 사전에 발각되어 처형당하고 말았다. 이 백서의 내용은 당시 조정을 놀라게 하기에 충분하였고 천주교 탄압의 빌미를 제공하고 말았다.

 이 백서의 내용은 크게 네 가지이다. 첫째는 신유사옥의 박해로 천주교가 조선에서 멸망할 위기에 처했음을 말했다. 둘째는 교회의 재건을 위해 재정 지원을 요청했다. 셋째는 교황이 청나라 황제에게 편지를 보내어 조선도 선교사를 받아들이게 하도록 건의하였다. 넷째는 교황이 서양의 여러 국가에 호소하여 배와 군사를 조선에 파견하여 조선왕이 전교사(傳敎師)를 받아들이도록 하거나 조선을 정복하라고 부탁했다.

 조정에서 천주교 신도들을 계속 탄압하였지만 신도들은 여전히 완전하게 사라지지 않았다. 조선 신도들의 요청으로 로마 교황 그레고리우스 16세는 1831년에 조선 교구를 북경 교구에서 독립시키고 파리외방전교회(Paris Foreign Missions Society)에서 담당하게 하였다. 파리외방전교회는 1836년에 신부 모방(P. P. Maubant)을 조선에 파견하였고, 1837년에는 신부 샤스탕(J. H. Chastan)을 파견하였으며, 1838년에는 주교 앵베르(L. M. Imbert)를 파견하였다.

 그러나 1839년 3월에 다시 조정에서는 천주교를 없애야 한다는 방침을 세우고 이들을 탄압하기 시작하였다. 우의정 이지연(李止淵)의 사교(邪敎) 처벌 주장을 시작으로 이조판서 조만영(趙萬永)과 형조판서 조병현(趙秉鉉) 등이 앞장서서 기해사옥(己亥邪獄)을 일으켰다.

 4월에는 권인득(權仁得) 등 10명을 서소문 밖에서 처형하고, 6월에는 이광열(李光烈) 등 9명을 죽였고, 7월에는 앵베르 주교와 모방, 샤스탕 등 세 신부를 체포하여 8월 14일 형장에서 참수했다. 다음날에는 이 프랑스 신부들을 데려오는 데 깊이 관여한 정하상(鄭夏詳)과 유진길(劉進吉)도 참수하였다. 기해사옥에 처형된 신도들은 모두 78명이나 되었다.

조선 조정의 천주교 탄압은 이후에도 계속되어, 1846년에는 한국 최초의 신부인 김대건(金大建)과 신도 9명을 처형하였고, 1866년(丙寅年)에는 흥선대원군(興宣大院君)이 9명의 프랑스 신부와 수천 명의 조선인 천주교도를 처형하였다. 쇄국 정책을 주도하였던 대원군은 1873년 최익현(崔益鉉)의 탄핵을 받고서 정계를 떠나고 말았다.

조선과 통상을 원하고 있던 일본은 대원군이 물러나자 무력 시위를 하면서 개항을 요구했고, 마침내 1876년 강화도조약을 맺게 되었다. 1882년 5월에는 제물포(濟物浦)에서 미국의 슈펠트 제독과 미국과의 통상조약을 체결하였다. 이 해에 조선은 영국과도 통상조약을 맺었고 독일과도 통상조약을 맺었다. 1884년에는 러시아와 조약을 맺었고 이탈리아와도 조약을 체결하였다.

1886년 5월에는 조불수호조약이 조인되어 프랑스에 문호를 개방하였다. 이 조약으로 프랑스 선교사들은 토지를 구입하여 건축을 할 수 있게 되고 여행증명서만 있으면 자유롭게 여행도 할 수 있게 되었다. 1892년에는 약현본당(藥峴本堂)이 세워졌고 1898에는 종현본당(鐘峴本堂)이 준공되었다. 1895년 고종은 조선 교구장 뮈텔(閔德孝, 1854~1933)주교에게 병인(丙寅) 박해 이후 많은 천주교인이 희생된 일에 유감을 표시하고, 앞으로 교회와 국가가 원만한 관계를 유지할 것을 제안하였다.

2) 개신교의 전래

영국 스코틀랜드 장로교회(長老敎會) 선교사인 로스(羅約翰)와 매킨타이어(馬勤泰)는 조선 선교를 목적으로 만주의 우장(牛莊)에서 활동하다가 드디어 마음에 드는 조선 청년들을 만나게 된다. 그 청년들이 바로 이응찬(李應贊), 이성하(李盛夏), 서상륜(徐相崙), 김진기(金鎭基) 등이다.

이 두 선교사들은 곧 조선 청년들과 함께 한문 성경을 우리말로 옮기는 성서 번역 작업에 착수하였다. 1882년에는 『누가복음』과 『요한복음』을 간행하였고, 1887년에는 최초의 우리말 신약성서인 『예수성교전서』(예수聖敎全書)가 심양(瀋陽)의 문광서원에서 간행되었다.

이들은 이 성경을 가지고 만주의 각 지역에 살고 있는 조선인들에게 전도를 시작하였고, 국내에 들어와 전도를 하기도 했다. 서상륜은 1884년 국내에서 전도하려고 의주로 돌아와 조선에서 최초의 종교 집회를 가졌다.

그 뒤 체포령이 내려 황해도 솔내로 피신, 1887년 동생 경조(景祚)와 함께 국내 최초의 교회인 솔내교회당을 세웠다. 솔내교회당은 그 지방 사람들의 재정적 지원으로 운영되었으며, 얼마 지나지 않아 그 마을의 58세대 가운데 50세대의 어른을 포섭할 정도로 발전하였다.

또한 개신교(改新敎)의 전래에 기여한 사람으로는 이수정(李樹廷, 1842~1886)이 있다. 그는 1882년 고종이 보낸 신사유람단(紳士遊覽團)의 수행원으로 일본에 갔는데, 1883년에는 일본인 목사 야스가와(安川 亨)에게 세례를 받았다. 그는 일본 주재 장로교(長老敎) 선교사

조지 녹스(George W. Knox)와 감리교(監理敎) 선교사 매클레이(R. S. McLay) 목사와 성서 연구에 몰두하기도 하였다.

녹스 목사의 친구인 루미스(H. Loomis) 목사의 부탁으로 그는 성서를 우리말로 번역하기 시작하였다. 1884년 그는 한문에 토를 단『현토한한신약성서』(懸吐漢韓新約聖書)를 요코하마에서 출간하였는데, 여기에는「마가복음」과「사도행전」만 들어 있다. 이어서 1885년에는『신약마가전복음셔언히』가 요코하마의 미국성서공회(美國聖書公會)를 통해서 1,000부가 간행되었다.

이것이 바로 언더우드와 아펜젤러 등 최초로 우리나라에 들어온 선교사들이 가지고 온 성서이다. 이수정은 일본에서 언더우드, 아펜젤러 두 선교사에게 우리말을 가르쳤고, 당시 일본에 체류 중이던 김옥균(金玉均), 서재필(徐載弼) 등 개화당 요인을 미국인 선교사 녹스와 매클레이에게 소개하기도 했다. 그는 1886년 귀국하였으나 수구파(守舊派)에 살해되었다.

1884년 9월 미국의 북장로교 소속의 선교사 알렌(H. N. Allen, 安蓮)이 서울에 도착하였다. 그의 공식적인 직함은 미국 공사관(公使館)의 공의(公醫)였다. 미국과의 조약에서 아직 기독교의 선교가 허가되지 않았기 때문이다.

그는 갑신정변(甲申政變) 때 중상을 입은 민영익(閔泳翊)을 치료해 생명을 구해 준 것이 인연이 되어 고종의 총애를 받아 왕실부(王室附) 시의관(侍醫官)으로 임명되었다. 알렌은 1885년 4월 고종의 승낙을 얻어 서울 재동(齋洞)에 왕립광혜원(王立廣惠院)을 설립했다. 최초의 근대식 병원인 광혜원은 곧바로 제중원(濟衆院)으로 이름을 바꿨다.

1885년 4월 5일 미국 북장로교 선교사인 언더우드(H. G.

Underwood, 1859~1916) 목사와 감리교 선교사인 아펜젤러(H. G. Appenzeller, 1858~1902) 목사 그리고 그의 부인이 제물포에 도착하였다. 언더우드는 한국에 도착하여 제중원의 학생들에게 물리와 화학을 가르치고, 알렌을 도왔다. 그는 1887년 벽지 전도를 시작하였고 서울 새문안교회를 설립했으며 1889년에는 기독교서회(基督敎書會)를 창설하였다. 1900년에는 기독청년회(YMCA)를 조직하였고, 1915년에는 경신학교(儆新學校)에 대학부를 개설하여 연희전문학교(延禧專門學校)로 발전시켰다.

아펜젤러 목사는 1885년 7월 19일 한국 최초의 인천 내리감리교회를 설립하였다. 1886년에는 배재학당(培材學堂)을 세우고 다년간 교장 일을 맡아 보았다. 그는 희랍어에 능통해서 성경 번역 위원으로 일하기도 했다. 1902년 6월 12일 그는 목포(木浦)에서 모이는 성경 번역 위원회에 참석하기 위하여 작은 배를 타고 가다가 목포 근해에서 충돌 사고로 세상을 떠났다.

미국에서 우리나라에 선교를 위해서 파견된 감리교회 선교사로는 스크랜턴(W. B. Scranton) 목사 부부와 스크랜턴의 어머니 스크랜턴 부인이 있다. 이들 가족은 1885년 5월에 입국하였다. 의료 선교사였던 스크랜턴은 9월에 서울 정동(貞洞)에 교회와 병원을 열고, 그의 부인은 1명의 여학생을 가지고 이화학당(梨花學堂)을 개설하였다. 1887년 1월 정동교회에 우리나라에서 처음으로 주일학교(主日學校)를 열었고 12월에는 북감리회를 조직하였다.

그리고 우리나라에 남감리회 소속 목사가 처음으로 온 때는 1895년 10월로, 핸드릭스(E. A. Hendrix) 목사와 리드(C. F Reid) 목사가 그들이다. 1896년 리드는 상해(上海)에서 가족을 데리고 서울로 와서 전도와 교육 사업에 착수하였다. 남감리회는 1897년 5월 2일 고양(高陽)에서 어른 24명과 어린이 3명에게 세례식을 거행하고 처음으로 남감리교회를 세웠는데, 윤치호(尹致昊)가 집 한 채를 기부하여 교회로 사용하게 하였다.

영국의 성공회(聖公會)가 처음으로 우리나라에 들어온 때는 1885년이다. 중국에 선교사로 파송되어 있던 울프(J. R. Wolfe) 신부가 부산에 와서 2년 동안 선교했다. 한층 더 본격적인 선교는 1890년 영국의 해군 군종 신부인 코프(C. J. Corfe)가 우리나라에 직접 파송됨으로써 시작되었다.

그는 서울을 중심으로 인천, 수원, 강화도 등에서 선교 활동을 펼쳤으며 병원, 고아원, 인쇄소 등을 차리기도 했다. 이밖에도 오스트레일리아장로회는 1889년에 우리나라에 들어왔고, 캐나다장로교는 1893년에, 침례교(浸禮敎)는 1889년에, 성결교(聖潔敎)는 1907년에 각각 우리나라에서 선교를 시작하였다.

3) 기독교와 한국 근대화

기독교는 이 땅에 들어와서 많은 어려움을 겪었지만 선교에 성공해서 이제는 국민 3분의 1 이상의 신자를 확보한 한국 최대의 종교로 자리를 잡았다. 오늘날 한국의 종교를 말하면 기독교를 가장 먼저 생각하지 않을 수 없다. 한국을 근대화(近代化)하는 데 가장 큰 공헌을 한 종교도 바로 기독교이다. 기독교는 한국이 서양을 배우는 데 가장 중요한 중개자의 역할을 하였다. 그래서 오늘날 한국을 이끌어 가고 있는 인물들 가운데 상당수가 기독교와 관련을 맺고 있다.

기독교가 한국의 근대화에 공헌한 점은 한두 가지가 아니지만 수많은 학교를 세워서 현대적인 교육으로 한국의 젊은이들을 개화한 일이 무엇보다도 중요하다. 1910년도에 이미 전국적으로 기독교계의 학교 수가 모두 826개나 되었다. 이 가운데 장로교와 감리교파의 학교가 755개이며 519개가 황해도와 평안남북도에 집중되어 있었다.

우리가 잘 아는 유명한 학교로는 1885년에 배재학당이 세워졌고, 1886년에는 이화학당과 경신학당(儆新學堂)이, 1894년에는 평양에 광성학교(光成學校), 숭덕학교(崇德學校), 정의여학교(正義女學校) 등이 세워졌다. 1897년에는 숭실학당(崇實學堂)이, 1899년에는 나중에 세브란스의학교가 되는 제중원의학교가 세워졌다.

서양의 선교사들은 기독교와 함께 서양의 의술도 가지고 왔다. 천주교와 개신교의 선교사들이 병자들의 치료를 통해서 기독교를 전파한 방법은 동일하였다. 천주교에서는 프랑스의 샬뜨르 성 바오로 수녀(修女)들이 한국에 들어오면서 의료 사업이 본격화되었다. 이들은 1898년에 서울에 진료소를 설립하였고, 1910년에는 제물포에 진료소를 설립하여 환자들을 진료하였다.

개신교의 의료 사업은 1885년 4월 10일 한국 최초의 서양식 병원인 왕립광혜원을 설립함으로써 시작되었다. 광혜원은 4월 26일 제중원으로 이름을 바꾸었다. 처음에는 제중원을 알렌이 담당하였으나 나중에는 헤론(J. W. Heron)이 책임자로 일하였다. 그러나 헤론은 과로하여 1890년 7월 26일 세상을 떠나고 말았다.

1893년부터는 에비슨(O. R. Avison)이 제중원의 책임자가 되었다. 에비슨은 본국에서 구한 기금으로 1904년 9월 4일 세브란스병원을 신축하고 진료를 시작했는데, 이때부터 제중원의 명칭은 실질적으로 세브란스병원으로 바뀌게 되었다. 한국의 서양의학은 왕립병원인 광혜원·제중원 시대를 거쳐 세브란스병원을 설립하기에 이르렀다.

 감리교의 의료 선교사 스크랜턴은 1885년 9월 정동에 미국의원시병원(美國醫員施病院)이라는 간판을 건 병원을 개설하였다. 이 병원에서는 처음 1년 동안 842명의 환자를 치료했다고 한다. 1887년에 스크랜턴은 한국 여성들이 남자 병원에 갈 수 없는 관행을 보고 여성전용 병원의 건립을 결심하고, 미국감리교 여성해외선교부에 병원 설립 청원서를 제출했다. 병원 설립안이 승인되어 같은 해 10월 여의사 하워드가 한국으로 건너와 정동에 위치한 이화학당 구내에서 여성 환자들을 치료하기 시작했다. 이것이 바로 보구여관(保救女館)이라는 한국 최초의 여성 병원이다.

 기독교는 학교와 병원을 세워서 한국인을 개화하였을 뿐만 아니라 전통적인 한국인의 관습과 의식을 바꾸는 데도 큰 역할을 하였다. 예컨대 인간은 모두 평등하다는 만민 평등 사상, 남녀는 평등하다는 남녀 평등 사상, 일부일처제(一夫一妻制)의 도입, 노비제도의 폐지, 술과 담배의 금지, 서양식 결혼식의 도입, 잡다한 미신 타파 등이 모두 기독교와 관련이 있다. 세련되지 못한 국민들의 의식을 서양인들의 수준으로 끌어올리는 데 기독교가 크게 공헌했다고 평가할 수 있다.

 하나님 앞에 만민은 평등하다는 가르침을 전파하는 기독교에서 볼 때 양반과 상민 그리고 천민이나 노비의 구별은 있을 수 없다. 일단 교인이 되어 교회에 나가면 거기서는 모든 사람이 평등하게 된다. 전통적으로 남자와 여자를 엄격히 구별하여 같은 장소에 함께 있을 수도 없는 것이 한국의 실정이었는데, 교회에 나가면 남자와 여자가 동등하게 예배를 보게 된다. 이것은 한국의 전통적인 관습을 무너뜨리는 일이었다. 하나님 앞에 모든 사람은 죄인이고 또한 동등하다는 사상은 양반과 상민을 가르는 전통적인 신분제도를 완전히 부수는 데 큰 도움이 되었다.

한국의 근대화 과정에서 축첩제도(蓄妾制度)도 죄악으로 규정되었다. 전통 사회에서는 첩(妾)을 두는 일이 여러 가지 이유로 공공연하게 허용되고 있었으나 기독교가 들어오면서 그것이 나쁘다는 사실을 깨우쳐 주게 되었다. 말하자면 인권 존중 사상이나 남녀 평등 사상에 대한 의식을 교회가 일깨워 주었다.

그리고 전통적인 결혼식의 방식도 서구적인 결혼식으로 바뀌게 되는데, 이것도 기독교의 영향으로 볼 수 있다. 유교 방식으로 결혼식을 올리지 않고 서양식의 결혼식을 하는 것은 스스로 유교인이 아님을 선언하는 것이나 마찬가지이다. 오늘날 대부분의 사람이 기독교인이 아니면서도 결혼식은 서양식으로 하고 있으니, 서양의 풍습이 사회 전반으로 일반화되었다. 이러한 과정에서 기독교의 영향이 적지 않았다.

한국에서 선교사들은 교인들에게 술과 담배를 금지하라고 가르쳤다. 당시에 술과 담배에 빠져 건강을 해치는 사람들을 안타깝게 여긴 선교사들이 교인들에게 금주와 금연을 널리 교육시켰다. 실제로 조선조 말에 어린아이들이 담배를 피우는 모습이 선교사들의 눈에는 이상하게 비쳤으리라. 나중에 금주와 금연은 기독교인의 기본적인 계율로 자리잡게 되었다.

기독교가 한국 사회에 뿌리 깊은 미신을 타파하는 데 커다란 역할을 했다는 사실은 이미 잘 알려져 있다. 기독교에서는 하나님 이외의 신은 섬기지 말라는 계율을 기본적인 가르침으로 하기 때문에 우상을 숭배하거나 잡다한 귀신을 믿는 행위를 엄격히 금지하고 있다. 우리나라의 무속에서는 오랫동안 잡다한 귀신을 섬겨 왔으니 기독교와는 서로 맞지 않는 것이 당연하다. 무속과 기독교의 전쟁은 지금도 계속되고 있지만 기독교가 이 땅에 뿌리를 내리면서 무속적인 풍습이 많이 사라지게 되었다.

  기독교에서는 우리나라에 널리 퍼져 있던 도박의 악습을 없애는 데도 크게 앞장섰다. 지금도 우리나라에서는 고스톱이라는 화투놀이가 성행하고 있는데, 옛날에도 도박이 심해서 여러 가지 문제를 일으켰다. 젊은이들이 도박에 빠지게 되면 자신은 물론 가정까지도 망치게 하니 그 폐해가 크다. 한국에 들어온 선교사들은 이것을 보고 도박이 나쁜 놀이라는 사실을 가르치고 그것을 금지시키기도 했다.

4) 기독교와 무속

  현대에 와서 서양에서는 기독교의 영향이 점차 줄어드는 데 반해 한국에서는 거의 폭발적으로 교인의 수가 늘어나는 기이한 현상이 발생하고 있다. 이것은 기독교계의 피나는 노력의 결실이기도 하지만 한국인들이 가지고 있는 종교에 대한 욕구의 표현이기도 하다. 전통적으로 한국인들은 어느 민족보다도 더 열성적으로 종교 생활을 하였다. 이러한 전통이 현대에는 기독교라는 종교를 통해서 밖으로 드러난 것이 아닐까?

  기독교는 한국의 전통적인 종교와 그 성격이 상당히 다르지만 사람들은 그것을 크게 생각하지 않는 것 같다. 예를 들면 기독교는 다른 종교와는 다르게 유일신(唯一神)을 내세우면서 다른 종교에 대해 상당히 배타적인 태도를 취한다.

이러한 기독교의 특징이 있음에도 불구하고 한국인들은 이러한 기독교를 여러 가지 종교 가운데 하나로 생각하고 유일한 종교라고는 생각하지 않는다. 그래서 기독교를 믿으면서도 다른 종교들에 대해 상당히 관용적인 입장을 취하는 경향이 강하다. 그리고 다른 종교에 소속되어 있는 사람들도 기독교에 대해 자연스럽게 관심을 갖기도 하고 교회에 가서 예배에 참석하기도 한다.

그리고 기독교인들 가운데는 서양의 신(Deus)을 믿는 것이 아니라 우리의 전통적인 하느님이나 하늘님을 믿는 사람도 많다. 이들은 그 두 가지가 그렇게 엄격하게 구별되지 않는다고 생각한다. 우리 민족이 하늘이나 하느님을 믿은 역사는 오래되었다. 이러한 오래된 전통은 한국인들의 무의식까지도 지배하고 있다고 볼 수 있다. 그래서 자연스럽게 서양에서 들어온 신과 하느님을 구별하지 않게 되었다.

이것이 한국인들이 거부감을 느끼지 않고 기독교의 신을 믿게 된 결정적인 이유라고 생각하는 사람들이 많다. 그리고 이것을 기독교의 선교에 이용한 사람들이 바로 선교사들이었다. 기독교의 신(God)을 하나님이라는 말로 번역한 사람은 우리 민족이 옛날부터 하느님을 믿었다는 사실을 잘 알고 있던 선교사들이었기 때문이다.

한국인의 하느님은 상당히 속이 넓어서 자기 외에 다른 신들을 섬기지 말라는 기독교의 신과는 다르다. 하느님은 여러 종류의 신 가운데 최고의 신이지만 다른 신들과 함께 존재하는 신이다. 그래서 이러한 신을 믿는 한국의 기독교인들은 다른 종교들에 대해서 비교적

관용적인 태도를 취할 수밖에 없다. 다른 종교들을 모두 없애고 그 위에 유일한 종교인 기독교를 세워야 한다는 그런 태도를 취하지 않는다.

그리고 기독교는 한국에 전파되면서 자연스럽게 한국적인 기독교로 변하게 되었다. 그 가운데 대표적인 특징이 바로 한국 기독교의 무속적인 성격이다. 한국의 기독교는 순수한 기독교가 아니라 무속이 혼합된 종교라는 점을 많은 학자들이 지적하고 있다. 이것은 한국에 들어온 기독교가 한국에서 성장하면서 독특한 형태로 발전하였음을 잘 보여준다.

그래서 어떤 목사들은 스스로가 무당에게 신이 내리는 신내림과 유사한 체험을 하고 그것을 성령이 자신의 몸에 강림했다고 믿는 경우도 있었다. 이들은 또한 특이한 능력을 발휘하기도 하는데, 그 능력을 이용해서 신도들을 모으고 교세를 넓히려고 하였다. 이러한 목사들은 기독교에 몸담고 있지만 그 행동은 무당과 다를 바가 없다.

이런 목사들은 예배도 무속에서 벌이는 굿판의 분위기로 진행하여 사람들을 열광적인 상태로 몰고 간다. 박수를 친다든지, 큰 소리로 기도를 한다든지, 찬송가를 열광적으로 부른다든지, 통곡을 한다든지 하는 방법으로 교인들의 정신을 황홀한 상태로 유도하여서 그들이 실제로 성령(聖靈)의 힘을 경험한 것처럼 착각하게 만든다.

한국 교회의 무속적인 성격을 주장하는 학자들은 새벽 기도를 또 다른 증거로 제시하곤 한다. 한국인들은 새벽을 대단히 중요하게 생각하여 제사를 지낸다든지 기도를 드릴 때 주로 새벽에 하였다. 불교에서도 새벽 예불이 있고, 유교의 제사도 사실은 아주 이른 새벽에 지낸다. 무속의 전통에 익숙한 한국의 어머니들은 새벽에 일어나 몸을 깨끗이 하고 갖가지 신에게 기도를 하였다. 이러한 전통은 이제 기독교에까지 영향을 끼쳐 새벽에 교회에 나가 기도를 하는 것이 일반화되었다.

한국 교인들의 새벽 기도에 대한 기록은 이미 1904년 북장로회 평양선교부 보고에 처음으로 나오고, 1904년 9월에 열렸던 이화학당 부흥회에 관한 이화학당의 교장 프라이(L. E. Frey)의 보고에는 한층 더 자세하게 기록되어 있다. 그리고 1905년 초에 열린 개성지방 부인사경회(婦人査經會)에서도 새벽 기도가 있었음을 그곳에 참가하였던 선교사 캐롤(A. Carroll)이 보고하였다.

한국 교회에 새벽 기도회를 정식으로 도입한 사람은 길선주(吉善宙) 목사이다. 그는 개인적으로 새벽에 기도를 하였는데, 1906년 가을에 같은 교회의 박치록(朴致祿) 장로가 동참하였고, 한 달 뒤에는 정식으로 장대현교회(章臺峴敎會)의 당회(堂會)에서 결의하여 모든 교인이 참여하는 새벽 기도회가 열리게 되었다. 이 새벽 기도회는 1907년 평양대부흥회를 거치면서 한국 교회 전체로 파급되었다.

한국 기독교의 무속화를 걱정하는 사람들은 교인들의 기복신앙(祈福信仰)을 지적한다. 많은 사람은 교회에 가서 회개하기보다는 하나님께 자신의 가족과 자신을 위해 복을 빈다. 그래서 교회에 내는 헌금은 복 받기 위해 바치는 제물로 생각하는 경향도 강하다. 많이 바칠수록 더 많은 복을 받을 수 있다고 믿는 것도 무속적인 발상이라고 할 수 있다.

또한 목사들은 많은 헌금을 모을수록 더 많은 능력을 가진 사람으로 인정을 받는다. 헌금을 많이 내는 사람은 능력이 있는 사람이고,

이런 사람들은 교회에서도 인정을 받게 된다. 오늘의 교회에서는 물질적인 능력이 믿음보다도 더 중요한 것으로 변하고 말았다.

 기독교인들은 교회에서 자녀들이 대학에 합격하기를 기도하고, 남편의 사업이 잘되기를 기도하고, 돈을 많이 벌게 해달라고 기도하고, 아들을 낳게 해달라고 기도하고, 질병의 쾌유를 기도하고, 남편의 승진을 기도하고, 자식이 건강하게 성장하기를 기도하고, 자식이 좋은 배우자를 만나기를 기도하고, 멀리 출장을 간 남편이 무사히 귀가하기를 기도한다.

 이제 사람들은 교회에 나오지만 그들이 원하는 내용은 무속에서 귀신에게 기도하면서 빌던 것과 동일하다. 사람들은 하나님의 능력을 자신들에게 얼마나 많은 복을 주는가로 판단한다. 그래서 자신들이 원한 것이 제대로 이루어지지 않으면 목사를 불신하게 되고 교회에 나가는 일도 소홀히 한다.

 한국의 교회가 점점 굿판으로 변하고 있다고 우려하는 학자들도 있다. 교인들이 교회에 나가는 것이 회개하고 복음을 듣기 위해서가 아니라 기독교식 굿판을 구경하기 위해서라는 걱정이다. 이제 목사는 굿을 벌이는 무당처럼 사람들에게 재주를 보여주어야 한다. 인기 있는 목사는 교인들을 사로잡을 수 있는 특별한 능력을 가져야만 한다. 목사들은 이제 복음을 전하는 사람이 아니라 관객들에게 자신의 재주를 파는 무당으로 전락하고 말았다.

 이제 한국의 목사는 교인들의 복을 빌어주는 사람이 되었다. 교인들이 목사에게 그들의 문제점을 말하면 그들이 원하는 것을 하나님께 전하여 그들의 소원을 이루어 주는 중개자 역할을 한다. 목사들은 단골무당이 단골 가정을 방문하듯이 교인들의 가정을 방문하여 그들의 복을 빌어주고 재난을 추방한다. 병자가 생기면 심방(尋訪)하고, 이사를 가거나 새로 개업을 하거나 집안에 문제가 생겨도 방문하여 기도를 해 주어야 한다.

13장

서양철학의 수용

1) 유학자들의 서양철학 연구
2) 진화론의 수용
3) 마르크스-레닌 사상의 수용
4) 유학파(遊學派)들의 서양철학 도입
5) 경성제대 철학과
6) 서양철학과 무속

서양철학의 수용

1) 유학자들의 서양철학 연구

유학자(儒學者)인 이정직(李定稷, 1841~1910)은 28세 때인 1868년 연행사절을 따라 북경에 가서 책방(冊房)에 하숙하면서 주로 신학문(新學問)에 관심을 갖고 공부하였다. 그는 특히 수학, 문자학, 천문학, 음악, 의약 등 실용성 있는 학문을 많이 연구했고, 저술 작업도 많이 하였으나 동학란(東學亂) 때 대부분 불타고 말았다. 지금 남아 있는 저서는 『석정집』(石亭集) 3책, 『연석산방미정문고』(燕石山房未定文稿) 6책, 『연석산방미정문고별집』(燕石山房未定文稿別集) 2책, 『간오정선』(刊誤精選) 1책, 『전가록』(傳家錄) 1책 등이다.

그런데 그의 『연석산방미정문고별집』에는 베이컨의 철학과 칸트 철학에 대한 글이 있어서 관심을 끈다. 이 글들이 바로 「배근학설」(倍根學說)과 「강씨철학설대략」(康氏哲學說大略)이다. 이 글의 내용은 대체로 양계초(梁啓超, 1873~1929)의 『음빙실문집』(飮氷室文集)에 나오는 것과 다르지 않다.

그의 「배근학설」이라는 글은 『음빙실문집』에서 양계초가 「근대

문명의 시조 베이컨, 데카르트의 학설」이라는 제목으로 영국의 철학자 베이컨과 프랑스의 철학자 데카르트의 철학을 다룬 내용과 같다. 이정직의「강씨철학설대략」은『음빙실문집』의「근세제일대철강덕지학설」(近世第一大哲康德之學說)에 나오는 내용과 같다.

이정직은 칸트(I. Kant)가 자유 문제를 다룬 점에 대해 칭찬하였다. 칸트의 자유 사상을 그 나름대로 "순천리지자연사상"(循天理之自然思想)이라고 해석하였으며, 천리의 자연에 따르는 것이 진정한 자유라고 하였다. 그리고 그것은 바로 유학에서 말하는 본연지성이라고 하면서, 칸트에게서 동양철학과 비슷한 점을 발견하고 칸트에게 성(聖) 자를 붙여 존경을 표시했다.

이정직은 북경에 직접 가서 공부도 하였기 때문에 당시에 중국인들이 관심을 가지고 있었던 서양철학에 대해서도 들었으리라. 그래서 나중에 양계초의 책을 보고 그 가운데 관심이 가는 주제에 대해 간략하게 요약했을 것으로 추측이 된다. 그러나 그와 서양철학과의 관계는 아직 충분하게 연구되지 않았기 때문에 의문점이 많이 남아 있다.

이때에는 서양 근대 철학뿐만 아니라 서양 고대 철학의 소개도 이루어졌다. 이인재(李寅宰, 1870~1929)는 일본의 철학자 이노우에(井上圓了)가 쓴『철학요령』(哲學要領)과 프랑스인 이기약(李奇若, 원명 미상)이 쓴『철학논강』(哲學論綱) 그리고 양계초의『음빙실문집』등을 참고하여『철학고변』(哲學攷辨)이라는 서양 고대 철학사를 썼다. 이노우에의 책은 당시 중국의 나백아(羅伯雅)가 번역한 것이고, 프랑스인이 쓴 책은 중국의 진붕(陳鵬)이 번역한 것이다.

이인재가 자신의 저서에서 소개하고 있는 철학자는 탈레스, 아낙시

만드로스, 아낙시메네스, 아낙사고라스, 피타고라스, 크세노파네스, 파르메니데스, 제논, 로이키포스, 소크라테스, 플라톤, 아리스토텔레스, 스토아 제논 등이고, 소크라테스와 플라톤 그리고 아리스토텔레스를 중심으로 다루고 있다.

이 책의 끝에서 이인재는 "동양철학은 고대에 이미 융성했을 뿐만 아니라 오히려 희랍보다 훌륭하였으며, 또 동양의 개화도 희랍보다 앞섰던 것임은 역사가 증명하는 것이며, 그것이 차차 퇴보하여 오늘에 이르러 고대의 융성을 거의 볼 수 없게 되었고, 동양철학이 다시 일어날 기세가 막연하여 기약할 수 없으니 동양인으로서 감개가 자못 깊다"라고 하였다.

거의 같은 시기에 생졸 연대가 확실하지 않은 전병훈(全秉薰)이라는 학자도 북경에서 서양철학의 소개서인 『정신철학통편』(精神哲學通編)이라는 책을 출판하였다. 전병훈은 도가적인 입장을 가지고 유가, 불가, 도가, 서양철학을 종합하려는 목적에서 이 책을 썼다고 하였다. 그의 책에서는 칸트, 소크라테스, 탈레스, 플라톤, 아리스토텔레스, 몽테스키외, 베이컨, 데카르트, 스펜서, 존 스튜어트 밀, 스피노자, 루소, 아담 스미스 등의 철학자가 소개되었다. 전병훈은 특히 칸트의 영구 평화설에 관심을 가지고 전세계가 합하여 하나의 자유로운 선의의 민주국을 건설하는 게 좋다고 말하기도 하였다.

이렇게 1900년대 초에 우리나라에 서양철학을 소개한 인물들에 대해서 연구한 사람은 박종홍(朴鍾鴻, 1903~1976)이다. 진교훈(秦敎勳)도 『한국철학사』에서 박종홍의 연구를 참고하여 이러한 인물들을 소개하고 있어서 박종홍의 연구가 이 당시의 한국 철학사를 연구하는 데 중요한 자료임을 보여주었다. 이 당시에 우리나라 학자들이 서양의 철학을 알게 된 경로는 주로 중국을 통해서였다.

  1910년대까지 우리나라 학자들의 서양철학 공부는 대체로 예수회 신부들이 저술한 저서, 중국 학자들의 저서와 번역서 그리고 일본 학자들의 작품을 중국 사람들이 번역한 책 등을 통해서였다. 우리나라에서는 이 당시까지도 한문으로 된 자료만을 학문으로 인정하였기 때문에, 사람들은 서양어는 물론이고 일어(日語)도 배우려고 하지 않았다.

  일본인이 쓰기 시작한 철학(哲學)이란 용어도 일본에서 직접 우리나라에 전해진 것이 아니다. 일본 철학서가 중국으로 가서 먼저 한문으로 번역된 뒤에 우리나라에서 그것을 받아들이게 되었다.

  그리고 1910년대까지 우리나라의 학자들이 중국을 통하여 서양의 철학을 받아들일 수밖에 없었던 것은 그들이 모두 한문밖에 몰랐기 때문이다. 일찍부터 우리가 다양한 문화를 접촉한 경험이 있었으면 다양한 문호를 통하여 다른 문화를 받아들일 수 있는 능력을 길렀을 것이다. 그런데 오로지 중국 문화만을 알고 있었고 또 그것이 전부라고 생각하면서 살았기 때문에 다양한 길을 통해서 외국의 문화를 받아들일 수 없었다.

  당시에 중국은 이미 힘이 빠져서 언제 망할지도 모르는 절박한 상황이었는데 그들에게서 무엇을 배울 수 있겠는가? 그 당시에 우리나라 학자들에게 많은 영향을 준 중국의 양계초 같은 학자도 1898년에 일본으로 망명해서 거기서 생활하고 있었는데, 우리는 그때까지도 중국어로 번역된 일본 사람의 책을 읽고 있었다.

2) 진화론의 수용

우리나라에 서양의 사상이 들어오는 데 있어 특기할 만한 사실은 서양에서 역사적인 과정을 거쳐서 발전한 이론들이 우리나라에 들어올 때는 순서 없이 한꺼번에 들어오게 되었다는 점이다. 예컨대 천주교와 과학이 동시에 들어와서 유학자들을 헷갈리게 하였다. 서양에서는 중세의 기독교를 극복하고 발전한 것이 과학인데 그것이 천주교와 함께 우리 조선에 들어왔기 때문에 그것들이 서로 모순되지 않는 것으로 오해를 불러일으키기도 하였다.

그리고 구교(舊敎)를 극복하고 새롭게 형성된 개신교가 연이어 우리나라에 들어오게 되었다. 신교(新敎)와 구교(舊敎)의 갈등을 우리나라 사람들이 알았겠는가? 신교와 구교의 싸움은 아직도 서양에서 끝나지 않았다.

새로운 형태의 기독교가 생겨났지만 종교와 과학 사이의 갈등은 서양에서 여전히 존재하였다. 그런 문제를 일으킨 것들 가운데 하나가 바로 영국 과학자 다윈(Ch. Darwin, 1809~1882)의 진화론(進化論)이다. 기독교의 창조설과 다윈의 진화론 사이의 논쟁은 아직도 끝나지 않고 있는 상태이다. 유럽에서 이러한 역사를 가진 진화론이 서양의 기독교와 함께 우리나라에 들어왔다.

기독교적인 전통이 없던 우리나라에 진화론이 거부감 없이 받아들여진 것은 그리 이상할 것도 없다. 더구나 열강의 힘에 밀려서 생존의 길이 위협을 당하고 있는 우리의 실정에서 보면 힘을 길러야 살아남을 수 있다는 진화론의 가르침은 더욱 절실히 지식인의 마음에 와 닿았을 것이다.

하지만 아쉽게도 진화론은 약자의 이론이 아니다. 오히려 강자의 힘의 논리를 정당화하는 이론이 진화론이다. 힘을 길러야 살아 남을 수 있다는 주장은 옳지만, 이미 힘이 없는 자들이 어떻게 갑자기 힘을 기를 수가 있겠는가? 힘이 없는 자들은 힘이 강한 자들에게 잡아먹히는 게 당연하다는 자포자기적인 생각만 더욱 부채질할 수가 있다. 진화론이 조선이 일본에게 국권을 넘겨주는 때에 크게 유행하였다는 사실도 우연한 일은 아닌 것 같다. 진화론이 조선에 소개된 경로는 처음에는 일본으로부터지만 나중에는 중국인 학자들의 글을 통해서였다.

일본으로부터 진화론을 받아들인 사람으로는 유길준(兪吉濬, 1856~1914)이 있다. 그는 우리나라에서 처음으로 일본과 미국으로 유학을 갔는데, 나중에 유럽의 여러 나라를 순방하고 돌아와 1889년에 『서유견문』(西遊見聞)이라는 책을 저술하여 서양을 소개하였다. 유길준은 일본에서는 진화론자인 복택(福澤)의 지도를 받았고, 미국에서도 열렬한 진화론자인 모스(E. S. Morse)의 지도를 직접 받았다.

진화론은 한국의 개화 사상에 큰 영향을 주었으며 사회적으로도 엄청난 영향을 끼쳤다. 유길준이 진화론을 소개할 당시에 청일전쟁(淸日戰爭)에서 청나라가 일본에 패배하자, 사람들은 제국주의의 약육강식을 실감하였으며 진화론을 더욱 신뢰하게 되었다.

유길준 이후에 조선의 학자들은 주로 중국으로부터 진화론을 도입하였다. 중국에서는 청일전쟁 이후 엄복(嚴復, 1853~1921)이 헉슬리(T. Huxley)의 『진화의 윤리』(Evolution of Ethics and other Essays)를 천연론(天演論)이란 이름으로 1898년에 번역 출판하였다. 그는 또 스펜서의 『사회학』(The Study of Sociology)을 군학이언(群學肄言)이란 제목으로 1903년에 번역 간행하기도 했다.

이 책들은 바로 우리나라에 들어와 널리 읽혔다. 또 이보다 더 큰 영향을 준 책이 진화론을 공부하고 양계초가 쓴 『음빙실문집』이었다. 이것은 그가 1896년부터 1902년까지 쓴 글을 모은 책으로 1903년 상해 광지서국(廣智書局)에서 18권으로 간행되었다.

중국 학자들의 진화론을 수용한 근대 한국의 대표적인 학자로는 박은식(朴殷植, 1895~1925)이 있다. 박은식은 이 무렵에 『음빙실문집』과 다른 여러 신서(新書)를 통하여 서구의 사회진화론과 계몽사상 그리고 과학사상을 매우 적극적으로 받아들였다.

박은식은 1910년에 『왕양명실기』(王陽明實記)라는 책을 간행하였는데, 그는 주자학보다는 간결한 양명학(陽明學)이 더 시대에 적합하다고 생각했다. 그는 이미 주자학으로서는 나라를 구할 수 없다고 보고 새롭게 양명학을 들고 나왔다. 이 책에서 그는 양명학과 진화론을 연결시키고 있어서 돋보인다. 이것도 역시 양명학을 중시한 양계초의 영향이었을 것이다.

그러나 박은식은 사회진화론의 경쟁 원리를 국가 간의 경쟁 원리로 일단 받아들이면서도, 그것을 개인 간의 경쟁 원리로는 받아들이기를 꺼려했으며, 때때로 이를 받아들이는 경우에도 장래에는 반드시 극복되어야 한다고 생각하였다.

그는 인류 사회가 경쟁의 원리가 아니라 대동(大同)의 원리에 의하여 조직되어 경쟁보다는 협동과 대동에 의하여 지배되어야 한다고 보았다. 서구의 진화론을 공자의 대동사상으로 극복하려는 이러한 박은식의 생각은 시대를 앞서는 뛰어난 통찰이라 하겠다.

구한 말(舊韓末)에 일제(日帝)는 유림계(儒林界)를 친일화(親日化)하기 위하여 1908년 1월 대동학회(大同學會)를 조직하였다. 대동학회는 겉으로는 유교의 확장을 내세우고 『대동학회보』(大同學會報)를 발간하였지만 속으로는 유림들을 친일화하려고 애썼다.

박은식은 여기에 대항하기 위하여 1909년 9월 장지연(張志淵, 1864~1921) 등과 함께 대동교(大同敎)를 창건하였다. 대동교는 많은 활동을 하였으나, 1910년 8월 일제는 그것을 해산시키고 말았다.

장지연도 우리나라에 진화론을 소개한 인물이다. 그가 1906년 5월 대한자강회(大韓自强會)를 발기할 때에는 벌써 『음빙실문집』 등을 읽고 자기 나름대로 소화하여 구국적 민족 운동의 일환으로 국가와 민족의 단결을 강조한 자강주의(自强主義)를 역설하였다.

그는 말하기를 "자강은 비분강개만 앞세우고 이론적 숙고나 물리적 힘의 준비 없이 국권 회복을 부르짖어서는 무익하므로 점진적으로 끊임없이 힘을 쌓아야 하며, 지금과 같이 국운이 기운 이유가 국가의 바깥에 있거나 소수의 사람들에게 있는 것이 아니라 국가 전체의 힘이 약해서 그런 것이니, 스스로 힘을 길러 국권 회복을 하고 자주 독립을 이루어야 하며, 이런 목표는 단시일에 이루어지는 것이 아니라 장기적이고 점진적으로 해결해 나가야 한다"고 했다.

그는 서양 학문을 적극 수용해야 한다고 주장하였지만 서구 문물과 제도를 무조건 모방하는 것은 반대하였다. 동양에도 정치제도나 과학기술 발달의 원소가 있으므로, 그것을 현실에 맞게 발전시키는 노력이 필요한데, 그 구체적 실천 방안이 바로 대동교라고 주장했다.

박은식과 장지연을 이어 진화론을 수용한 인물은 신채호(申采浩, 1880~1936)이다. 그는 19세가 되는 해에 성균관에 들어갔고, 1905년 성균관의 박사가 되었다. 같은 해에 그는 황성신문(皇城新聞)의 논설위원이 되었고, 1906년에는 대한매일신보(大韓每日申報)의 주필(主筆)이 되어 활동하였으며, 1910년 경술국치(庚戌國恥)를 앞두고 조국을 떠나 해외에서 구국 운동에 앞장섰다.

신채호는 장지연의 자강주의에 영향을 받았으며, 또한 장지연의 사상은 바로 양계초의 『음빙실문집』 등 청나라 말기의 변법자강론(變法自强論) 사상에서 나왔다.

그는 시급한 일이 국권 회복과 부국강병이라고 생각했지만 서구 문명을 무조건 모방하려는 태도에는 비판적이었다. 서구 사상과 선진 문명을 수용하더라도 자국의 풍속, 언어, 습관, 역사, 종교, 정치 등을 바탕으로 해야 하며, 서구 사상을 급하게 무비판적으로 수용하면 결국 그들의 노예가 된다고 하였다.

신채호는 애국심 고취의 가장 적절한 방법이 민족사(民族史)의 서술이라고 생각했다. 그에게 역사란 아(我)의 역사요, 국가사이며, 민족사이다. 국사(國史)에 대한 주체적인 서술에 의해 민족의 혼을 보존해야 하며, 제국주의적 침략에 대항하는 역사적 모범을 제시해야 한다. 그는 1925년에 쓴 『조선상고사』(朝鮮上古史)에서 민족 국가의 흥망에 대한 인과적(因果的) 설명을 통해 일제 침략의 수난을 당하게 된 역사적 설명과 이것을 교훈 삼아 독립 투쟁의 승리자가 될 수 있는 길을 제시하였다.

3) 마르크스-레닌 사상의 수용

1917년 러시아에서는 10월 혁명(러시아 혁명)이 일어나 케렌스키 정부가 무너지고 레닌의 볼셰비키 정부가 수립되었다. 이에 시베리아에 거주하던 교포들은 표면상이라도 공산주의에 접근해야만 항일 독립 운동이 가능하다는 판단을 내리고, 1918년 3월 하바로프스크에서 한인사회당(韓人社會黨)을 결성하였다.

위원장은 이동휘(李東輝)가 맡았고, 박애(朴愛), 전일(全一) 등이 간부가 되었다. 그러나 1920년 일본 군대가 시베리아에 출병, 블라디보스토크에 상륙하여 한국 교포들을 무차별 살해하였는데 한인사회당 역시 많은 희생을 치르고 활동이 정지되었다. 그 뒤 대한민국임시정부(大韓民國臨時政府)의 전면 개편을 주장하다가 이것이 거부되자 1921년 1월 고려공산당(高麗共産黨)으로 개명(改名)하였다.

다음으로 연해주(沿海州)의 이르쿠츠크에서 만들어진 좌익 단체는 러시아 혁명군 제5군단장 스메스키의 지도로 1919년 4월에 조직된 고려공산당이다. 이 단체는 당시 니코리스크에서 조직된 민족 운동 단체인 대한국민의회(大韓國民議會)의 지도자인 문창범(文昌範) 등이 이르쿠츠크 지역에서 공산주의 운동을 하고 있던 김철훈(金哲勳) 등과 손을 잡고 조직한 것으로, 1921년에는 고려공산당 제1회 대표회의를 열고 중앙 책임자로 한명서(韓明瑞)를 뽑고, 위원으로는 최고려(崔高麗) 등을 선출하였다.

이 제1회 대표회의에 상해의 대표로 참석하였던 안병찬은 상해로 돌아가서 국내 연락 기관으로 고려공산당 상해지부를 만들었다. 그 책임자에 김만겸, 위원에 여운형(呂運亨) 등을 세우고, 고려공산청년회(高麗共産靑年會)의 책임자로 박헌영(朴憲永, 1900~1955)을 선정하여 상해파 고려공산당에 대항하였다. 고려공산청년회는 1925년 4월 18일 서울에 있는 박헌영 집에서 결성되었으나 그해 11월에 신의주 사건으로 와해되었다. 그 후 몇 차례 다른 인물들이 중심이 되어 다시 조직되기도 하였으나 1928년 2월 제3차 조선공산당 사건으로 대부분 간부가 구속되는 바람에 더 이상 활동하지 못했다.

3·1운동이 일어난 다음 해인 1920년에는 국내에 노동공제회(勞動共濟會)라는 단체가 생겼는데, 이 단체를 이끈 인물은 박중화(朴重華) 등이었다. 신문 배달부, 인력거부, 지게꾼, 물지게꾼 등 자유 노동자와 정미공, 인쇄공, 연초공장 직공, 기타 공장 노동자 등 다양한 직종의 노동자와 소작 농민들까지 개인 자격으로 공제회에 가입하여 창립 당시 678명이던 회원이 1921년 3월에는 전국적으로 1만 명 이상으로 증가했다. 1921년에는 모스크바에서 개최된 제3차 국제공산당회의에 대표를 파견하기도 하였다. 이 단체는 1924년에 조선노농총동맹(朝鮮勞農總同盟)이 생기면서 거기에 흡수되었다.

1923년 1월에 도쿄 유학생 사회주의 단체인 흑도회(黑濤會)에서 갈라진 공산주의파 김약수(金若水) 등이 중심이 되어 북성회(北星會)라는 사회주의 단체를 조직하였다. 1923년 11월에는 여러 민족 단체와 협의해 관동 대지진 당시 조선인 학살 사건에 대한 일본 정부의 진상 규명을 촉구하고, 국내에서는 김찬(金燦) 등이 중심이 되어 화요회(火曜會)를 조직, 뒤에 제1차 조선공산당과 제2차 조선공산당 조직에 참여한다. 1926년 북성회 계통의 여러 단체는 조선노동당(朝鮮勞動黨), 무산자동맹(無産者同盟) 등과 함께 정우회(正友會)로 통합되었다.

1925년 4월 17일 김재봉(金在鳳) 등이 모여 서울에서 조선공산당(朝鮮共産黨)을 창당하고, 다음날에는 고려공산청년회도 결성했다. 당책임비서(黨責任秘書)에는 김재봉이 임명되었고, 고려공산청년회의 책임비서에는 박헌영이 임명되었다.

그리고 당의 당면 과제는 조선의 완전 독립, 8시간 노동제, 최저

임금제, 의무 교육 및 직업 교육 실시, 언론·집회·결사의 자유, 타도 일본 제국주의·봉건 세력 등으로 정하였다. 그러나 1925년 11월 김재봉과 박헌영이 조직 확대를 목적으로 청년 회원을 모스크바에 파견하는 훈련을 진행하다 일제에 의해 체포됨으로써 조직이 무너졌다. 이것을 제1차 공산당사건이라 한다.

검거에서 몸을 피한 중앙 간부 김재봉 등은 서로 접선하여 1925년 12월 10일 경에 당을 재조직하게 되었다. 이들은 1926년 1월 하순 중앙집행위원회를 개최하고 강달영(姜達永) 등을 간부로 선출하였다. 그러나 1926년 6월 10일 순종(純宗) 황제의 국장(國葬)을 기회로 3·1운동을 재현하려던 계획이 드러나서 대부분의 당원이 체포되면서 해체되고 말았다. 이것이 제2차 조선공산당사건이다.

1926년 10월 안광천(安光泉) 등은 제3차 조선공산당(속칭 ML파 공산당)을 조직하였다. 이들은 1926년 12월 6일 제2차 당대회를 개최하고 당 중앙 간부를 뽑았다. 이때 안광천 등이 간부가 되었다. 그러나 1928년 2월 조직이 탄로가 나 36명이 종로서(鐘路署)에 검거되었다. 이것이 제3차 조선공산당사건이다.

1928년 3월 17일 검거되지 않은 안광천, 한위건 등이 제4차 조선공산당을 조직하고, 중앙의 각 부서와 지방 지부 및 고려공산청년회를 재건하였다. 차금봉(車今奉)이 당책임비서, 고광수가 고려공산청년회 책임비서로 뽑혔다. 고려공산청년회는 학생과학연구회를 간판으로 내걸고 서울의 각 중학교 학생들을 규합하여 동맹 휴학, 시위 행진 등을 감행하도록 하였다.

그러나 1928년 4월과 6월에 있었던 대규모의 검거로 당 조직은 거의 붕괴되고 말았다. 이러한 와중에서 제3인터내셔널은 1928년

"12월 테제"를 통해 1926년 3월에 승인했던 조선공산당의 해체를 지시하고, 당 재건의 지침을 내림으로써 조선공산당은 1928년 12월 7일자로 그 막을 내렸다.

해방이 된 1945년 8월 20일 박헌영은 여운형 등과 함께 조선공산당의 재건을 선언하였다. 이들 재건파(再建派) 공산당은 9월 8일 장안파(長安派) 공산당을 흡수하고, 12일 정식으로 조선공산당을 재건했다. 그리고 1946년 11월 23일 조선인민당(朝鮮人民黨), 남조선신민당(南朝鮮新民黨)과 합당해 남조선노동당(南朝鮮勞動黨)을 결성했다.

1946년 5월 '조선정판사위조지폐사건'을 계기로 조선공산당 간부들에 대한 체포령이 떨어지자 박헌영은 1946년 9월 남한을 탈출하여 입북했다. 조선공산당은 남한 지역의 남조선노동당과 김일성이 창립한 북한의 북조선노동당으로 양립하였으나 1950년 3월 남조선노동당의 핵심 인물인 김삼룡(金三龍)과 이주하가 체포되면서 남조선노동당은 사실상 붕괴되고 말았다. 결국 박헌영은 1955년 미제(美帝)의 스파이라는 죄목으로 군사 재판에 기소되어 사형당했다.

한국은 서양철학의 실험장과 같은 곳이라고 할 수 있다. 서양에서 생성된 온갖 철학이 거의 동시에 소개되어서 무질서하게 연구되었다. 마르크스-레닌(Marx-Lenin) 사상도 그렇게 들어온 서양철학의 한 종류이다. 일제 강점기와 해방 이후에 우리나라에서 가장 큰 영향력을 행사한 것이 바로 마르크스-레닌 사상이었다.

많은 젊은이들이 이 사상에 빠져 인생을 망치기도 했다. 사실 계급투쟁을 기본 원리로 삼고 있는 마르크스-레닌 사상은 식민지시대를 살고 있던 우리 젊은이들에게는 약이 되기보다 독이 되었다. 힘을 합쳐서 우리 민족의 앞날을 걱정해야 할 때에 우리 민족을 양분하여 부르주아에 대한 프롤레타리아의 투쟁을 강조함으로써 우리 민족을 자중지란(自中之亂)에 빠지게 만들었기 때문이다.

이 사상의 위험성은 민족보다는 계급을 강조하는 데 있었다. 우리 민족 전체가 수난을 당하고 있는 상황에서도 계급투쟁을 부추김으로써 같은 민족끼리 서로 싸우게 만들어 결과적으로 민족의 힘을 크게 약화시키고 말았다. 사실 우리나라의 전통적인 계급은 마르크스가 말한 계급과 완전히 다른 성격을 가지고 있기 때문에 계급투쟁의 이론을 적용할 수가 없다. 그럼에도 불구하고 우리 민족은 외부적인 요인과 사상의 대립으로 말미암아 다시 엄청난 시련을 겪고 말았다. 그것이 바로 6·25 전쟁이었다. 마르크스-레닌 사상은 우리 민족을 동족 상잔(同族相殘)의 쓰라린 고통으로 몰아넣은 결정적인 요인이기도 하였지만 아직도 이 땅의 절반을 차지하고 살아 있는 사상이기도 하다. 그러므로 마르크스와 레닌의 철학은 좋든 싫든 우리가 냉정하게 연구해야 하고 철학사(哲學史)에 기록해야 할 필요가 있다.

그런데도 대부분의 한국 철학사가 이 문제를 거론하지 않는 것은 아주 무책임한 태도라 하지 않을 수 없다. 우리는 서양의 마르크스-레닌 철학이 우리나라에 들어와서 어떻게 연구되었고 어떻게 활용되었는지를 알아야 하고 기록해야 한다.

서양의 다른 철학들과는 달리 마르크스와 레닌의 철학은 우리 민족에게 정말 엄청난 영향을 끼쳤다. 이들의 철학은 수많은 사람의 목숨을 앗아갔고, 수많은 사람에게 헤어짐의 고통을 주는 데 결정적인 역할을 했다. 그리고 지금도 그들의 사상을 믿고 따르는 북한의 이천만 동족이 있다.

이 문제에 대해 북한의 철학사들도 아직 침묵을 지키고 있다.

물론 그들의 철학사가 완성되지 않았기 때문이지만 완성된다고 하더라도 그들은 여전히 마르크스-레닌 사상을 찬양하고 추종할 것이다. 마르크스-레닌 사상의 근원지 역할을 했던 소련이 이미 그것을 버렸지만 북한의 위정자들은 그들 자신의 이해 관계 때문에 결코 그것을 포기하지는 않을 것 같다.

그리고 서양에서 들어온 공산주의 사상은 북한에서 순수한 상태로 적용되지 않고 현지의 풍토에 맞게 복잡하게 변질되었다. 거기에는 개인숭배 사상이 가미되었고, 우리의 무속신앙도 들어가 있는 것 같다.

북한 전역에는 약 4만 개의 김일성 동상이 있는데 이것은 옛날에 우리가 흔히 볼 수 있었던 장승의 역할을 한다고 볼 수 있다. 그리고 그가 죽은 후 마을마다 세워진 영생탑(永生塔)은 솟대나 동신목 그리고 성황당과 같은 역할을 대신하고 있는 것 같다.

금강산을 비롯하여 명산에 있는 좋은 바위에도 김일성의 이름과 그의 말을 새겨 놓았다. 옛날부터 우리 조상들은 큰 돌이나 바위를 신성하게 생각해서 함부로 다루지 않았다. 그것은 단순한 바위가 아니라 신앙의 대상이기도 했기 때문이다. 그것을 잘 알기에 거기다가 이름이나 말을 새겨 많은 사람에게 영향을 주려고 한 것이다.

북한의 통치자들은 전통적인 무속을 최대한 활용하여 그들의 목적을 달성하려고 노력하고 있다. 하지만 우리의 무속은 항상 약자 편에 서있었고, 어디에 구속되는 것을 좋아하지 않았다. 무속은 상당히 자유로운 정신을 가지고 있기 때문에 개인숭배에 이용하는 데는 한계가 있을 것이다.

4) 유학파(遊學派)들의 서양철학 도입

우리나라 사람으로 해외에서 처음 박사(博士) 학위를 취득한 철학자는 이관용(李灌鎔, ?~1934)이다. 그는 1921년 스위스 취리히대학에서 『의식의 근본 사실로서의 의욕론』이라는 논문으로 박사 학위를 받았다. 그는 귀국하여 연희전문학교에서 논리학, 심리학, 철학개론 등을 가르쳤다.

1922년에는 동아일보에 「사회의 병적인 현상」이라는 글을 연재하였는데, 여기서 그는 사회유기체론(社會有機體論)을 소개하였다. 당시 독일 철학계의 한 기둥이었던 오이겐(K. Eugen, 1846~1926)의 신관념론과 헤겔철학의 영향을 상당히 받은 것 같다. 일제시대에 독일철학 특히 헤겔의 철학을 많이 연구한 것은 역시 시대의 흐름과 관계가 있다.

이관용이 철학을 원학(原學)으로 불러야 한다고 주장한 것은 특히 주목할 만하다. 그는 『신생명』(新生命)이라는 잡지에 「원학(原學)인 철학(哲學)」이라는 논문을 발표하였는데, 여기서 그는 철학이 과학적 성질을 가졌음을 인정하고, 한정된 사실을 종합하여 우주의 원성(原性)과 원칙을 총괄적으로 연구함으로써 존재의 원유(原由)와 법칙과 목적을 발견하려는 것이므로 철학을 원학(原學)으로 부르는 것이 타당하다고 주장하였다. 서양철학이 본래 모든 학문의 근원이고 또 가장 근본적인 문제를 다루는 학문이니 원학(原學)이라고 부르는 것도 고려할 만하다.

1920년대에는 프랑스 파리대학교 철학과에서 정석해(鄭錫海) 등 세 명이 철학 학사 학위를 받았다. 1925년에는 백성욱(白性郁, 1887~1981)이 독일 뷔르츠부르크(Würzburg)대학에서 『불교의 형이상학』이라는 논문으로 철학 박사 학위를 취득하고, 1926년부터 불교전문학교에서 교수로 활동하였다. 안호상(安浩相)은 1929년에 독일 예나(Jena)대학에서 『헤르만 로체의 관계 문제를 위한 의미』라는 논문으로 철학 박사 학위를 받고 귀국하여 보성전문학교(普成專門學校)에서 철학 강의를 하였다.

안호상은 1942년에 『철학강론』(哲學講論)이라는 우리말로 된 철학서를 출판하였다. 이 책은 제1부에서 철학 개념의 일반 규정을 다루고, 제2부에서는 형이상학과 인식론(認識論)을 다루었다. 그는 이 책에서 칸트, 라이프니츠, 볼프, 헤르바르트, 쇼펜하우어, 포이에르바하, 마르크스, 로체, 하르트만, 니체, 딜타이, 빈델반트, 리케르트, 코헨, 가이저, 쉘러, 하이데거 등 많은 독일 철학자의 학설을 언급하였다.

유럽뿐만 아니라 일본에서 공부한 유학파들도 속속 국내로 들어와 서양철학을 소개하였다. 최현배(崔鉉培)는 1925년 경도제대(京都帝大) 철학과를 졸업하고, 1926년에 연희전문학교 철학 교수가 되었고, 1926년에는 채필근(蔡弼近)이 동경제대(東京帝大) 철학과를 졸업하고 평양의 숭실전문학교 철학 교수가 되었다. 같은 해에 윤태동(尹泰東)도 동경제대 철학과를 졸업하고 경성제대(京城帝大) 예과(豫科)의 교수가 되었다. 1929년에는 김두헌(金斗憲)이 동경제대 철학과를 졸업하고 이화여자전문학교(梨花女子專門學校)의 교수가 되었다.

1930년대에는 미국에서 공부한 사람들도 귀국하기 시작하였다. 한치진(韓稚振)은 1931년 남캘리포니아대학교에서 철학 박사 학위를 받고 귀국하여 1932년에 이화여전의 철학 교수가 되었다. 그는 1936년에 우리말로 된 『철학개론』을 출판하였다. 이 책은 우리나라 최초의 철학에 관한 단행본이다. 전체가 5부로 구성되어 있는데, 제1부는 총론으로 철학 전반에 대해 설명하였다. 철학의 정의와 방법이 그 내용이다. 제2부는 본체론(本體論)으로 존재자의 본체가 무엇인가에 대해 여러 철학적인 논의를 다루었다. 유물사관(唯物史觀)과 유심사관(唯心史觀) 그리고 전체와 개체의 관계에 대해서 설명하였다. 제3부는 우주론으로 우주 만물의 기원과 목적, 생명의 기원과 진화에 대해 서술하였다. 제4부는 인식론으로 인식의 문제, 지식의 기원, 지식의 성질 등을 다루었다. 제5부는 가치론(價値論)으로 도덕철학, 예술철학, 종교철학을 다루었다.

갈홍기(葛弘基)는 1934년 시카고대학교에서 『비교종교학적 입장에서 본 천도교(天道敎)』라는 논문으로 철학 박사 학위를 받고 귀국하여 연희전문의 철학 교수가 되었다. 1937년에는 박희성(朴希聖)이 미시간대학교에서 『주관주의와 직관』이라는 논문으로 학위를 받고 귀국하여 1938년부터 보성전문학교의 철학 교수가 되었다.

지금도 외국에서 서양철학을 배우고 돌아오는 젊은 학자가 많다. 그들은 최근 서양에서 연구되고 있는 문제들을 국내에 빠르게 소개하고 있다. 그래서 우리는 서양 학자들이 어떤 철학적인 문제들에 관심을 가지고 있는지를 곧바로 알 수 있다. 이들이 우리나라의 발전과 학문의 발전에 기여하는 바는 매우 크다고 할 수 있다. 더욱이 이들은 대부분 자신이 모든 비용을 부담하면서 외국의 학문을 배워오니 국가로서는 여간 다행스러운 일이 아니다.

이런 장점도 있지만 외국에서 공부한 철학자들의 약점은 역시 그들이 배우고 관심을 가진 문제가 우리의 절실한 문제가 아니라는 데 있다. 우리보다 앞선 나라의 대학교에 있는 대부분의 철학자들은 그들이 당면한 문제들을 연구하지 남의 문제를 연구하지 않는다.

그래서 외국에서 공부한 우리의 철학자들은 외국의 철학을 소개하는 것으로 그 역할을 끝내고 정작 우리의 시급한 문제들에 관해서는 언급조차 하지 못한다. 예컨대 우리의 시급한 문제인 교육문제나 지나친 경쟁에서 발생하는 여러 가지 후유증에 대해 아무런 대책을 내지 못하고 있다. 이러한 이유로 해서 한국에서 철학은 제 역할을 다하지 못하고 있으며 소외된 집단으로 자리매김하고 있다.

그리고 외국에서 철학을 배우고 돌아온 학자들은 문제의식이 서로 다를 뿐만 아니라 학문을 연속적으로 계승하지 못하기 때문에 하나의 학파를 형성하지 못한다. 같은 스승 아래서 공부를 하고 하나의 학파를 형성하는 게 우리의 학문 전통인데 그렇지 못하기 때문에 뿔뿔이 흩어져 각자 연구를 하는 것으로 끝내고 만다. 말하자면 그들은 스승도 없고 마찬가지로 제자도 없다. 그래서 고려시대 이후 계속해서 이어져 오던 학문의 맥이 끊어지고 말았다.

5) 경성제대 철학과

1923년에 조선총독부(朝鮮總督府)는 서울에 경성제대(京城帝大) 예과(豫科)를 설립하였고, 1926년에는 법문학부(法文學部)에 철학과를 만들었다. 1929년에 경성제대 철학과는 제1회 졸업생으로 김계숙(金桂淑) 등을 배출하였다. 1931년에는 안용백(安龍伯) 등이 졸업하였고, 1932년에는 고형곤(高亨坤) 등이 졸업하였다.

1929년 7월에 경성제대의 한국인 학생들이 힘을 합쳐『신흥』(新興)이라는 학보(學報)를 창간하였다. 이 학보에는 여러 분야의 글들이 실려 있는데 철학에 관한 논문들도 있다. 창간호에는 김계숙의 「코헨

철학에 관한 단편」, 권세원의 「진리와 정확의 구별」, 배상하의 「짜라투스트라」가 실렸다. 김계숙은 그의 논문에서 신칸트학파를 개괄적으로 소개하고 코헨(H. Cohen, 1842~1918)의 순수 인식의 논리학을 설명하였다.

『신흥』 제2호에는 김계숙의 논문 「사색 방법에 대한 서론」과 권국석(權菊石)의 논문 「현상학의 진리설에 대하여」가 실려 있다. 김계숙은 그의 논문에서 칸트, 헤겔, 후설, 마이농의 사유 방법을 약술하고 신칸트학파의 논리주의를 설명하였다. 제3호와 제4호에는 각각 김계숙의 「철학과 특수 과학」과 안용백의 「헤겔 현상학 중의 개체 의식과 사회의식의 범형(範型)」이라는 제목의 번역한 글이 실려 있다.

1931년에 발간된 제5호에는 신남철의 「헤겔 백년제(百年祭)와 헤겔 부흥」과 김계숙의 「헤겔 사상의 전사(前史)」 그리고 권직주(權稷周)의 번역문 「철학적 우주관」 등이 실려 있고, 제6호에는 진오(陣伍)의 「추상(抽象)과 유물변증법(唯物辨證法)」, 소철인(蘇哲仁)의 「포이에르바하철학」, 신남철의 「신헤겔주의와 그 비판」 등의 논문이 들어 있다. 제8호에는 소철인의 「마하주의에 대한 편상(片想)」이, 제9호에는 신남철의 「인식(認識)·신체(身體) 및 역사」가 수록되어 있다.

1933년 3월 경성제대를 졸업한 고형곤 등과 해외에서 철학을 공부하고 귀국한 사람들이 모여서 "철학연구회"를 결성하였다. 철학연구회는 종로에 있는 YMCA회관에서 철학 강연회를 가졌다. 이들은 또한 7월 17일 『철학』(哲學)을 창간하였다.

『철학』 창간호에는 박종홍의 「철학하는 것의 출발점에 대한 일의문(一疑問)」, 권세원의 「철학이란 무엇이냐, 철학의 영원성에 대하여」, 이재훈(李載燻)의 「구체적 존재의 구조」, 이종우(李鍾雨)의 「외계 실재의 근거」, 안호상의 「객관적 논리학과 주관적 논리학」, 김두헌의 「윤리적 평가의 이념」, 신남철의 「헤라클레이토스의 단편어」 등의 논문이 실려 있다.

1934년 4월 1일에 간행된 제2호에는 박치우의 「위기의 철학」, 박종홍의 「철학하는 것의 실천적 지반」, 이재훈의 「존재-인식」, 신남철의 「현대철학의 Existenz에의 전향(轉向)과 그것에서 생하는 당면의 과제」, 이종우의 「생의 구조에 대하여」, 이인기(李寅基)의 「개성유형(個性類型)과 그 교육적 의의」, 안호상의 「이론철학은 무엇인가?」, 김두헌의 「고(故) 이관용 박사 의욕론」 등의 논문이 수록되어 있다.

1935년 6월 20일 발간된 제3호에는 이인기의 「교육 원리로서의 개성과 사회와 문화」, 전원배(田元培)의 「사회학의 논리적 구조」, 이재훈의 「철학의 문제와 입장」, 안호상의 「이론철학과 실천철학에 대하여」, 갈홍기의 「회의주의의 이론적 방법」 등의 논문이 실려 있다. 이 책은 3호까지 나온 뒤 편집 발행인이던 이재훈이 일본 경찰에 사상범으로 구속되는 바람에 중단되고 말았다.

『철학』지가 폐간되어서 "철학연구회"가 그 기능을 제대로 발휘하지 못하자 경성제대 철학과 졸업생을 중심으로 철학과 연구실에서 정기적으로 "철학담화회"를 갖게 되었다. 1933년부터 시작된 이 모임의 회원은 김계숙 등이었고, 여기에 독일에서 공부한 안호상, 경도제대(京都帝大) 출신의 이종우, 와세다대학 출신의 손명현(孫明鉉) 등도 합세하였다.

이 담화회는 토론을 우리말로 진행하였음에도 일본인 교수 안배능성(安倍能成) 등이 참석하였다고 한다. 이 담화회의 연구 발표로는 김계숙의 「헤겔 청년시대의 종교관」, 박종홍의 「Das Man의 자기 부정적 발전」, 고형곤의 「하이데거의 '휠더린과 시의 본질'과 그의 철학」 등이 있었다.

일제는 1936년에 조선사상범보호관찰령을 내리고, 1940년에는 조선사상범예비구금령을 내려 한국인의 철학 사상 연구를 극도로 어렵게 하였다. 또한 1940년부터는 이른바 황국신민운동을 감행하여 철학 연구가들에게 일본의 황도철학(皇道哲學)을 연구하도록 종용하여 거의 학술적인 연구가 이루어질 수 없었다. 그럼에도 불구하고 1935년 박종홍의 논문 「하이데거에 있어서의 지평의 문제」는 일본에서 발간되는 『이상』(理想)에 실렸고, 1941년에는 안호상이 일본의 경도제대에서 발간되는 『철학연구』에 「헤겔에 있어서의 판단의 문제」라는 논문을 독일어로 발표하였다.

경성제대의 철학과 출신들과 그 이후 이들의 제자들은 실제로 오늘날 한국 철학계를 대표하고, 한국 철학을 이끌어 간다고 할 수 있다. 철학계에서 직간접적으로 이들의 영향을 받지 않은 사람은 거의 없다. 철학계에서 이들은 영향력 있는 하나의 큰 조직을 이룬다. 이들은 한국사회의 발전과 철학의 발전에 큰 공헌을 하였고 또 계속해서 많은 일들을 감당하고 있다.

이들의 큰 업적과 많은 노력에도 불구하고 아쉬운 점을 지적하는 사람들도 없지 않다. 그 가운데 하나를 든다면, 오늘날까지도 우리의 철학이 일본 사람으로부터 받은 영향을 완전히 벗어나지 못했다는 사실이다. 당시에 철학과에서 일본인이 가르친 철학은 주로 서양철학인데 그것은 근본적으로 서양 중심적이기 때문에 식민지의 학생들에게는 독(毒)이 될 수가 있었다.

일본 사람들은 식민지를 정당화하고 강자를 옹호하는 철학을 우리 젊은이들에게 가르쳤다. 순진한 학생들은 이들의 가르침을 무비판적으로 받아들여서 그것의 연구에 몰두함으로써 서양철학을 우리의 독자적인 안목으로 수용하는 기회를 잃고 말았다. 그들은 자신들이 배운 학문을 그대로 제자들에게 가르쳤기 때문에 일본의 영향은 당대에서 끝나지 않고 다음 세대까지 이어지게 되었다.

일본인은 우리의 젊은이들에게 우리의 전통 사상이나 철학은 가르치지 않고 남의 철학과 사상을 가르침으로써 그들을 전통으로부터 완전히 단절시켜 뿌리 없는 민족으로 만들려 하였다. 그들은 우리 민족의 장점보다는 단점을 더 많이 가르쳐서 젊은이들에게 열등의식을 심어주기도 했다. 이것의 후유증이 지금까지도 이어지고 있으니 그 잘못됨이 얼마나 큰지 잘 알 수 있다.

6) 서양철학과 무속

서양철학이 이 땅에 들어온 지도 제법 오래되었다. 그리고 그것이 우리 사회에 끼친 긍정적인 영향도 많았다. 무엇보다도 우리는 이제 경제적으로 거의 서양을 따라잡아 찢어지게 가난했던 옛날의 우리가 아니다. 이러한 성공의 이면에는 서양의 합리적인 정신이 많은 도움이 되었다.

해방이후 우리는 서양의 과학기술을 배웠을 뿐만 아니라 그것을 만들어 낼 수 있었던 서양의 정신까지도 함께 배우려고 노력하였다. 실제로 우리는 많은 성과를 거두었다. 우리처럼 빠르게 서양의 과학기술을 배운 민족은 없다. 그리고 그들의 경제적인 수준을 우리처럼 빨리 따라잡은 나라도 없다. 여기에는 서양철학을 우리에게 가르쳐준 철학자들의 공헌도 적지 않다고 하겠다.

그러나 아직도 우리 사회에서 철학에 대한 일반인들의 인식은 초보적인 수준에 머물러 있고 또 왜곡되어 있다. 서양에서 들어온 철학은 여전히 우리에게는 어울리지 않는 의복과 같다. 서양의 역사와 문화 속에서 성장한 철학을 역사적인 배경이 완전히 다른 우리나라에 가져왔으니 쉽게 우리와 하나가 될 수가 없는 것은 어쩌면 당연한지 모른다.

이러한 현실 상황에서 철학이라는 용어는 정통 철학을 의미하기보다는 무속의 한 종류라고 할 수 있는 사주(四柱)풀이, 주역(周易), 궁합(宮合), 작명(作名), 택일(擇日), 관상(觀相), 점술(占術), 풍수(風水) 등을 가리키는 말로 더 많이 사용되고 있다. 자식이 철학과에 가겠다고 하면 부모들은 당연히 점치는 방법을 배우는 전공으로 생각하고 반대한다. 또 철학을 공부한다고 하면 많은 사람들이 먼저 사주나 관상을 좀 봐달라고 부탁한다. 이것이 바로 오늘날 한국에서 철학의 위치이다.

서양에서 들어온 만학(萬學)의 왕인 철학은 보이지 않고 이름을 짓고, 궁합을 보고, 길흉을 점치는 철학이 활개를 치고 있다. 서양에서 들어온 철학이라는 학문의 이름을 무속이 아주 교묘하게 이용하고 있다. 이제 많은 사람은 철학을 무속의 일종으로 생각하게 되었다. 무속은 다른 새의 둥지에 알을 낳아 새끼를 기르는 뻐꾸기처럼 서양에서 들어온 철학을 이용하여 자신의 영역을 확장하고 있다.

서양에서 들어온 철학이 알아들을 수도 없는 주문을 외우고 있을 때, 무속은 명쾌한 언어로 사람들의 답답한 가슴을 시원하게 만들어 준다. 무속은 어려운 이론으로 사람들을 헷갈리게 하지 않는다. 필요한 부분에 대해 간단하고 명료하게 대답해서 의심을 풀어 준다.

아이가 태어나면 이름을 지어주고, 가게의 이름을 지어주며, 이사 갈 날짜를 잡아주고, 결혼 날짜를 정해 주며, 사업의 길흉과 미래의 운명을 말해 주는 것이 한국의 철학이다. 이런 일은 주로 철학관이라는 간판을 단 무속인들이 많이 하고 있다. 여기에 종사하는 사람들은 현재 30만에서 40만에 이르고 한 해의 매출액만 하더라도 4조원에 이른다고 하니 그 규모를 짐작할 수가 있다.

이것은 서양에서 들어온 철학이 우리의 실생활에 별로 쓸모가 없음을 말하는 것이기도 하다. 실제로 철학이 할 수 있는 일이 별로 없다는 것이 문제이다. 오늘날 순수 철학이 현실 생활에 도움을 줄 수 있는 일은 거의 없다. 철학은 그만큼 고급 학문이라고 할 수 있다. 그렇기 때문에 일반인들의 생활과는 더욱 거리가 멀게 되었다.

종교는 외국에서 들어와도 우리나라 사람의 고민을 해결해 주는데 문제가 없다. 누구나 종교가 필요하기 때문에 그것은 인종이나 지역과는 그다지 관계가 없다. 그리고 과학과 같은 실용적인 학문도 상당히 보편성을 가지고 있다. 미국 사람과 마찬가지로 중국 사람에게도 과학은 필요하다. 그런데 철학은 종교나 과학보다 더욱 보편적인 학문이라고 스스로 주장하고 있지만 실제로는 그렇지 못하다.

그렇기 때문에 고급의 철학은 점점 쇠퇴하고 일반인들의 입맛에 맞는 무속으로서의 철학이 그 자리를 차지하게 되었다. 오히려 여기서 우리는 무속의 강한 생명력을 볼 수 있다. 한국 사람의 핏속을 흐르는 무속적인 기질이 없어지지 않는 한 철학의 무속화는 계속될 것 같다. 그렇다고 우리가 무속을 무조건 좋지 못한 것으로 매도할 필요는 없다. 그것은 분명히 우리가 필요로 하는 무엇이기 때문이다. 그것을 적절히 잘 활용한다면 도움이 될 수도 있다.

소강의 책 소개 ……

- 亞山의 周易講義・上(上經) : B5/양장판 563쪽/김병호 강의/값38,000원
- 亞山의 周易講義・中(下經) : B5/양장판 496쪽/김병호 강의/값28,000원
- 亞山의 周易講義・下(繫辭傳 등) : B5/양장판 469쪽/김병호 강의/값28,000원
- 易經 : 아산학회편/휴대용 수지본/값7,000원
- 周易 : 아산학회편/휴대용 수지본/값10,000원
- 亞山의 中庸講義 : B5/382쪽/김병호 강의・김진규 구성/값15,000원
- 亞山의 大學講義 : B5/231쪽/김병호 강의・김진규 구성/값9,000원
- 한국전통철학사상 : 신국판/297쪽/김종문, 장윤수 지음/값10,000원
- 동양철학을 하는 방법 : 135X200㎜/181쪽/이완재 지음/값6,000원
- 나의 유교읽기 : 신국판/281쪽/최재목 지음/값8,000원
- 유가철학의 이해(개정증보판) : 신국판/232쪽/추 차이, 윈버거 차이 지음/김용섭 옮김/값10,000원
- 유가의 가르침 : 문고판/219쪽/정한균 지음/값7,000원
- 대진의 맹자읽기(원제 : 孟子字義疎證) : 신국판/263쪽/대진(戴震) 지음/임종진・장윤수 옮김/값8,000원
- 인류과 자유(부제 : 중국과 서양 인간관의 충돌과 前途) : 신국판/291쪽/양적(楊適) 지음/정병석 옮김/값9,800원
- 동양철학과 아리스토텔레스(원제 : 四因說演講錄) : 신국판/448쪽/모종삼(牟宗三) 지음/정병석 옮김/값15,000원
- 일상에서 철학으로 : 신국판/225쪽/강동수・배상식 지음/값7,000원
- 동양철학의 흐름(개정판) : 신국판/349쪽/안종수 지음/값13,000원
- 장자사상의 이해 : 신국판/442쪽/김득만 외 12인/값15,000원
- 노자의 지혜 : 신국판/243쪽/장기균 지음/권광호 옮김/값10,000원
- 율려와 주역 : 신국판/255쪽/정해임 지음/값10,000원
- 엔트로피와 기 : 신국판/206쪽/방경곤・문장수・이우붕 지음/값10,000원

한국철학사상의 이해
지은이/안종수
펴낸이/김병성
펴낸곳/도서출판 소강
펴낸날/초판 1쇄 2003. 11. 15
　　　　재판 1쇄 2011. 8. 15
등록번호/카2-47
등록일/1995. 2. 9.
주소/부산광역시 서구 동대신동 2가 289-6번지
전화/(051)247-9106　팩스/(051)248-2176

값15,000원
ISBN 978-89-86733-40-2　03150
※잘못된 책은 바꿔드립니다.